U0748121

《清风吉水》编委会

顾　问：肖梓才

主　任：周小帮

副主任：肖忠华　杨巴金

成　员：曾绯龙　李梦星　周小鹏

主　编：肖忠华

校　稿：田　丽　王纪森

清风吉水

吉水先贤勤廉事迹

中共吉水县纪律检查委员会　吉水县监察委员会◎编

江西人民出版社
Jiangxi People's Publishing House
全国百佳出版社

图书在版编目（CIP）数据

清风吉水：吉水先贤勤廉事迹 / 中共吉水县纪律检
查委员会，吉水县监察委员会编 . -- 南昌：江西人民出
版社，2024. 12. -- ISBN 978-7-210-15863-9

Ⅰ. K820.856.4

中国国家版本馆 CIP 数据核字第 20240BL452 号

清风吉水：吉水先贤勤廉事迹
QINGFENG JISHUI: JISHUI XIANXIAN QINLIAN SHIJI

中共吉水县纪律检查委员会
吉水县监察委员会　编

责 任 编 辑：李鉴和
封 面 设 计：回归线视觉传达

江西人民出版社　出版发行
Jiangxi People's Publishing House
全国百佳出版社

地　　　　址：江西省南昌市三经路 47 号附 1 号（邮编：330006）
网　　　　址：www.jxpph.com
电 子 信 箱：jxpph@tom.com
编辑部电话：0791-86892125
发行部电话：0791-86898815
承 印 厂：南昌市红星印刷有限公司
经 销：各地新华书店

开　　　　本：787 毫米 ×1092 毫米　　1/16
印　　　　张：14.5
字　　　　数：220 千字
版　　　　次：2024 年 12 月第 1 版
印　　　　次：2024 年 12 月第 1 次印刷
书　　号：ISBN 978-7-210-15863-9
定　　　　价：58.00 元
赣版权登字 –01-2024-714

版权所有　侵权必究
赣人版图书凡属印刷、装订错误，请随时与江西人民出版社联系调换。
服务电话：0791-86898820

序

　　过了不惑之年，抑或更早些时候，原本执着于现实世界中寻找生命意义的我，忽然就对历史感兴趣了。我心中常常产生疑问：我是谁？我是不是很早就存在过？我的肉身和灵魂，是否有古人的宿疾、执念、遗愿、性情、理想？

　　怀着疑问，我经常回望故乡。我会回到吉水，翻族谱，看祠堂，查遗迹，听传说。我的心里，一个历史的吉水由模糊渐次清晰……

　　我多次去阜田镇石莲洞拜访那些开花的石头，想象着江右王学在这里传播、人们争相来这里开悟的盛况。

　　我也曾去盘谷镇上曾家村探访我的本家先贤曾存仁、曾同亨、曾乾亨父子三人的精神脉息。父子三人，《明史》有传，这在明代并不多见。我想知道他们有着怎样的家传，这个村庄有着怎样的文风，怎样的文明密码。

　　湴塘是我去得最多的村庄。因为杨万里，这个村庄今天发生了巨大的变化，我由此知道文学与道德的价值。现在人们谈起他，就像谈起一个故人，虽然他已经去世八百多年。在人们的口碑中，他的肉身依然存在：他爱喝冬酒，爱养花，爱看月亮，喜欢开玩笑，夏日午后睡起无聊，闲看儿童捉柳花……

　　解缙是吉水古代最具传奇性的人物。他少年天才，诗、文、书法俱佳，是明代首位内阁首辅，明朝两百七十六年中"三大才子"之首。他勤勉，能干，不知避让，因卷入皇储之争最终招致自己被杀、整个家族流放辽东的厄运。我常在县城鉴湖边行走，惊异如此古老的水域，竟哺育出如此锋利、天才的灵魂……

我之所以热爱故乡的历史，是因为故乡自古文脉久远，文风浩荡，名人辈出，四海纵横。那些先辈身上的品格，他们的忠勇仁义，他们的勤勉廉洁，他们的家国情怀，他们的道德文章，应该成为滋养我们精神的养料，成为我们知与行的镜子。赓续他们的优秀传统，书写今天的吉水新篇，乃是我们的重要使命。

意大利历史哲学家克罗齐说："一切历史都是当代史。"历史不一定仅仅指向过去，也作用于我们今天。总结历史，是为了更好地面对未来。

闻知吉水县纪委编辑出版《清风吉水》，我由此知道了我道不孤。我的吉安文学同仁们，纷纷响应吉水县纪委的召唤，亲近历史人物，提炼精神价值，写出了史料翔实、形象生动的篇章，汇成了眼前这一本书。

这首先是吉水县纪检系统的一件大事。构建党员领导干部、公职人员的精神家园，是纪检工作的重要部分。这本《清风吉水》，拭去历史的尘埃，擦亮古代先贤的精神光芒，就是吉水县纪委精心建造的一个折叠的、适合携带的微型精神家园。我想我们的党员、干部尤其是领导干部，从中一定能汲取干事创业的动力，防腐拒变的能量。

这也是吉水文化界的一件大事。丰厚的地方文化资源，是一个地方的集体性格成因，也是催生新生文化的重要力量。承前启后，温故知新，本就是文化的要义。这本《清风吉水》，其实也是又一次激活我们的文化传统，向所有人提醒我们的来路，鼓舞人们向着新的文化高地发起冲锋。

我以为，这本书起名"清风"是多么的好。"清风"是纪检工作性质的暗喻，"清风"也是古代读书人毕生追求的品德。杨万里这个一直用减法生活、视名节为生命的人，这个内心浪漫美好的不朽诗人，更是毕生把清风以及明月当作自己的精神伴侣。他写过很多清风主题的诗："清风索我吟，明月劝我饮。醉倒落花前，天地即衾枕。"（《又自赞》）"香山有个狂客，恣游三十六峰。不是河南贤尹，谁赠明月清风。"（《太守赵山父命刘秀才写予老丑，索赞》）"无求不必位三公，一饱何须禄万钟。只有人生安乐好，享他明月与清风。"（《五月十六夜，病中无聊起来步月》）……下面这首自赞诗更是让我所喜：

青白不形眼底，雌黄不出口中。
只有一罪不赦，唐突明月清风。

先贤如此境界，堪比天仙，理应被我们追慕和仰望！
遵嘱作序，不避浅陋，还请方家批评。

江 子

2024 年 9 月 18 日

序

目录

第一辑　廉能彻九重

第二辑　夙夜而惟勤

第三辑　孝思遵宝训

清风吉水

第四辑　丹心照汗青

第一辑 廉能彻九重

  "清慎闻群辟，廉能彻九重"，这是明代吉水籍诗人李昌祺的诗句。他歌颂的是一种清正廉洁的品格，这种品格，就像一朵清莲。莲香如水，流淌岁月的真性情与真趣味；莲香如镜，照耀清官内心的淳朴、淡泊与安宁；莲香如墙，挡住外界的污浊之气，围起一座只缭绕淡淡书香与人格芳香的精神宫殿。

  两袖清风，一身正气。历代吉水籍清官，他们疾恶如仇，对贪官污吏铁面无私；对天下苍生，却嘘寒问暖，春风化雨；他们对金钱名利，无动于衷，超然世外。他们就是一道道穿越时空的闪电，撕裂人性深处的丑陋与渺小，照亮灵魂的特立独行，为后世树立了为政典范！

杨长孺：唯愿长作孺子牛

"政声人去后，民意闲谈中。"政声，一般分为三种：虚伪的如同藤蔓，靠依附他人攀缘而上，永远都挺不起自己的脊梁；短暂的好像昙花，惊艳之美一闪而逝，了无痕迹；长远的则恍若橡树，长得极慢却伟岸挺拔，仰之弥高。

杨长孺，这位著名廉吏，无疑属于第三种。他从政40余年，做了不少实事与好事，又因诗文俱佳而"圈粉"无数。金杯银杯不如老百姓的口碑，人民敬仰和怀念他，虔诚地为他画像并建祠。

杨长孺，征程万里重千钧，爱民为民情迢迢。无论他身居何位，唯愿长作孺子牛。

1190年正月，他从京城临安出发，赴湖南零陵县任主簿。县令，被称作七品芝麻官。但主簿官更小，只是掌管文书事务，协助主官管理衙署，颇为繁杂辛苦。这种"一地鸡毛"的工作，如无强烈责任心和吃苦精神，难以胜任，亦容易"躺平"。但对他而言，不仅不能"躺平"，还须"雄起"。

"政如农工，日夜思之。"古往今来，为官从政就是一份责任，只想出彩、不想出力，只想用权、不想担责，到头来只会仰愧于天、俯愧于地，外愧于民、内愧于心。杨长孺每天在县衙工作，父亲杨万里的叮咛犹荡耳畔：

"零陵又名永州，是舜葬之地，是潇湘之源。三十一年前我曾出任零陵县丞，在那里有幸拜谒张浚，得其指点，至今保持廉名。而今，你又去那担任主簿，希望务必像为父一样，克己奉公，勤俭勤勉，做到无愧于朝廷，无愧于祖宗。"

他又记起曾与理学大师朱熹以及与陆游、戴复古、周必大、姜夔、刘

清风吉水

过、曾三异等名儒交往时的情形，更是心存敬畏，正能量"爆棚"，从此撸起袖子加油干，不敢有丝毫懈怠。与柳宗元谪居永州类似，杨长孺在零陵待了十一年才挪动地方，但他无怨无悔，初心不改。

他在南昌任职时，卓有政绩，《南昌县志》称赞他体恤民情、达练世事、不畏难事。在广州离任时，他将积攒下来的俸禄七千缗，全部拿出来代下户小民输租，并写下一首诗："两年枉了鬓霜华，照管南人没一些。七百万钱都不要，脂膏留放小民家。"

宋代府州县衙内，皆立有太宗皇帝告诫官吏的《戒石铭》碑，上面镌刻这样一行醒目大字："尔俸尔禄，民膏民脂，下民易虐，上天难欺。"杨长孺将自己的俸禄还给民众，这种公而忘私爱民如子的情怀，感天动地，何其可贵！

其父更是如此。杨万里视富贵为敝屣，在任江东转运副使时，掌管大量财物。任满离职时有余钱万缗，一文不取，全弃之于官库。杨氏父子家风相传，成为古代有名的父子清官。这跟当今贪官们欲壑难填，个人腐化堕落，"一人得道，鸡犬升天"的丑态，形成多么鲜明的对比！

杨长孺还想做一头刚正不阿、疾恶如仇的孺子牛。

1211年，他出任湖州知州。敢于弹压权贵，为民撑腰，打击当地豪绅势力。湖州是京畿重地，有御赐秀王府地。秀王专横跋扈，无恶不作。有一天，秀王府派人过来，要杨长孺将一名去王府山耙松毛的杨秀才关押治罪。

"此山是我开，此树是我栽"，这不是强盗逻辑吗？杨长孺拍案而起，即刻把王府抓来的杨秀才无罪释放，还留下幽默风趣的判词："松毛本是山中草，小人得之以为宝。嗣王捉得太吃倒，杨秀才放得却又好。"

秀王恨得咬牙切齿，于是密告宁宗皇帝。皇帝问："杨长孺平时要过你的钱财吗？"秀王不敢说谎，如实相告："从没要过。"皇帝哈哈大笑："不要钱财，当然是好官。"秀王哑口无言。

1220年，杨长孺出任福建安抚使，知福州事。当地豪强宗室积欠租税许多年，鼻孔朝天，拒不缴纳。他亲自带领兵役前往拘捕，带至州衙，审问之后，判决书上写道："你是皇帝的亲戚，我是皇帝的大臣。你犯了天子法，我当然要行使天子刑。"这个皇亲国戚从未见过如此"胆大包天"的硬骨头，吓得面无人色，只得低头服罪，将欠租全部交清。

杨长孺更愿当一头两袖清风、廉洁如水的孺子牛。

中华民族历来都有珍惜名节、注重操守、干净为政的传统，历来都讲"为政以德"。古代士大夫将廉洁作为立身之基，追求正心节欲、慎独自省、廉政为民。杨长孺满腹经纶，当然知晓晏子所云"廉者，政之本也"，管仲所云"礼义廉耻，国之四维"。他更明白：人心惟危，道心惟微，对为政者而言，必须克服人心，弘扬道心。最重要的道心即廉洁，它不仅是节制克己、不贪不占的清白操行，更是清廉自守、拒腐防变的高洁品格，必须终生坚守。

他深受父亲影响，因曾出任南昌知县，临行前向退休在家的父亲请教。父亲写下一首《官箴》送给他，在诗之序言中提出做官必须做到：一要廉，二要恕，三要公，四要明，五要勤。

五个字，宛如五盏熠熠生辉的明灯，照耀着漫漫前行之路，不至于迷失方向和目标。又好似五颗种子，汲取天地之气、人性之美、破土之力，他日定能长成参天大树。

父亲还有一首诗歌，将如何为人为官写得更为透彻，让杨长孺一生受益："好官易得忙不得，好人易做须着力。汝要做好官，令公书考不可钻。借令巧钻得，遗臭千载心为寒。汝要做好人，东家也是横目民。选官无选处，却与天地长青春。"

离开永州后，杨长孺到过湖州、赣州、广州、福州等地任职。官是越做越大，荷包却始终空瘪。淡泊名利的人，精神世界往往很丰盈，有其诗为证："但宝银钩并铁画，何须玉带与金鱼。"

这里的银钩铁画，指的是父亲杨万里书稿。玉带，则是古代官员腰间所佩玉饰带子。对继承父亲衣钵情有独钟，对功名富贵不屑一顾，杨长孺的格局境界跃然纸上。

宋宁宗曾问翰林学士、太常少卿真德秀："当今有哪些官员堪称廉吏？"真德秀答道："杨长孺，当今廉吏也！"

广州原有著名清官吴隐之祠，杨长孺去世后，广州人民也为他立像于祠，以示纪念。到了元世祖至元年间，当地建廉吏祠，仅奉祀吴隐之、苏轼、杨长孺三人，足见杨长孺历史地位之高。

后人认为，杨长孺的文集没有流传下来，着实遗憾。原因令人唏嘘，是由于他的清贫，无钱去刻印。

这其实一点也不奇怪，他"门风不坠，可敬可师"。其父退休后，家里"老屋一区，仅庇风雨。长须赤脚，才三四人"。而他退休后，依旧穷困潦倒，家里"采椽土阶，如田舍翁，三世无增饰"。采椽就是没有刨刀加工的栎木，可见其宅俭朴到何等程度！

但杨长孺自有高洁追求。他从岁月繁华中，读出一种落寞归隐的生活方式；在历史纵深处，品出一份苍茫辽阔和宁静致远。

他像父亲一样，"抽身朱墨尘埃里，入眼山林气味长"。能天天听见鸟鸣、看见嬉童、干点农活，此乃人生最大财富。那些钱财是什么？流水浮萍、落红朽叶、烟云虹彩而已。生不带来死不带去，不必强求，更不能昧着良心违背天理去索取。那些品行高尚流芳百世的人呵，身居宅室虽低矮简陋，但灵魂栖息的殿堂，因以气节风骨为材质建成，而显得无比恢宏壮丽！

退休闲居的杨长孺，本可"事不关己高高挂起"，但他忧国爱民的初心未改。

1232年，吉水和吉州均受灾，百姓发生饥荒，苦不堪言。目睹百姓号哭逃难之惨状，他不忍心置之不理，遂力请吉州郡首史良叔开仓放粮，拯救灾民。从死亡线上拉回的灾民，知道事情原委后，无不热泪盈眶，有的人还专程赶往杨长孺居所跪拜致谢。

杨长孺病危临终前，居然无衣衾以备装殓。幸好友人广西安抚使赵师恕给他送了几匹绸绢过来，才解决做衣衾之料。

有人笑他真是"老牛拉车不回头，当官一场手空空"。但他的身后，绝非一片空白，而是留下了无比丰沛的正气。

这种正气弥足珍贵、缭绕不绝，拥有金属的质地、皓月的光华、清莲的芬芳、钟鼎的回响；这种正气，在庐陵大地积蓄源源不断的力量，与赣水长风一道呼啸而过，丰富和盈润着中华文明的史册，滋养和引导着越来越多从政者向善向上踔厉奋发的脚印。

【人物介绍】

杨长孺（1157—1236），字伯子，人称东山先生，自号农圃老人。今吉水县黄桥涩塘村人，南宋大诗人杨万里的长子。为官四十余载，晚年居乡，从一县的主簿到统辖一方的安抚使，他始终以清廉著称，政声赫然。

（吉安市委政研室　曾绯龙）

郭　钰：清风高节何代无

"老气棱棱齿如铁，曾咀奸腴喷腥血"，指的是疾恶如仇、不屈不挠的斗争精神。诗句出自《郭恒惠牙刷得雪字》，作者是元末明初的吉水志士郭钰。

郭钰，字彦章，布衣终身，诗文甚富。《新元史》有其小传，《明史·文苑传》列其名，庐陵罗大已《静思集·序》则肯定其节操。他在《寄胡伯清》中曰："自从子陵归江湖，清风高节何代无？"诗句既是勉励别人，更可视作夫子自道。

他坚守清节，心怀对国家道义的忠诚。《四库全书总目提要》说他没有忘记故国，在诗歌行吟中，处处可见忠国志向和清毅节操的固守。元、明易代战争旷日持久，庐陵及江西地区兵祸尤为惨烈。他坚定支持朝廷平息战乱，维护元朝正统地位。

罗大已在《静思集·序》中指出，郭家先祖信奉朱子之学，子孙世代相守，奉为家法。正如方孝孺在《后正统论》中所言，元百年之间，观念和风俗都不知不觉"化而同之"，"华夷之辩"和族属之争让位于"君臣大义"。程朱理学主张的"父子君臣，天下之定理"，成为包括汉族在内知识分子的普遍遵循。元朝在时维护，元朝亡时怀念，自然成为郭钰本人及其同时代人所共有的心态。

郭钰在兵戈战火中不断辗转流离，真是"十年奔走终无暇"。战争造成的破坏触目惊心，"江南战骨遗民尽"。战争也在瓦解士人心中的伦理纲常，"干戈满眼吾道丧"。他对王道秩序的瓦解痛心疾首，渴望早日结束战争，因此讴歌英勇奋战的将士。《王猛咏》借助咏史的形式，表达"垂死丹心在王室"的尽忠报国期许。他对战争给人民带来无穷无尽的痛苦也如实描述，乐府诗《征妇别》描绘了妇女被征军中的悲惨情形，让人想到杜甫的"三吏""三别"。

他自己有过"被拘于分宜"的切肤之痛，因而梦寐以求的是和平安定。如《春夜》中写道："梦中不记遭兵火，犹在海棠花下行。"他秉承直节写就的这些诗，有重要诗史价值，是血泪故事所表达的另一种形式。《四库全书总目提要》高度评价，说郭钰诗歌描写确凿，可补充史传的遗缺。

郭钰念念不忘要对庐陵俊杰特别颂扬，庐陵自古为文章节义之邦，他深为家乡自豪。诗中多次提到"庐陵忠节邦""庐陵要使多忠节"。在平乱过程中，庐陵义士不辱先贤，可歌可泣。

吉水萧彝翁在吉安保卫战中战至最后，拒不投降，杀身成仁，《悲庐陵》诗中则赞叹道："赖有萧参谋，杀身刷深耻。"胡洵在"胜败明知不可期"的情况下，毅然上前线，最后壮烈殉国。1352年，红巾军陈普文部攻取吉安，在城内大肆掠杀。乡民罗明远义愤填膺，挺身而出，组织人马偷袭，成功收复吉安，但自己在巷战中身亡。

郭钰听说这些事迹后，感慨不已，于是作诗曰："淮海风回战血腥，青原不改旧时青。中朝将士论功赏，让与江南一白丁。"

他选择清苦，在隐居山林中保全气节。历史不以人意志为转移，元朝在农民起义的风暴中覆灭，这自然给他带来无限痛苦。在《寒夜思亲》里沉痛抒写："故国山河空洒泪，残年风雪更消魂。"

1371年，明太祖朱元璋下诏各地举荐秀才，表面是皇恩浩荡，实际是逼迫读书人进京为新王朝效力，五十六岁的郭钰也在征举名单中。家乡官员一面催促他上路，说这是轻取富贵的好机会；一面又拉长脸说，如果不领情，后果自负。面对威逼利诱，郭钰丝毫不动心，最后以耳朵聋、腿脚不方便为由，拒绝了新王朝征召。

既然要以元遗民身份守节，于是只能做布衣隐士，郭钰便把陶渊明认作精神导师。元代遗民对陶渊明的接受，超越了单纯审美层面，更多是从忠晋拒宋的纲常层面来效法。《宋书·陶渊明传》明确记载，刘宋代晋后，陶渊明写文章，东晋就用东晋的年号，刘宋时期就用甲子纪年，以此来表达对旧朝的怀念和对新朝的不认可。

郭钰对此深有共鸣，在《甲子》诗中借渊明酒杯，浇心中块垒，表明对朱明王朝的不合作态度。他对日历书写一向在意，元亡前曾有《南省战船至吉安喜见官历》，诗中描述说，战乱中终于见到元朝颁行的官历而倍感振奋。《癸丑首正》又写道："盲废倦题新甲子，醉来谩说旧山川。"不断强调甲子纪年，就不书写明代年号，来坚定自己忠于"旧山川"的节操。

他甘于清贫，艰难困苦中不改高节，罗洪先在《静思集》序中提到郭钰壮年时主要以卖文为生。元朝灭亡后，他万念俱灰，生计更为艰难。在《春夜寒》诗歌小序中，他描述说"一穷到骨，薪米不给"，长夜之中，无被可盖，寒风直钻到骨头里。糟糕的是，他还患上疟疾，感觉到整个身体"火攻水战骨如折"。

"贫病相驱迫"的惨状，令人动容。贫士身处穷巷，门前冷落，穷困中无人接济，更添可怜。"一穷到骨更何有，万事伤心不自由"，这样的诗句读来心酸，贫穷给人带来的身心伤害可想而知。《四库全书总目提要》评述《静思集》里"每多愁苦之词"，不正是贫士自我写照吗？

郭钰在诗中感慨道："晚岁冰霜独立难"，诚为肺腑之言。虽然贫而有怨，但他始终做到了自拔流俗，卓然自守，始终践行"不肯低头徇荣辱"的人生信条。他坚守家传理学，修身养性，俯仰天地无愧色。

元朝灭亡之前，其同乡好友杨允孚曾是皇宫饮食供奉之官，深得元惠帝宠爱。郭、杨两人唱和诗很多，但郭钰从未开口求过关照。明代建立后，他也有不少朋友在朝中做官，在与其来往诗作中，看到的都是勉励为官清正，未曾涉及个人生活之事。罗洪先在《静思集》序中感喟此乃诗人"穷饿终身而不悔"，所言无一不是事实。

郭钰言为心声，鼓舞诗笔呈现唐音劲节。罗洪先在《静思集》序中说道，元朝由于久废科举，许多山林之士没有想法和出路，只好把精力放在文学上，多写古辞诗歌来抒发情感。每到王朝末期，诗风往往偏于疲软，顾嗣立编选《元诗选》就指出元末存在"以夸淫靡丽为工，纤弱妍媚为巧"的梁隋诗风倾向。然《静思集》却与此时风截然不同，取法唐人，而又不拘泥唐人，表现出坚韧健朗的风格。

他明确推崇唐风，《溪西静者为安成周鼎传赋》中认为要取法乎上，就得以盛唐诗作为标准。从创作上来看，受杜甫现实主义诗风影响直接，《和寄王仲京》中有句曰"天下兵戈愁杜甫"，正是异代同调、心有灵犀的情感折射。他多处用到"一穷到骨"的形容词汇，显然化用的是杜甫《又呈吴郎》"已诉征求贫到骨"句子。诗中化用其他唐诗之处也比比皆是，如《重题禅寂院》诗中"豪客尚能知李涉"，化用晚唐诗人李涉《井栏砂宿遇夜客》里的"绿林豪客夜知闻"句子。《和李子晦》中"终不如孟郊韩愈为云龙，上下东西不相失"，则是将韩愈《醉留东野》中"我愿身为云，东野变为龙。四方上下逐东野，虽有离别无由逢"浓缩成典故来运用。

从总体诗风来看，郭钰既推崇盛唐的风骨壮节，又融合中唐韩孟诗派的变化奇节，形成了一种隐逸之士书写时代的特有风节。

名节具有明显的时代性，不能拿今天的观念来苛求古人。郭钰的名节观当然有局限性，但他忠于国家、践行道义、热爱故乡、忧国忧民、珍惜名节、清廉自守的情怀，以及对清风高节的推崇与践行，值得批判继承，并在创造性转化中发扬光大。

【人物介绍】

郭钰（1316—？），字彦章，今吉水县阜田镇高村桂林人，元末明初诗人。年轻时与虞集等著名诗人交往，壮年时胸怀奇志，后遭逢元末战乱，晚年愁苦失意。明朝建立以后，以茂才征召，不就。终生未仕，贫病而死。著有《静思集》十卷。

（浙江农林大学 彭庭松）

罗复仁：御赐诨名"老实罗"

以"文章节义"著称的庐陵大地，自古就有很多既清廉又能干的好官，史书地方志中称为"循吏""良吏"，老百姓却尊敬为"青天"，永远受到后世的敬仰和传颂。说到明代的清官能吏，被明太祖朱元璋御赐"老实罗"诨名的罗复仁即是其中一位。翻开《明史·列传第二十五》就知道，罗复仁一生官做得不大，为官时间也不长，却以性格耿直、能言敢谏和为官清廉而闻名史册。

罗复仁的家乡是吉水县盘谷镇白竹坑村，古称桃林，与桐林、竹林合称为盘谷"三林"。南宋时该村有名士罗茂良，系杨万里门生、《诚斋集》的校对者，其长子罗大经，著有《鹤林玉露》一书。罗复仁承继先贤遗风，自幼勤奋好学，常闭门苦读，甚至废寝忘食，对《易经》尤为精通，擅长词赋，名闻庐陵。

当时正值元末混战时期，博学多才的罗复仁先是被陈友谅看中，召为编修，但陈友谅只是仰慕其才学，并不是真的重用他，罗复仁认为陈友谅并不值得自己追随，于1361年秋在九江改投到朱元璋门下。

那时，朱元璋十分注意笼络人才，看到罗复仁有才学，便留在身边，与李善长、刘基等人一起成为朱元璋的幕僚。两年后，陈友谅兵败于鄱阳湖并战死，朱元璋想尽早结束江西战事，便委派他作为使臣，带着蜡丸密信去劝降江西还没攻下的诸郡。立功后，被封为中书咨议。

那时罗复仁就颇有文名，如元末明初文学家陶安《寄罗复仁咨议》的赠诗，对其文笔、人品等都有较高的评价：

远怀罗阁老，爽气荡清旻。

口伐摧邻垒，神交厚古人。

囊悭道尊贵，笔老意清新。

前席咨询处，遥知鲠论陈。

1364年二月，朱元璋再次进攻武昌，守城者是陈友谅的次子陈理。围困近十天，却一直没有下令攻城。他明白，自己兵力虽数倍于对方，倘若一旦攻城，众多无辜百姓就会遭到无情杀戮，便想"不战而屈人之兵"。

他想到陈友谅昔日旧臣罗复仁，于是派去劝降，并承诺："如果陈理来降，我保证他今后不失荣华富贵。"罗复仁听后并没有顺竿爬，反而直率地说："只要能让陈理妻儿老母得以保全性命，让别人今后不笑我食言，就是死，也心满意足。"朱元璋面露尴尬之色，良久才说："你去吧，我不会让你为难的。"

于是，罗复仁只身一人来到武昌，先是在城墙下号哭一整天。傍晚时分，城门守卫放下竹篮将他吊入城中。待见到陈理后，又拉着他的手恸哭，说："明军到达之处，所向披靡，战无不胜，你有把握能打胜仗吗？"陈理听后沉思不语。罗复仁说："如果你打不赢，又不投降，破城后势必会发生屠城事件。请问，城中跟着你的老百姓有什么罪过呢？古人说'良禽择木而栖'，你就不为自己、全家老少着想吗？"一番入情入理的劝说，打动了陈理，于是率文武百官出城归降。

罗复仁立功后，升为国子助教，负责教导朱元璋子侄读书，为他们讲授儒家经典。那时，明王朝尚未建立，农民起义军之间也是矛盾重重，经常发生战争。更关键的是，北面蒙古族的势力虽有所削弱，但元朝廷仍然存在，西北至河南一带则被扩廓帖木儿控制，元顺帝还为他赐予汉名"王保保"，算是一位很厉害的角色。

朱元璋为避免几面树敌、多面作战，曾多次委派密使前去与王保保谈判，表示要互通友好。但每次派去的人，不是被杀，就是被扣，竟无一人回来。无奈之下，又想到能言善辩、正直担当的罗复仁，安排他再次出使西北。

这明显是一个极其危险的差使，但罗复仁义无反顾地接受了这一任务。到达西北后，王保保又想扣留他，但罗复仁在大厅上临危不惧，慷慨陈词，娓娓分析双方互通友好之利弊，最后王保保被他的一番说辞所触动，他独得以返乡，表现出不凡的外交才能。

1368年，大明王朝正式建立，罗复仁被任命为编修。那时，西南部的安南国借机侵占了不少城池和土地。朱元璋考虑到罗复仁外交才能突出，安排他出使安南，福建古田人张以宁题作《次韵罗复仁编修》诗赠行。

诚然，那时大明国势强盛，安南只是一个小国，在实力差距面前哪敢公然作对？罗复仁到达安南后，对安南国王慷慨陈词，循循劝导。通过一番交涉，安南国很快就交还所侵占的领土。他完成任务返回南京时，安南国赠送大量的金银珠宝、贝壳土产等财物，请求他在明太祖面前说说好话，但他不为财物所动，一概不接受。

1370年，朱元璋设立弘文馆，将刘伯温、罗复仁等一批学识渊博之士任命为学士，以此笼络天下文人。那时天下初定，在社会、经济和文化等方面都需革陋除弊，罗复仁常操着一口吉水方言，在朝堂直截了当地指出皇帝施政中的得失成败。

朱元璋虽然有时也很生气，却十分欣赏他正直朴实、率真敢言的性格，经常不顾及君臣之礼，直接称呼他"老实罗，老实罗"，似乎忘记他的真实姓名，体现出一份亲切、信任和幽默。

随着朱元璋做皇帝日久，闲暇时便多有一份猜忌。有一天，闲着无事的他回忆起与陈友谅争夺天下时的往事，突然想到罗复仁曾是陈的旧属，不知道此时在干什么，内心很想验证一下这个"老实罗"是不是真的很老实，于是带着两名随从，径直走向南京城外罗复仁家的方向。

微服私访的朱元璋四处打听，终于打听到他家住址，东绕西绕，走了大半天路，才到达一处偏僻的小巷子深处。只见仅有两三间破旧房子，室内家具相当陈旧。当时罗复仁正好在家，因墙壁上有一些砖石脱落，他爬在一张矮楼梯上粉刷破损的墙壁。一见皇上驾到，大惊失色，腿一哆嗦，竟然从梯子上掉下来。他急忙叫妻子搬一把椅子给皇上坐，可是椅子坐板还补有两块小板子，板面凹凸不平，无奈之下妻子只好找一只小凳子给皇上坐。

朱元璋虽听说过罗复仁为官清廉，却没料想其官邸竟如此寒酸，很是感动，说："罗贤士，你好歹也是弘文馆一名学士，怎能住在这样破旧的房子里？"返回途中动了恻隐之心，自责不该怀疑如此清廉的下属，回宫后还赏赐城内一栋大宅子给他。

宋代以后，朝廷有为皇帝过生日的习俗，称为"天寿节"。按照朝廷的礼仪制度，文武百官都要送上一份贺礼。朱元璋因为出身贫困，做皇帝后又十分痛恨贪腐，所以多年没有举行天寿节庆典。有一年农历九月十八日，朝廷还是准备为他举办天寿节庆典。如何给皇帝送礼呢？这可愁坏朝廷大小官员，满朝文武绞尽脑汁，踌躇再三后，都是备好一份厚礼送去。罗复仁官位不高，为官清廉，哪有钱财送礼呀？加上他从不在意这类事情，于是在家填写一首《水龙吟》词，用红纸誊写好作为贺礼送去。朱元璋收到后，非常高兴，还安排他在大殿上朗诵，当着文武百官的面褒扬他。

1376 年，罗复仁请求告老返乡，不久后朝廷准允。返乡前，朱元璋特意赐给他大布衣一件，并在底布上题有《布衣词》一首，褒奖他忠直清廉、憨厚老实的一生，词云：

> 性虽粗率，忠直可喜。
> 赐汝布衣，放归田里。
> 君臣一德，于兹亦可见矣。

这段赞词被光绪版《吉水县志》收录。白竹坑村原有一座祠堂叫"忠直堂"，祠堂内有一副楹联："题诗衣襟，讲学西塘。"祠堂名称以及上联都是称颂罗复仁。

又过了两年，罗复仁奉召来到南京，朱元璋召他了解江西民情。他在皇帝面前大胆表达百姓心声，请求减少秋季田赋。朱元璋当场答应，并留他在京城居住三个月。回乡前，朱元璋再次召见他，赐给玉带、铁拄杖、坐墩、裘马和餐具等礼物。

据《明史》记载，以前历朝赐服都有明确规定，如文官没有达到一品者，不能赐予玉带。而罗复仁仅是四品文官，却以清廉高洁品格获得佩系玉带的待遇，这在明代历史上还是第一人。

【人物介绍】

罗复仁（1306—1381），吉水县盘谷镇白竹坑人，《鹤林玉露》作者罗大经的裔孙，吉水状元胡广的亲姑父，解缙曾撰作《罗复仁传》。历官编修、中书咨议、国子助教、弘文馆学士等，一生官职不高，但外交才能突出。又因其性格耿正，为官清廉，忠直敢谏，被明太祖御赐"老实罗"诨名。著有《玉堂唱和稿》。

（吉水县委宣传部 杨巴金）

胡　广：德高望重状元郎

有一种品质，流芳千古，彪炳千秋；有一种志向，似青天揽月，碧海掣鲸；有一种诗文，五岳为辞意，大海作胸臆……

这些文字为胡广而写，可谓恰如其分。

胡广的故里胡家边村东临天玉山，南北是碧绿田野。村西赣江奔腾千里，一路北去。隐约可见青翠耸立的螺子山、绿荫浓郁的白鹭洲。山脚是闻名中外的临江古窑、风景秀丽的铜壶滴漏地。

在村里的胡氏宗祠，只见上厅宝壁正上方，赫然高悬牌匾，上书"种德堂"遒劲大字。匾下方有一副楹联："种植书田，莫忘忠臣懿范；德昭字水，共追宰相休风。"这副嵌名联将"种德"二字入联，彰显出胡广家族崇文重德的好家风。

胡广是南宋名臣胡铨的直系裔孙，始于其四世祖胡敬之，徙居于大洲村。其父胡寿昌，被任命为监察御史，后历任广西按察佥事、彭州知府、延平知府等职。

他八岁丧父，受母亲吴氏教诲，得到良好的启蒙教育。1376 年，被送到吉水名师解开先生门下就学，与解缙同窗。二人同庚、同乡、同学，又是远房亲戚，皆才思敏捷，出口成章，可谓一对神童。

他游学于闽粤，谙熟诗词曲赋。下笔有行云流水之势，赋诗深得盛唐之趣。尤工书法，得行草之妙，独步当世。

1400 年，他进京参加礼部会试。殿试对策中以"亲藩陆梁，人心摇动"等语甚得皇帝之意，建文帝遂亲擢其为进士第一名，高中状元。并赐名为胡靖，授翰林修撰。

他历任侍讲、侍读、右春坊右庶子，1404年进翰林学士，1407年任内阁首辅，一生曲折离奇、波澜壮阔——

1402年，燕王朱棣攻陷京城，他与解缙等旧臣顺应历史潮流，成为成祖重臣。

他在朱允炆年代，曾向建文帝献上《平燕策》，写下灭燕王朱棣的对策。朱棣在与建文帝争夺战中胜出。话说有一天，太监把先朝留下的一沓奏折交给朱棣。朱棣一边翻阅，一边自言自语："我倒要看看这些人在先朝对我是什么态度？"

他翻看到一份奏折《平燕策》，一惊："是胡广写的？"他无名火冒起："字字句句直戳我心啊！"于是怒气冲冲对太监说："宣胡广进殿！"

胡广接到圣旨，猜测是要追究那份《平燕策》。那是他苦思冥想写成的一策，可惜建文帝未采纳。心想：一定是这件事，怎么办？此去必死无疑。

他跟跟跄跄赶到殿上。这时朱棣看了几遍《平燕策》后，吸了好几口冷气：好在建文侄没有用他的计策，不然我死无葬身之地。他平复心情后，见胡广进殿，就厉声讽刺说："以前只知道你才学好、书法好，看了《平燕策》，才知道还是一个统军人才啊，你不怕死吗？"

胡广道："先帝是好人，你是好皇帝。当时是各为其主，人算不如天算。我只是尽自己之能。俗话说得好：'王子犯法，与庶民同罪。'我一介臣子也不在乎这条命了！"说罢，他摘下官帽，扑通一声在大堂上跪下："我一生坦坦荡荡，清清白白，要杀要剐，随皇上便吧。"

朱棣说："胡广，你死到临头，还嘴硬！听说你们庐陵是文章节义之邦，以前有胡铨、文天祥、杨邦乂等，今天又出了个你？！"

这时又一臣子求见，名叫李忠，正要上告胡广，落井下石。说他不务正业，在家周边开出几块地种菜，建了几间猪栏养猪。这还了得！

朱棣看完奏折，递给胡广："你怎么解释？"

胡广平静地说："哪一个不想发财升官？可我不想染上铜臭味，不想贪污不想受贿，不想盘剥百姓，不做贪官。但为了养家糊口，种菜养猪又何妨！"

朱棣听后，感慨地说："是啊！那么多大臣都是生财有道，只有你安贫乐道，清贫如洗，还要种菜养猪来养家，廉洁啊！何况你也有军事才能，人才不可多得。念你当时各为其主，赦你无罪！"

胡广大难不死，回到家里，喜极而泣。

他一生为人严谨、为官慎密。任内阁首辅期间，两次随朱棣北征，出谋划策，伴其左右，深得信任。他体谅百姓疾苦，平息诸多冤狱。朱棣向他了解民间疾苦，因王艮的族人亲属仍在遭受迫害。他上奏道，百姓生活安居，但是郡县官吏仍然穷追不舍建文年间"奸党"之事，牵连的亲属太多太广，建议从轻发落。朱棣听后接受其建议，对建文帝的旧臣及家眷网开一面，停止追查，从宽处置。

朱棣坐稳皇位后，身边有许多溜须拍马之人，平常花言巧语，阿谀奉承。礼部郎中周讷上奏，皇上不愧是明主，如今百姓安居乐业，边境安宁，大明天下到处莺歌燕舞。皇上雄才大略，文武兼备，谁不崇拜？他说，皇上功德无量，可与秦皇汉武相比。秦皇当年赴泰山封禅，威震天下。皇上你也应去搞一次封禅。朱棣读了奏章，十分高兴，但心里没底，有些犹豫。

胡广觉得非同小可。封禅，是一种表示帝王受命于天下的典礼，起源于春秋战国。他坚决反对，赶紧写好一篇《却封禅颂》上奏。

他在奏章中先歌颂了皇上的恩德，接着笔锋一转，指出：新朝建立不过十几年，国力还不雄厚，百姓也不太富裕。搞一次封禅要耗费巨大的人力、财力，兴师动众，于国于民不利。另外，封禅只不过个表明心愿的形式，并不能增加什么威望，没有实际价值。如上苍有灵，它自然会降好运给人间。如果国弱民穷，上苍也会伤心的。再则，皇上你英明无比，何必去求助什么神灵呢？成祖读了胡广的奏章，很受感动，遂打消封禅念头。

胡广身为状元，他的文学才干自然是名不虚传。他一生著述甚多：曾任《永乐大典》副总裁，主持编纂《太祖实录》、《五经四书》三十六卷、《诗经大全》二十卷、《春秋大全》七十卷，均收录于《四库全书》。他主持编纂的书籍多达两万零七十五卷，是江西籍状元编书最多的一个。他总编《五经四书性理大全》，对后世的思想文化发展产生了深远影响。北京中华世纪坛内两百六十二米长的青铜甬道碑上，记载了他的功绩。

他还擅长书法，随从朱棣北征时，"每勒石，皆命胡广书之"。曾书写"玄石坡立马峰""捷胜冈"等地名，立碑于北征途中。

胡广任内阁首辅十一年，曾经两次主考京畿乡试，四次为廷试出卷人、阅卷官，为永乐朝代培养和选拔一大批可用人才。他白天参与朝廷机务，夜晚编书撰文。他主编书籍，坚持原则，执笔严谨，不容丝毫偏差，亲自勘校补正，经常熬夜，有时甚至通宵达旦。

1418 年五月，他因公务繁忙，积劳成疾，卒于北京官舍。明成祖闻讯，悲痛不已，谥号文穆，归葬故里。

【人物介绍】

胡广（1369—1418），字光大，号晃庵，吉水县中鹄乡大洲上胡家边村人，现划归青原区天玉镇辖地。1400 年高中状元，1407 年任内阁首辅。曾任文渊阁大学士，是明初著名的政治家、理学家。

（青原区教体局　胡刚毅）

李昌祺：清厉刚正好风骨

  在明代文学史上，有一部影响深远的笔记体小说——《剪灯余话》。这部作品成书于 1420 年，因其内容丰富、情节曲折、艺术性较高，世人给予了很高的评价。这部书的作者，就是李昌祺。

  作为传统时代的社会精英，他们的主要身份是士大夫，也就是人们常说的官员，而不是单纯的一介文人或诗赋家。所以，他们的人生目标首先是读书科考，登第入仕，然后为君、为民、为天下做一番事业，实现自己的人生价值。此即孔子所言"学而优则仕"。李昌祺，就是这样一位于正史有传的代表性人物。

  1404 年，李昌祺进士及第，同榜者有包括状元曾棨在内的一大批吉安府士人。在如云的高手中，李昌祺虽名列二甲第二十九名，但因学识和才艺突出，在吉水老乡大学士解缙等人的建议下，他入选为翰林庶吉士，并参与了解缙主持的旷世文化工程——《永乐大典》纂修工作。据传，因为李昌祺博学多闻的声名在外，所以在《永乐大典》的编纂过程中，同僚们遇到稀见典籍和迷惑不清的问题，多来找李昌祺求教，往往满意而归。

  无论是在正史当中，还是在当时人的笔下，抑或是在后世人们口中，李昌祺都是一个为官清厉刚正、廉洁奉公，为人严谨自励、甘于清贫的好官。在翰林院工作那段时间，在朝的吉水同乡有很多，公务之余常常搞点聚会，但李昌祺极少参加。逢年过节，同僚老乡之间也往往相互间送点家乡特产。这算人之常情，但他不收也不送，以免别人为难。

  有一次，同年兼同乡周孟简送了几罐吉水霉豆腐和永丰霉鱼给他，碍于面子，李昌祺不好不收，却让家人按市价折算，给周家送去了银钱。搞得周孟简有点尴尬，后来路上碰到李昌祺，还批评他说："老李你也真是的，我送你几罐霉豆腐霉鱼，你也要付钱，搞得我像是个贩卖霉豆腐的贩子一样！"李昌祺拱拱手，嘿然一笑，算是对付过去了。这件事在京城的吉安老乡之间传播很广，一时间成为佳话。

所以，后来（吉水人）礼部右侍郎钱习礼在给李昌祺写墓志即《河南布政使司左布政使李公祯墓碑》时，就说他"性格一直耿介特立，当官后更加注重约束自己，从来没有私下去拜访过那些达官贵人"。这应该是实话实说。

李昌祺个性刚强，严格自律，从不私下拜会权贵以谋取个人名利。这在当时翰林文臣中也是颇为有名的事。而且，即使朝中有人想交结他，也不为所动。李昌祺在礼部主客司任职期间，不仅公正廉明，办事能力强，且对自己约束至严。朋友钱习礼曾说："看李昌祺家中，一件像样的家具都没有。他的俸禄甚至连养家都有点困难，但他泰然自若，不以为意，坚定自己的做法，当时同僚中少有能做到他这样的。"因此，周围的人对李昌祺敬畏有加，甚至连他的顶头上司、礼部尚书吕震，对他也是另眼相看。据《明史》记载，吕震一向为人苛刻，经常找茬刁难下属，但他对李昌祺从来不怠慢，甚至敬若贵宾，言语温和且恭谦。一时间，李昌祺名声广传，以至于时为太子的朱高炽都听说了其人其事，因而对他青睐有加。

正因为李昌祺这种廉洁自律、兢兢业业的作风，他很快被朝廷提拔重用。1418年，他出任广西左布政使之职，算是一省之大员了。在广西任职期间，赶上广西民情不稳，李昌祺雷厉风行，恩威并施。他以严厉手段惩办那些首恶之徒，而对胁迫而从的民众宽大处理。这些措施，让民众得以安居乐业。后因故谪迁河北房山，临行之际，民众拦马遮道，不希望他离开。

1425年，李昌祺调任河南左布政使。河南是中原大省，问题也多。他有较长的底层生活经历，清楚官场的疾病所在。更巧的是，这次主政河南，竟然与萧省身（右布政使）搭档。

原来，萧省身与李昌祺不仅同是永乐二年进士，而且萧是泰和人，两人是吉安老乡。这种特殊的关系，使得两人能够开诚布公，有效合作。李昌祺上任伊始，大力宣扬朝廷恩惠政策，安抚并激励士气民心；并重拳打击豪强奸猾之徒，革除贪腐残刻的害群之马。在其主持下，河南官场很快得到整顿，积弊得到清除，当地百姓受益良多，民间有为之立碑颂德者。

正当李昌祺在政治舞台大展拳脚之际，其母亲去世。于是朝廷以魏源代之，他依制回乡丁忧（即为父母守孝）。

不久，河南遭遇特大旱蝗灾，不少百姓流离失所。朝廷震怒，该选派哪一位得力大臣去河南"救火"呢？皇帝征求朝中大臣意见。一位大臣说道："陛下，李昌祺为人厚道，为官刚正，一向以廉洁宽厚著称，不如征召其回朝，派往河南赈灾理事。"皇帝立即下诏要求李昌祺以国事为重，中断丁忧守丧，赶赴河南赈灾救民。

李昌祺此次奉命出使河南，主要任务是赈灾恤患，纾解当下困难。他到河南之后，一面深入了解民间疾苦，一面认真统计民众受灾情况。依据对民情的分析，具表奏报朝廷，恳请减税免役，开仓放粮，救灾恤贫，挽救万千民众于存亡之际。在河南理政过程中，他从不触碰公家财物一分一毫，自律到近乎苛刻。有一次，视察工作耽误了吃饭，就在路旁村子里一户农民家吃了一碗粥、一块麦饼。饭后，李昌祺让随从付了饭钱。因他章法严明，措施有力，很快解决了此次灾荒问题，且整个过程秩序井然。

鉴于李昌祺这种操守声望和高效有力的处事能力，朝廷褒扬再三，皇帝也对他另眼相待。他后来上书言事，皇帝几乎每次都批准其建议。

所谓"无欲则刚"。执政者本身必须公正廉洁，一心为民，才能产生威望。反之，一个官员如果有所欲求，推行政令必有所顾虑，或缩手缩脚，或遮遮掩掩，不能公开透明，那么，其行政效率必然降低。群众的眼睛是雪亮的。如果你主事官员不能做表率，他们内心就不会信服；不信则不从，即你的政令执行不下去。孔子所言"其身正，不令而行；其身不正，虽令不从"，说的就是这个理儿。

李昌祺深刻认识到这点，他曾在《剪灯余话·自序》中说："要想政治上有所作为，就必须从自我做起，清正廉洁，一心为公，才能把民众引向良善之境地。"基于此，他还在《剪灯余话》中借鬼怪故事来批判当时社会的丑陋现象。例如《泰山御史传》《何思明游酆都录》两篇，借阴间地府报应之类的故事，抨击官场黑暗，以图对世人起到"惩恶扬善"之效。

1439 年，他已六十三岁，便以身体衰病为由，请求退休，朝廷恩准。于是回到家乡，做一个悠闲的乡绅。其居住的房屋仅能够遮蔽风雨而已，不会因为夏天太热冬天太冷而进行装修改善。

他赋闲的日子，从来没给地方官添麻烦。一次，侄子希望叔叔跟吉安知府打个招呼，录用自己到府学读书。李昌祺自然没去，还耐心教育侄子，亲自辅导。后来，侄子凭成绩考入吉安府学。他家住吉安二十余年，如果没有邀请，从来不去地方官府，堪称君子冰雪之操。

他非常热爱家乡。在外为官时，经常想念家乡吉水。曾在《乡人至夜话》诗中写道："形容不识识乡音，挑尽寒灯到夜深。故旧凭君休更说，老怀容易便沾襟。"说在外碰到说家乡话的人，即使不认识，也要拉着对方唠嗑到深夜。而《归自南阳》一诗中，不仅描述了自己一路奔袭回乡的情景，且充满对故乡的眷恋。更有意思的是，《剪灯余话》中把某个故事发生地也放在了吉水，如《听经猿记》开篇写道："庐陵之属邑吉水，有东山焉，根盘百里，作镇一方。秀丽清奇，望之如画……"在这段文字里，他把家乡描绘得如诗如画，令人神往。1452 年，李昌祺病逝于家。可以说，他的一生近乎完美。遗憾的是，他因撰《剪灯余话》遭卫道士非议，以至于景泰间，韩雍巡抚江西时，在学宫祭祀庐陵乡贤时，竟然将其排除在外。

【人物介绍】

李昌祺（1376—1452），名祯，字昌祺，号侨庵，吉水县乌江镇人。1404 年进士，入为选翰林庶吉士，参与《永乐大典》纂修。历任礼部主客郎中、广西左布政使、河南左布政使等职。

（井冈山大学　陈冬根）

周 忱：克己奉公善理财

周忱，吉水才子。相传八岁时读书就能过目不忘，不满二十三岁就顺利考取进士，堪称人中之龙。

1405 年初，明成祖朱棣命令翰林院学士解缙等人在新科进士中，选出二十八名青年才俊进入文渊阁学习深造。周忱向朱棣毛遂自荐，表达自己年纪尚小，愿继续进学的愿望。刚通过"靖难之役"登上皇位、求贤若渴的朱棣非常高兴，夸他是"有志之士"，将他列为第二十九人。从此，周忱在文渊阁开始一段刻苦求学之旅。他入职翰林院，曾参与鸿篇巨制《永乐大典》的编纂工作。

此后长达二十年的时间，他在朝廷各部衙门兢兢业业：参与修撰《五经四书性理大全》、奉命审理囚犯、为朱棣回南京先行清道、催运南北直隶地区的粮储等。无论事务轻重巨细，都将工作做到极致。其间虽有几次职务变动，但都没得到重用，依然在平凡的岗位默默奉献。

明朝初期，朝廷对江南地区施行重赋政策，造成许多平民百姓不得不以拖欠、逃亡的方式进行抵制。到宣德年间，税粮的拖欠达到了惊人的程度，仅苏州府太仓一地的逃亡欠税户就超过九成。1430 年二月，明宣宗开始整顿赋税制度：下诏减少农民税赋二至三成不等，准备派重臣去整顿税粮逋欠严重的地区。杨荣、杨士奇等人举荐有经世之才的周忱为江南巡抚，总督税粮。

周忱经常轻车简从，了解江南地区的生产生活情况。原来，自朱棣选择"天子守国门"将京城定在北京后，江南地区就面临着税粮北运的问题。朝廷还规定，老百姓只能以实物的方式缴纳赋税，而实物在长途运输中必然造成损耗，加上各级官吏从中作祟，损耗便层层加码。地方的豪强大户将这种耗损有意规避、摊派到平民百姓身上，朝廷只管征收足额的税额，根本不管这种耗损由谁来承担。

为此，周忱在苏州和松江两府首创"平米法"。所谓"平米法"，是让地主大户和平民小户按各自纳粮份额多少均摊运输耗损，采用不同的征收折纳办法，使明初官田税赋远远重于民田的畸形税赋制度基本趋于均衡。

实行平米法后，这种耗损无论大户还是小户，都要严格按照纳粮的比例均平承担。如此一来，豪强地主的纳粮耗损由他们自行承担，平民百姓的税负压力也就减轻了许多。针对官田和民田所承担的赋税悬殊的问题，周忱则通过折征的方法将差距缩小。对于赋税较重的土地，允许他们不用纳粮，可折色成金花银、官布、轻赍等实际税赋较轻的物体。而对于那些赋税较轻的土地，则规定必须以实物的形式本色缴纳，这样实际承担的赋税就基本没变。

周忱的"平米法"，整体上没有降低江南地区的赋税总额，而是通过均平耗损和折色征收的方式，来缓解这个地区赋税严重不均的问题，所以得到明宣宗及不少朝廷大员的鼎力支持。

为保证均耗、折征等政策的落实，周忱在江南还推出一系列的改革辅助措施：首先是由工部统一衡量器、杜绝粮长大入小出；其次是改革粮长制度，将粮长一正三副改为正副各一人，减少人员开支费用；同时还改革漕运、马草征收等制度，减轻纳税户的税役负担。

一系列的开源节流措施实施后，周忱便在苏州、松江、常州等府开设济农仓。每次统一征收的耗米如果有多余，就会将这多余的部分放进济农仓，作为第二年的耗米使用，以此减轻农户的负担。对于济农仓中储存的越来越多的耗米，他从未私自侵吞过一分一毫。如遇到灾荒，济农仓里的粮食可以拿来作为应急的赈济粮食，还可以借贷的形式，提供给需要急用的农户。

纵观明清两朝五百余年，拖欠赋税钱粮是江南官员最为头痛的痼疾，各级官员都必须面对但又难以有效解决。其间只有周忱，在保留官田的同时不仅足额完成了征收，还留有余米以资民生，且纳粮户也并未因此感到税赋加重。加之他忠于朝廷、勤勉爱民、克己奉公，经过一番治理，江南各府由赋税积欠、人户逃亡严重的地区一度变成了物阜民康的膏沃之壤。因此，唐鹤征在《皇明辅世编》中称周忱为明代理财名臣之首。

周忱巡抚江南早期，江南众多河流因年久失修，河道不通，泛滥成灾，严重影响了当地的农业生产和税粮征收。在总结前人治水经验的基础上，他采取掣淞入浏的办法，由夏家浦疏导吴淞江水入浏河出长江，又从范家滨导淀泖水经黄浦江入海。

同时，他还主持开挖吴淞江下游水道，利用新泾、莆江塘导吴淞江入黄浦江，组织百姓疏浚吴淞江、昆山顾浦、常熟奚浦等沿江、沿海河道，所需费用皆以济农仓的余米支付。吴淞江流经嘉定县境一百多里，东连大海，西接太湖，西北平坦，滋生草蔓，他还发动当地百姓将这片土地开垦成良田，促进了农业生产。

1436年，他命常州知府莫愚重建江阴黄田、蔡泾两闸。水闸分日启闭，调节水流量。为防江潮挟带的泥沙淤塞运河，还创制双橹刷沙快船，尾部捆绑铁扫帚，趁潮落时在河中摇船急行，沙随潮去，这样既可以有效治理泥沙沉积河底的弊病，又节省疏浚费用，还大大改善了江南的农田水利状况。

芙蓉湖南北长八十里，面积一万五千三百多顷，地跨武进、无锡、江阴三县，湖面辽阔，烟波浩渺，是江南当时一大胜景。不少文人墨客常去湖中泛舟设篷、诗酒酬唱，但美丽的芙蓉湖在雨季却洪水滔天、泛滥成灾。为治理芙蓉湖，周忱参考北宋水利专家单锷《吴中水利书》的治水措施，立足三吴全局，通盘治理：上筑溧阳东坝，下开江阴黄田港，外泄湖水，又在芙蓉湖西部筑堤修成芙蓉圩、杨家圩，开垦圩田十万八千亩。经过综合整治，终于使浩渺之区变为膏沃之壤。当地百姓为感激他的治湖之功，曾多次修生祠纪念他，都被周忱改为他用。

1440年三月，明朝重建宫廷三殿。明英宗打算重新彩绘装饰宫殿，计划要用牛胶一万多斤，就派遣官员勒令江南上供。这时，江南巡抚周忱因议事赴京，在途中与官差相遇，官差说明了原委，请他返回江南筹办牛胶一事。

周忱听后说，我自有处置办法，仍径向京城。他知道户部库房所贮牛皮已存放多年污腐了，便请求将这些牛皮取出来熬制牛胶，待日后用江南各府的余米，从集市上购得的牛皮如数归还入库。用未来的新牛皮，换取现在的旧牛皮拿去应急，一举两得，朝廷欣然采纳。

1449年八月，突发土木堡之变，当朝皇帝被蒙古军生擒、宫廷人心惶惶。有官员提议焚烧通州粮仓，以断绝敌寇军资。周忱正好议事在京，他熟知仓米有数百万石之多，可供京师部队一年的粮饷，烧毁实在可惜。于是建议京师部队前往通州取粮，以作军饷。朝廷听取他的建议，既保全了粮食，又为京师部队预支了一批军饷。

不久，边疆战事急，工部派人给江南巡抚周忱送来快报，令其制造盔甲、腰刀数百万件，而且要求盔甲要经水磨，命令十万火急。他沉着应对，把官仓平素积下的余米拿出来卖作运转资金，依数将盔甲、腰刀打造出来。随后核计一下，若要水磨盔甲，至少要用一年时间，这样就会犯下拖延交付期限、违抗上令的大罪。于是下令工匠变通制作工艺，在盔甲上涂一层锡使盔甲熠熠生辉，十几天就完成交货任务。

周忱在巡抚江南期间兴利除弊，体恤民艰，平民百姓的赋税压力变轻，但大地主、豪绅权贵的利益却受到"侵害"，所以上任后就不断遭到弹劾。明代宗深知周忱平日注重节俭，勤政爱民，廉洁自律，并没有给他处分。

1451年，年已古稀的周忱告老还乡。正如他的下属况钟诗作所言：

拒礼诗

清风两袖去朝天，

不带江南一寸棉。

惭愧士民相饯送，

马前洒泪注如泉。

离任

检点行囊一担轻，

长安望去几多程。

停鞭静忆为官日，

事事堪持天日盟。

周忱离任后，户部立刻把他任上积储的余米收为官用。"手中没粮心中慌"，储备没有了，后来一遇到旱涝灾害，江南各府又出现饿死人的惨状。在鲜明对比中，江南百姓深切怀念周忱，多地自发修建祠堂来纪念他。

【人物介绍】

周忱（1381—1453），字恂如，号双崖，吉水县醪桥镇鹊薮村人，因曾入赘庐陵县山前村彭氏，晚年迁至今吉州区长塘镇周家村居住，明朝中期理财名臣。1404年考取进士，经历永乐、洪熙、宣德、正统、景泰五朝，沉浮宦海五十载，历任刑部主事、员外郎，越王府长史，工部侍郎、尚书等职。

（广东省佛山市禅城区政数局　周秋洋）

熊　概：慷慨勤勉任平生

骢马赤茸鞍，临岐嘶未休。
朝廷用儒雅，风纪得才猷。
天远三湘外，霜含八桂秋。
贪渔嗟薄俗，表率在名流。

1418 年秋天，熊概赴任广西按察使。临别之际，作为家乡老大哥的杨士奇，为他写下这首《送胡元节广西宪使》。诗歌以马喻人，字里行间，表达了惜别之情和殷切期望，也表达对熊概才华和品德的重视，希望他成为引领社会风气的表率。

这一年，杨士奇五十二岁，在朝廷任翰林学士。熊概三十三岁，正是风华正茂、春风得意时期。从诗歌标题透露的信息看，此时的熊概还没有改回原姓，用的依旧是吉水继祖父家的胡姓。熊概的父亲熊敬芳年幼丧父，随母亲从丰城改嫁吉水胡时中，从此使用了胡姓，在吉水县列入户籍。

熊概自幼聪颖，勤奋好学，幼年的学习和熏陶，为他日后的品格养成和成就功名打下坚实的基础。他二十三岁中举人，二十六岁中进士，二十七岁就提拔为监察御史，并代理刑部事务，是真正的年轻优秀干部。史书上说他长得容貌雄伟，所以颇得太子朱高炽的喜欢和器重。

其实长得帅是一个方面，更突出的是他的才华和品格。熊概不但诗文写得好，还擅长草书，在担任监察御史期间，就显示出一身正气和办事果断、雷厉风行的作风。所以才有后来广西按察使和广东按察使的任职。应该说，入仕多年、目光如炬的杨士奇，是非常看好这位年轻老乡的，"表率在名流"的期望也十分殷切。

按察使这一官职，初设于唐代，至明朝达到巅峰，主要掌管一省刑名按劾之事，即纠官邪，戢奸暴，平讼狱，雪冤抑，以振扬风范而澄清吏治。按今天的说法，就是主管一省的司法工作。明朝中叶后，这些职责为巡抚代替，按察使也成为巡抚的属官。

熊概先后担任广西、广东按察使，这两处的工作履历，为他后来巡抚江南积累了丰富的经验。他在职期间，能够勤勉尽责、秉公执法、不畏权贵、公正处理许多冤假错案，肃清当时的一些不良风气，维护了社会的公正公平与稳定和谐。

在广西按察使任上，曾经发生过一件事，很能说明熊概处事举重若轻的工作作风。当时广西峒蛮人大规模出动劫掠周边，当地布政使计划请靖江王的军队来剿灭他们。熊概审时度势，并不同意。他说："我们担任地方长官，贼寇来时不能保卫抵御，难道非得烦劳藩王的军队吗？况且从各方面的情况来看，这次贼寇肯定不会来，我们只需做好警戒就行。"后来的事实正如熊概所料，峒蛮人见官军戒严，真的不敢轻举妄动，熊概的政声和威望由此越来越高。

最能体现熊概政治才能的还是巡抚江南。当时江南的实际情况是，明成祖迁都北京后，朝廷政治格局也发生变化。由于政治中心北移，中央政府对江南控制力相对削弱。到仁、宣时期，江南豪强势力重新崛起，横行地方、欺压良善，兼并土地，江南地区出现赋税拖欠和小民逃亡的双重恶果，社会面临危机。面对豪强坐大的局面，明宣宗决定由中央派员，以暴力手段来打击重新崛起的江南豪强势力。借以稳定统治秩序，夺回基层控制权和治理权。

1425 年八月，宣宗任命熊概为大理寺卿后，随即派他再巡江南。此次熊概巡视江南的主要目标，是扭转官员贪刻虐害军民和土豪恃强侵民的局面。鉴于江南豪强势力坐大的现实，宣宗又赋予熊概逮捕和调兵擒拿的权力，可以说手握生杀大权。

熊概是司法官员出身，先后担任过按察使和大理寺卿，此次以最高

"检察官"的身份巡抚江南，其工作重心又是打击豪强，整顿社会秩序。熊概到达江南后，即以铁腕手段严厉弹压松江地方豪强势力，应天府溧阳县豪强史英和常州府武进县豪强王昶都得到惩处。这些地方豪强势力一度横行乡里，不可一世。松江土豪杀人取财，夺人妻女，侵盗税粮，因公科敛，以一取十。溧阳史英恃富暴横，殴杀其乡人，还行贿官员，将良民诬为劫盗。浙江海盐民平康暴横，聚集了八百多人，熊概将他们全部抓获，并将其中的首恶分子几十人押到京城正法，很快就平息了暴乱。熊概用法很严，行事果决，他的一系列措施收到了很好的震慑效果，也因此获得朝廷的肯定和信任。

熊概严刑峻法以打击江南新兴豪强势力，为后继巡视江南者和地方府县官员对江南实行有效治理扫除了阻碍。自熊概巡抚江南后，直至明亡，江南豪强武断乡曲的事件虽然也时有发生，但凭借地方官员掌控的治安力量，已完全能够实现对地方豪强的有效控制和打击，再未见动用驻军镇压地方豪强的案例。

以铁腕治理地方，于国于民有利，但不可避免会得罪一些人，遭到一些非议。明清笔记小说中也录有熊概"喜抄没人，一时富家略尽"，说的就是熊概铁腕整治地方豪强的情形。尽管如此，也有人为熊概说公道话，比如明朝人陆容撰写的《菽园杂记》就说，虽然熊概用法严峻，抄了很多豪强的家产，但"小民怨气，一时得伸"，用大白话说，就是老百姓拍手称快，可见熊概的施政还是非常得民心的。

正因为熊概秉公执法，不徇私情，才得到朝廷的高度信任。在江南期间，很多豪强对熊概又恨又怕，视他为眼中钉肉中刺，想方设法陷害熊概。1427年，有人弹劾熊概每到一处作威作福，擅自赏罚，纵兵骚扰百姓。朝廷接到举报后，派人暗中调查，结果发现都不是实情。这样一来，不但没有陷害到熊概，反而让朝廷更加信任他。

很有意思的是，熊概的继任者竟然是吉水人周忱。周忱长期巡抚江南，因为熊概已经打下很好的治理基础，所以周忱在任期内的工作重心重点是经济领域。从周忱巡抚江南开始，江南社会经济迅速恢复，至明朝中叶江南经济已成为全国之翘楚。江南地区市镇兴旺，店铺林立，商贾云集，舟车络绎，人口流动也更加频繁。

和熊概的雷厉风行、严刑峻法相比，周忱更追求简易和宽容。这一方面显示出两人的为政风格不同，但更主要的是，他们在不同时期面临的社会矛盾和治理重点不同。周忱到江南后，还有些百姓习惯性地跑到官府来告状举报，周忱常常不予理会。有人当面指责周忱说："您不如熊概。"周忱笑着说："熊概奉命，责任在于祛除民害。朝廷委任我，只说安抚军民。我们接受朝廷的授命不同而已。"

1430 年三月，熊概回到朝廷，改回原姓。不久后，升为南京都察院右都御史，掌管南京都察院事务。他更加勤勉谨慎，致力于辨别冤情、处理冤案。不久，熊概的母亲去世，熊概因哀伤过度而损害了身体，奉命回家安葬母亲，后被起用复职处理事务。

1434 年秋，明宣宗巡边，命令熊概留守京城，并兼管刑部事务。他省察记录犯囚的罪案，废寝忘食，积劳成疾，病情不断加重。他对家人说："我大概不行了！"过了六天，明宣宗赐给诸位大臣鹿肉和宫内酿的美酒，熊概在家拜受。十月十一日，熊概和往常一样上班，审查案情，突然感到不适，一阵晕眩，便再也没有醒过来，年仅五十岁。噩耗传来，明宣宗命令官员赐祭，派船送回吉水安葬，并为他营造墓地。

熊概的一生，是勤勉实干的一生，他明敏刚决、清廉正直、一心为公、不徇私利，被后人称誉一时。和熊概同朝为官的杨荣评价他内刚外和，孝友宽厚。人称"江西才子"的永丰人曾棨说他"明于政体，达于时务"。清代张廷玉说他政绩显著，在明代巡抚当中，属他和于谦最为有名。说到底，熊概是能挑重担的好官，是有情有义的男子汉。正是因为有了熊概这样一批能臣干吏，明朝历史上才有"仁宣之治"。百姓才能安居乐业，国家才能繁荣稳定。

两百多年后，面对风雨飘摇的政局和烽烟四起的社会乱局，徐霞客在万里遐征之余，依然忘不了这位能够稳定社会人心，能够力挽狂澜的名臣。他在乌江的小船中写到"溪左为熊右御史概所居"。在徐霞客的心里，是多么希望熊概可以再生，将大明王朝治理得更好一点，社会能够安定和谐，人民能够生活得更好。

【人物介绍】

熊概（1385—1434），字元节，号芝山居士，今吉水县文峰镇七里湾村人。1411年，擢监察御史。后升广西按察使，寻改任广东按察使。明宣宗即位，入为大理寺卿，奉命前往苏州、常州、松江、杭州、嘉兴各府治理水患。1434年十月去世，著有《芝山集》《公余集》。

（吉安市政府办公室　胡建红）

刘　俨：居官清介护本心

1442年三月，京城的皇榜高高挂起，昭告天下：刘俨，以卓越的才华独占鳌头，荣登状元之位。

刘俨高中状元的喜讯，如同春风般迅速传遍了故乡吉水县。一时间，全县为之沸腾。自四十二年前带源人王艮殿试中得榜眼后，水南这片土地上，第一次有了名副其实的状元。

水南，古称文昌，自古以来便是吉水县文风昌盛之地。这里，人才辈出，文脉绵长。1394年，刘俨诞生于水南夏朗村一户普通人家，自幼嗜书好学。然而，由于家境贫寒，并无多余钱财购买书籍。于是，经常上山砍柴、捡蘑菇，用卖柴、卖蘑菇所得的钱来购书。母亲为了他的学业，更是节衣缩食，咬紧牙关，把他送到泷江书院就读，并告诉他，将来读书有成，一定不忘家乡，做个好官。

泷江书院历来声名显赫，无数贤达巨擘，诸如文天祥等大家，都曾莅临此地，为学子们传授智慧。至明朝时期，其声望更是如日中天，诸如《永乐大典》编撰副总裁张伯颖、翰林修撰王艮、礼部右侍郎钱习礼等一代名流，皆出自这所书院。

刘俨步入泷江书院，仿若游鱼得水。其治学之道严谨而深邃，主张文章必须言之有物，不为浮华辞藻所惑。他二十四岁中乡试，第二年会试中了副榜，但不肯就职，选择归家潜心研读，默默耕耘二十余年。终于在四十九岁那年，一举夺魁。

刘俨状元及第后，授翰林修撰，由此步入仕途。他先后参与编修《五伦书》《历代君鉴》《寰宇通志》等典籍，担任《宋元通鉴纲目》总裁，成

清风吉水

034

就斐然。

自任职起，刘俨就牢记母亲教诲，为官公正廉明，一身正气，不受请托，不徇私情。他曾三次担任顺天府主考，为国家选拔人才。

顺天是京畿之地，读书人多，主考官也就特别引人注目。虽然是通过科举制度选拔人才，但当时社会风气不正，对少数权贵子弟来说，考试成绩的好坏关系不大，主要取决于有无靠山和贿赂主考官的银两。这样一来，部分才华横溢的穷人家子弟被拒之门外。而一些有权有势的平庸之辈反而榜上有名。

刘俨觉得身上的担子很重，他暗下决心，一定要整治这种歪风。他发布安民告示，张贴考试纪律，拒绝一切说情与送礼，明确表示公正主考，公正选才。

为杜绝说情之风，他毅然决然地在考场大门上张贴了一副对联，决心以公正无私的态度对待每一位考生。上联写着："铁面无私，凡涉科场，亲戚年家皆谅我"；下联写着："镜心普照，但凭文字，平奇浓淡不冤渠。"

1450 年，他以侍读官衔首次出任顺天乡试主考，录取江阴县徐泰为解元。因徐泰是当地望族，和某些地方官不睦，于是就有地方官员无端提出猜疑，并上奏朝廷，告刘俨有私，要求复试。代宗下令顺天乡试前五名进京复试，大学士陈循监考。陈循窥看徐泰文章时，暗自道："这位当为第一。"阅卷后，拆开弥封一看，第一名正是徐泰。复试结果不仅没有挑出刘俨差错，反而使他取士公正、不避嫌疑的名声大振。

1454 年，他再次任主考。朝中又有人传言诽谤。他不为所动，当殿评读试卷，选定状元为孙贤。满朝文武官员见后，都称赞他为国选才，公正无私。

1456 年，他再次被委以重任，出任顺天乡试主考。当时，内阁大学士陈循的儿子陈英、王文的儿子王伦都参加考试。相传，陈循和王文暗中串通一气，托人来找刘俨说，录取时要关照一下陈英和王伦，录取名次尽量排前一点，好在下一年有资格参加礼部会试。刘俨正色回复说，如果你们的儿子考得好，自然会录取；考得不好，我也无能为力。接着与其他考官一起查阅了他俩儿子试卷，得知内容空洞，文笔拙劣，实属下等之作，无法录取。

有的考官怕得罪陈循和王文而招来不利，便向刘俨陈述利害关系，希望录取。刘俨反问道："你们身为朝廷命官，不加制止，反为拙劣考生说情，这样徇私舞弊，岂不坑害国家，辜负皇上，蒙骗了百姓，也对不起其他举子？有什么灾祸由我来承担，绝不连累你们！"说情的考官被他诘问得哑口无言。

录取名单公布后，陈英和王伦榜上无名。陈循和王文很恼火，指使"马屁精"陷害刘俨。皇上为了弄清是非，派大学士高谷对中举的试卷全面复查。高谷查实后，将情况如实向皇上禀报，认为整个考试公正、无私，并揭露有人陷害刘俨的原因，幸亏有大学士高谷秉公说话，刘俨才躲过一劫。

刘俨为人正直，忠于职守，不徇私情，虽然得罪了一些权贵，致使被诬告，但他身正不怕影子斜，丝毫也不畏惧。他曾感叹道："翰林学士的职位既清高又尊贵，这固然可喜；但长久停留在这个职位上，也实在令人叹息。这就像金水河中的鱼，虽化龙的时期未必会有，但渔网之患也不应该有。"故此，清人倪克让曾写诗赞道："飞章交构徒为尔，美谥玉成文介公。"

刘俨身居朝堂，恪尽职守，廉洁奉公，他不仅致力于国事，更心系故土，时刻牵挂百姓疾苦。

夏朗村位于平原，地势低平，时常遭受水灾。刘俨做官后，朝廷有良田封赏，可是他平时省吃俭用，清淡度日。他以范仲淹为榜样，省下俸禄，在家乡购置大片义田，分给贫苦农民耕种，让他们得以获得温饱。他深知粮食是百姓生活的根本，因此又置办义仓，储存粮食，以备不时之需，接济贫困百姓和有志贤士。

有一年端午节，刘俨请来夏朗村族长、房长及其他前辈，把自己全家老少也召到厅堂上。然后，在厅堂前的天井里摆上一只香炉。他手里拿着一卷契文，庄重地对大家说："我在故乡成长，又蒙乡亲关怀，以至中得状元。在京为官，不知近几年家乡遭灾，乡亲们困苦。我薪俸不多，没有能力救济众人度饥荒，这是我家所存的一切契文，现在一并焚化。自今日起，乡亲所欠物款，一律废止；所有田地，一律为耕者所有。口说无凭，现当众焚契为证。"说着命人将所有契文付之一炬。众人望着熊熊烈火，敬仰之情油然而生。

在水南的泸江河上，有座泸江桥，原是一座窄小木桥。刘俨幼时，此桥遭雷电击中焚毁，两岸交通阻断，乡民们来往极为不便。他在京做官收到俸禄后，立马想到这件事。他拿出俸银，交给儿子，吩咐道："我们老家那座桥被烧后一直没有重修，村里人来来往往很不方便。你回去，务必请人把那座桥重新修好。"

他儿子回到水南，马上采购石料，请人帮忙修桥。村民见刘俨为大家修了桥，十分感激，请石匠在石碑上刻了"状元桥"三个字，准备立在桥头。刘俨知道此事后，坚决要乡人将"状元桥"改成"火烧桥"。火烧桥坚固异常，历经数百年风雨，至今仍屹立于泸江河上。

1457 年，英宗复位，刘俨备受器重，代理翰林院大学士，执掌翰林院印信。正当他准备大展宏图之际，却不幸突患重病，于任上遽然而逝，终年六十四岁。皇帝深感惋惜，特颁旨赞誉他"文学老成，守法持正，不违常例"。赠予兵部左侍郎之职，并赐谥号文介。

刘俨一身正气，居官清介，刚直之名远播朝野。他心系民间疾苦，深受百姓爱戴。辞世后，朝廷派人护送其棺椁归乡安葬。乡民闻讯十里相迎，令人动容。

【人物介绍】

刘俨（1394—1457），字宣化，号时雨，谥号文介，吉水县水南镇村背夏朗村人。1442 年中状元，授翰林修撰。历任侍讲、右春坊大学士兼侍讲、太常寺少卿兼翰林侍读学士等职。有《刘文介公集》三十卷传世。

（吉水县乌江中学　庄晋玲）

李　中：俭能养得一身正

　　明朝嘉靖时期，有这么一个人，且是省级地方高官，家里来了几位客人，便让妻子淘米煮饭招待。妻子打开米缸一看，里面空空如也，便赶紧外出借米，跑了好几条街，问了十几户人家才将米借回。妻子将米淘好之后，正要下锅，却发现柴房里没有柴火，情急之下，将平时家里用来洗澡的木盆劈开，放进灶里烧火煮饭。好不容易将饭煮好，客人却早已不告而别……

　　有人会问，在古代官场难道真有这离奇之事吗？当然有！这个人，就是吉水县谷村的李中。这件事，就发生在他担任广东右布政使任上。

　　李中出生的谷村，不仅人丁兴旺，而且文风鼎盛、人才辈出。建有多所书院，使得读书求学蔚然成风，科举仕宦代不乏人。在这样的文化氛围中，父母很早就开始教李中读书。母亲欧阳氏是欧阳修后裔，他从小天资聪颖，四岁时就能背诵母亲所教之书。母亲惊喜道："我儿日后不知能否继承欧阳舅氏的事业？"母亲去世后，李中拜母亲的舅父杨珠为师。杨珠，字玉斋，吉水谌溪村人，以理学著称，学识渊博。杨珠对外甥女的早逝也很悲伤，看到李中聪明好学，十分高兴，说道："孩子啊，看到你就像看到我那早逝的外甥女，你一定要好好读书，不要辜负母亲对你的期望啊。"便将平生所学尽力传授。

　　杨珠埋头做学问，不贪图荣华富贵，视功名利禄为浮云，一生穷困潦倒，却不坠青云之志。他经常教导李中，一个人要勤奋好学，做一个对社会有用之人。在杨珠那里，李中不仅接受了所教之学，还深受其高尚品格的熏陶。

　　1514年，李中考取进士，授工部主事。其时，奇葩皇帝明武宗朱厚照在祸国殃民的大太监刘瑾倒台后，不吸取教训，仍恣意妄为，自称大庆法王，建寺西华门内，任用番僧为住持，不理朝政。朝中大臣谁都不敢进言劝阻。而初生牛犊不怕虎的李中，任官仅仅三个月就大胆上书朱厚照，批评当今朝廷"大权未收，皇储位未立，义子未革除，纪纲日益松弛，风俗逐渐变坏，小人逐渐升官，君子逐渐引退，士气逐渐萎靡，言路逐渐关闭，名器逐渐被轻视，贿赂逐渐流行，礼乐逐渐荒废，刑罚日益泛滥，民财日益殚竭，军政日益增加弊端。刘瑾已经被诛，但善治仍一无可举"。并恳求朱厚照："乞望陛下幡然悔悟，摧毁佛寺，逐出番僧，妙选儒臣，朝夕劝讲，揽大权以杜绝天下的奸邪，建储位以立天下之本，革义子以正天之名，如果这样做，那么所说的振纪纲、励风俗、进君子、退小人诸事项，就可以依次举行了。"接此奏折后，朱厚照不仅不幡然醒悟，反而因李中的直言劝谏而怒火中烧，要处死李中，经朝中大臣奋力挽救才得免，被贬为广东通衢驿丞。

1518年，王阳明任南赣巡抚负责征剿盘踞多年的山匪，命李中为参谋军事。他助力王阳明剿灭赣南山匪后，在南昌又协助平定宁王朱宸濠叛乱。1523年，升任广西左参议。同年夏，升任广西提学副使。

当时，广西教育十分落后，原因主要是师资匮乏。为培养师资力量，李中选择一些素质较高的学子集中到五经书院培训，他每五日到书院讲课，答疑解惑。在他的推动下，广西教育事业有了长足进步。

1535年，李中升任广东右布政使。当时的巡按御史姓戴，此人用法严苛，上任不久就要以各种罪名罢免南海县、番禺县官吏六十人。他一看一次性要罢免这么多官员，心生疑惑，便对这六十人查验。发现不少人都是被冤枉的，便找到戴某请求收回成命。戴某很不高兴，说："我说的六十人，就是六十人，不会冤枉他们的。"李中争辩道："一下子处理这么多人，应该要有事实根据的，不能凭长官的意志随便给人定罪。"说完直接走出门外。戴某见李中竟敢当面顶撞他，虽然非常不满，但也无可奈何。李中毫无畏惧，硬是秉公处理了这批官员。

李中不贪不占，还经常接济穷人，以致生活十分清苦，常常吃了上顿没下顿。正是这种廉洁节俭，养成他一身正气，眼里容不下沙子。

不久，布政司的曹参议卒于任上。那位曹参议是都御史姻亲，由于是在任上去世的，都御史便令李中给曹参议家属发放一千金的慰问金。按理说，都御史发了话，你照办就是，一些人还巴不得有这个机会呢。但李中拒绝道："按明律不能还乡者，才可以发放慰问金。曹参议不属于发放慰问金的人。即使要发，为什么一定要发一千金呢？"他按照法律规定发放曹参议的慰问金，把都御史气得半死。

都御史到广东是来督查平定盗贼的。当时广东境内有一股盗贼作乱，经过官兵几个月的大力清剿，这股盗贼被平定。按照惯例，大盗平定之后布政司必须设宴犒劳各级官员，并且要向都御史等人送上数十百金的礼金。这种用公款送礼讨好上级的事情，不少人乐意奉行。但李中设宴，既没有山珍海味，更没有给都御史等人送上礼金，使得都御史十分懊怒，当场拒绝出席宴会。

由于李中没有遵守官场潜规则，不顾情面得罪了总督及巡抚御史，两人便千方百计要弹劾他。他们暗中派人去调查李中，但派去之人回来报告说，李中家徒四壁，家里经常"三无"，即无米、无油、无薪，比普通老百姓还穷。他们仍不放过他，转而诬陷他不称职，应当罢免。真是欲加之罪，何患无辞！罢免折子上报到吏部，吏部侍郎霍韬知道李中素来廉洁有才望，建议应当留任。但李中平时从不巴结朝中大臣，那些人没有得到任何好处，便不肯出面为他说话。霍韬孤掌难鸣，蒙受冤屈的李中还是被贬为四川右参政，负责监督粮储。

对于自己以莫须有的罪名被贬，李中心中虽有不平，但并没有过多地放在心上。他觉得一个人只要凭着良心做人做事，就会安心坦然，没有必要过多地去计较个人荣辱得失。因此在四川任上，他没有怨天尤人，而是尽最大努力造福于民。1539年，他因政绩卓著被升为浙江按察使，不久又擢为右金都御史、山东巡抚。

在山东上任的第二年，全省大旱，粮食歉收，庄稼地里全是铺天盖地的蝗虫。李中深知，要保住庄稼，首先必须灭蝗。于是，李中下令对捕杀蝗虫的百姓加倍给予粮食奖励。而对于庄稼受损严重者，官府发粮赈济，使得山东没有因大灾之年而饿殍遍地。

当时，有大盗关继光率众在山东边境作乱。李中率官兵与其苦战数月，终将其擒获。但邻境却先抢其功上报朝廷邀赏，部下都愤愤不平，但他没有向朝廷争辩，只是用心安抚部下，说：只要平定了大盗，民众不受其害，就是最大功劳。

1541年，李中升任副都御史，总督南京粮储。1542年十一月九日，正当朝廷准备委以重任时，李中却卒于任上。

李中不仅是一个忠于职守、勤政爱民、清正廉洁、政绩卓著的好官，还是一名学养深厚的理学家。他通过接受杨珠所教之学，加上自身体认，对濂洛之学已经融会贯通，年纪尚轻便以理学闻名当时，在明朝中后期思想和学术界产生过重要影响。他还是一个传道解惑的教育家，培养了罗洪先等一大批卓有成就的学生。在罗洪先眼中，李中刚严豪气，也是一个原则性很强的人，只要说得对，不管你是大人小孩还是田夫走卒，他都会认真倾听予以采纳。如果意见不合，不管你是王公贵族还是达官显贵，他都不会曲意逢迎。

李中虽然外表威严，但内心善良，对弟子在学习方面虽然要求很严，但也有问必答，耐心答疑解惑。生活上更是关心体贴，与弟子们亦师亦友。罗洪先与李中的师生情谊一直深深地留存在罗洪先的心里。李中去世后，罗洪先为恩师撰写了行状，并与其子整理出版了《谷平先生文集》。

【人物介绍】

李中（1478—1542），字子庸，吉水县盘谷镇谷村人，著名理学家。明正德九年进士，授工部主事，因抗疏谪广东通衢驿丞。后历官广西提学副使、四川右参政、山东巡抚，嘉靖间官至总督、都察院副御史、总督南京粮储。一生长于解释考据，著有《谷平先生文集》，谥号庄介。

（吉水县农业农村局　郭文峰）

周　延：一心为民廉为基

他出生于名门望族，可是到父亲周良福时因故衰落，家徒四壁，从小就过着"贫久衣裘敝，厨荒菽粟甘"的清苦生活。他天资聪颖，兴趣广泛，在慈母严父的关爱督教下，专心治学。为了开拓视野，他博览群书，上自朝廷典章、百家经史，下至庶民杂记、稗官逸事无不记览，律历阴阳无不精通，且以诗文见重于世。他创作的诗，晓畅精练，含蓄不露；撰写之文，雅洁奔放，极具天趣。他叫周延，是吉水县古今传颂的"百步两尚书"和"十里九布政"的主人公之一。

1523 年春，周延带着父母的殷殷期望，千里迢迢进京赶考，并如愿以偿地考中进士。第二年，朝廷按照惯例，授予其湖北潜江知县一职。潜江是个地瘠人贫、资源匮乏、水患不绝的小县。当地富豪，倚仗权势，强征杂税，乱派徭役，弄得盗贼四起，人怨鼎沸。

为救民于水火，他上任后一个多月，既不登堂理事，也不厚礼参拜权贵，而是微服私访，体察民情。他独自与庶民促膝谈心，与贤士们探讨政务，洞察利弊。数十天后，对潜江县情了然于胸。于是，着手实施一系列治政方略：上疏朝廷，减免赋徭；遣使借粮，赈济灾民；惩治富豪，力劾贪官；兴修水利，奖励农桑；罢淫禁赌，医治民瘼；专事委任，严明赏罚；接纳善言，紧缩财用。

三年后，潜江上下，政通人和，社会稳定，经济快速发展，百姓生活大有改善。他离任那天，潜江父老拎酒提篮、拖儿带女前来送行，纷纷将礼品硬塞到其官轿。他看到潜江百姓对自己如此深情厚爱，速速摆手道："父老乡亲，礼品我万万不能收，人情我全领了……"辞别百姓后，与随行人员走到一个百姓再也追不到的地方，把礼品全部搬下放在地上，派一个随从回城告诉百姓，让他们来这里领回礼品。

据状元罗洪先为周延所撰《墓志铭》载，周延在潜江主政的三年间，以其超凡的魄力和过人的智慧，为这片土地带来了久违的安宁与繁荣。他初到潜江，便深入民间，明察暗访，发现不少奸吏如同蠹虫一般，蚕食着衙门的清明，更有甚者仗势欺人，欺压百姓。对此，周延毫不留情，他一一查实，对那些奸蠹胥吏进行了严厉的清退，使潜江的官场风气焕然一新。水患，历来是潜江人民的心头大患。周延上任后的第二年，潜江遭遇了前所未有的大水。他毫不退缩，身先士卒，带领百姓日夜守护在堤坝上，风雨无阻。待到洪水退去，又立即组织修复工作，对堤坝进行除险加固，十多公里的河堤在秋后焕然一新，潜江人民从此告别了水患的威胁。此外，周延还致力于打击盗匪。潜江因常年的水患和贫困，滋生不少盗贼，他们时常骚扰百姓，甚至袭击县衙。周延调兵遣将，对盗匪进行强力打击，将匪首一一擒拿归案，其余盗贼在他的感化下，纷纷归良从善。潜江在他的治理下，终于迎来了太平。周延的清廉和公正赢得了老百姓的尊敬和赞誉。他用自己的实际行动证明了何为"人民公仆"的真谛，为潜江地区的稳定和发展做出了积极的贡献。

最让潜江百姓难忘的是他不怕丢官，上疏为灾后百姓减免钱粮。据《潜江县志》载，1525年"秋，大水，民多殍"。他虽然率领民众全力进行抗洪抢险，但这场秋洪特大，人力不可抗御，境内多处决堤，禾苗俱淹，麦亦无收。"潜民之命，不过寄生于柳皮茭叶之末而已"，而上峰却让他催收当年税赋。面对逃荒讨米、流离失所的百姓，哭喊求食、饿殍遍野的惨景，他顾不上顺从上司晋级升官去征收钱粮，情真意切地呈报一份《水灾题免钱粮疏》。

如此据实真情呈奏潜民之灾苦，的确"入耳寒心""触目夺魂"，由此打动了圣上，不久户部奉圣旨《复题》："准免秋粮十分之七，岁办等科，依拟停止。"由此，潜江民众暂时获得活命安居、喘息重建家园的生机。

1537年，御史游居敬劾王守仁、湛若水"伪学私创"，朝廷遂命罢各地私创书院。他为此案仗义执言，上疏极论而遭罪谪，被贬为大仓州判官。1538 年，顾鼎臣入阁，声名远播的他擢升为扬州同知。嗣后历任南京礼部主客郎中、南京吏部考功郎中、广东按察司副使。其间，他以国为忧，勤于政务，遇事不挠，动有师法，深受尊重。特别是在宣抚安南，征讨海寇、黎寇中屡建奇功而擢升为广东参政。

1546 年，他因清廉奉公、朴实无华，建树颇丰而擢升为福建右布政使。不久，升为广东左布政使。到任后，他以国家安定和人民生活为念，提出并实施了许多利国利民的方略：上疏朝廷，请求下诏宽恤，免除灾区赋税，减轻百姓负担；罢黜贪官，平反冤狱，制裁欺压百姓的顽固分子；严明法纪，革除时弊，理顺民风；勤理政务，清廉律己，以德、才、能、绩论士；拨出专款，兴办教育，培育匡扶社稷的栋梁之材；兴修水利，劝课农桑，大力发展生产力。经过几年的艰苦打造，辖区内一派生机，处处辅扬功德，人人建缀太平。

1548 年，他调任都察院右副都御史，巡抚应天、宣府等地。他每到一地皆建言八事：重民、抚军、清讼、禁势、明律、治疾、节财、复耕。他经常上疏朝廷，要招贤纳士，弹劾奸佞小人。由于他善道缓风，措辞婉转，情词恳切，所奏之事均被世宗皇帝喜纳。事后，凡他巡视过的地方，奸佞小人的行为均有所收敛，富豪劣绅们也不敢轻举妄动。

他返朝后，因惠政擢升为兵部右侍郎，提督两广军务。此后入为刑部左侍郎，历南京右都御史，吏、兵二部尚书。上任后，他认为，各级官吏的好坏，关系到国家和人民的安危。于是他立即上书朝廷，建言改革吏治，大胆提拔博学多才、德行好的人当官。即使是有罪于朝廷的人家，若有贤能子弟，也应破格选拔，加以重用。奏章中他还要求朝廷按"杜、绝、革、禁、倡、励"六字来规范各级官吏的行为。即杜幸进之门，绝私欲之路，革竞贿之风，禁淫赌之习，倡仁义之举，励贤能之仕。世宗皇帝对他的谏言，除部分有保留意见外，大都准奏。由于他重才爱才，不拘一格举拔人才，使明王朝在一段时间内，政治腐败、人心涣散现象有所缓解。

1551 年，俺答部众屡入塞劫扰。兵部主事、署员外郎杨继盛，以新败后，许开马市，示弱误国，下狱敲挣，贬为狄道县典史。朝廷为重振军威，抵御强敌，任命他为兵部尚书。

他到任后，威严有仪，号令严明，勤理军务，筹备粮草，训练新兵，调整作战部署。他遣精兵良将扼守要塞，以固国门。1553年，鞑靼兵攻扰延绥、宣府、辽东、甘肃、大同、蔚州等地。延绥、宣府受害最烈。数十万百姓陷于狼烟水火之中。为尽快平息战乱，救民于水火，他不顾疲劳，组织军民英勇抗击入侵之敌。在延绥、宣府，他运用计谋，不费一刀一箭，不折一兵一卒，迫敌退兵。

在其他战场，他广遣哨探，刺探敌情，命令各路驻军将领，随时准备相援阻击。同时派出骑兵诱敌深入，利用有利地形，击溃或全歼来犯之敌。战斗结束后，他对英勇牺牲的将士首祭国殇，并厚金抚恤其亲属；对作战有功的人士，他上表朝廷请功嘉奖；对违命者、作战不力者，按军法严肃处治。由于他以身许国，数年颠沛沙场，几度戎马倥偬，多次力挽狂澜，使战乱平息，明王朝转危为安。为表彰他的功勋，世宗皇帝亲赐蟒袍玉带，加太子少保，授诰敕二十五道。

1555年，周延升为左都御史。1561年二月，卒于任所，享年六十三岁。因为人峭直清介，砥节奉公，士论推重，于是朝廷封赠为太子太保，并遣礼部侍郎李春芳谕祭，工部侍郎朱衡具棺治茔，中书舍人李君辅莅葬。是年冬，钦差御史蔡克廉奉旨赴吉水，于城北建朱石尚书坊一座，以示怀念。

【人物介绍】

周延（1499—1561），字南乔，号崦山，吉水县盘谷镇泥田水边村人。历任潜江知县、兵部给事中、福建右布政使、广东左布政使、吏部尚书、兵部尚书、赠太子太保，谥号简肃。著有《简肃公遗稿》。

（吉水县八都小学　陈橹）

李振裕：四部尚书真国士

李振裕小时候就非常聪明，异于常人。八岁时能写诗唱和，十二岁时，曾经步杨文贞公诗韵，写作雪霁诗，看过的人认为他日后必成大器。他容貌端凝，践履笃实，生平没有什么嗜好，独用力于经史百家之书。书法高秀，曾得到康熙皇帝称赞。

其父李元鼎著有《石园集》，其母朱中楣亦著有《随草集》。李振裕在户部任职时，曾进呈其父李元鼎的诗集，康熙深赞李元鼎诗品为当代第一流，因命太子阅看。太子读后，甚为快心。康熙又传谕说，听说其母亦工诗，有"妇解吟诗子读书"之句，急欲得其专集一读。李振裕谨遵谕旨，随后敬将《石园诗集》一部装潢，让陈元龙转呈康熙御览，康熙同样连声赞许。

1670 年，他考中进士，被选为内弘文院庶吉士。但是他笃于亲情，随即陈情力请回家侍养父母。出京城才两天，就收到父亲去世的消息，悲痛欲绝，直接从马上坠落，休克两次才醒过来。李振裕读书谈道，十分重视家庭亲情。其兄李维介无子，就将自己一个儿子过继给他。诸位外甥他也用心教育，使各有成就。

李振裕很关注家乡的吏治民生，他认为"郡邑之理乱，系乎守令之得失"，地方治理的成败，在于地方官员的选拔。1671 年春，康熙皇帝励精图治，命令四方有以水旱奏请蠲恤的，可以及时上报，还让各省督抚遍询地方困苦。吉安太守郭景昌召集各县官吏绅士讨论此事，吉水县令王雅提出，吉水民众困苦已极，流亡转徙，加上灾害丛生，朝不保夕的日子已经不是一天了。1671 年夏，江西巡抚副都御史董卫国奉命亲自下乡勘察实情，上疏之后，朝廷允许其请求，蠲免吉水荒赋银九千九百九十两，米一万四千余斛不征。李振裕在《仁山倡和序》中记载了此事，可见他对家乡民生的深切关怀。

这份特殊的照顾，离不开各级官员的努力，可见选择守令的重要。因此之故，李振裕想到当时天下的状况，他在《仁山倡和序》中说："窃以天下之大，其为民生未尽遂，吏治未尽兴，蠹政未尽除去，而民隐壅于上闻者何限？或有念切民依，而未际其会；或际其会矣，入告而未获俞命；其或既获俞命矣，其所以及民者或沾濡有未周，推广有未至，抑何以垂利赖于久远乎？"李振裕认为，天下如此广大，但民生问题并未完全得到解决，吏治也并未完全兴盛，腐败的政治并未完全清除，而民众中的隐情被朝廷知晓的又有多少呢？有的人深切关心民众，但未能恰逢其时；或者恰逢其时了，进言给朝廷却未能得到批准；又或者已经得到批准了，但他们的措施在惠及民众时可能有些遗漏，推广的范围也可能不够广泛，又怎么能使民众长久地受益并依赖这些措施呢？

1676年，他为母亲服完三年之丧，回京补官。分修《皇舆表》《鉴古辑览》。1679年，充纂修《明史》之官，分校礼闱，得人最盛。1683年，升任右春坊右中允，兼任翰林院编修，纂修《三朝圣训》。十月十四日，因为中允员缺之事。大学士明珠等在早朝上奏说："臣等问翰林院学士等云，讲官内编修王顼龄俸次在前，为人亦优。不在讲官内者检讨李振裕学问为人俱佳，恭候皇上简用。"康熙问："李振裕何处人？"大学士李霨等回奏说："江西人。"康熙问："李振裕，朕亦知之，学问好，书法亦佳。"康熙又问翰林院学士牛钮："所学何如？"牛钮回奏说："学问为人俱优。"康熙说："此缺着将李振裕补授。"康熙亲自选中李振裕任右春坊右中允，此后李振裕在康熙心目中的印象一直不错，他才能够由庶吉士而历官刑、工、户、礼四部尚书。

有一次，朝廷挑选陕西、江南主考官，内阁列出侍讲李振裕，庶子陈论，赞善徐潮、汪霦这四个人的名单，康熙问："李振裕为人何如？"大臣常书等回奏说："臣等观其人亦属老成。"康熙最后决定："江南正主考着徐潮去，陕西正主考着李振裕去。"按照旧例，已经担任会试同考官的人员，不得再次担任乡试考官。这次有机会典试陕西，可以说是康熙的特殊提拔。

李振裕此去陕西主考，"人称公明"，即公正廉明。可见他清廉正直，没有受到不良风气的影响。科举关乎士人一生的命运，考场舞弊事件历朝历代屡见不鲜，不少考官经受不住金钱诱惑，走上犯罪道路，罢职丢官不说，甚至身家性命难保。他这次典试陕西，声誉很好，以至康熙知道后也说："李振裕陕西主试，著有声誉，朕亦知之。"因此又命以原衔充日讲官起居注。之后，督学江南，贡献卓著。

1688年，他从江南还朝。当年山东遭遇旱灾，地久不雨，麦苗枯萎。十二月，他受命前去祭祀泰山，一路上见到受灾场景，忧思难忘。到泰山之后，他恭敬祭祀，没过多久，大雨滂沱。大家都认为这是其诚心敬意感动上苍，这才降下甘霖。

随后，他又升任吏部右侍郎。吏部掌管满洲、蒙古、汉军、汉人文职官员的选补、考课、封授、袭勋之政。最高长官为吏部尚书，其下就是左右侍郎。负责全国文官的任免，位高权重，更是腐败重灾区。但李振裕没有以权谋私，搞权钱交易。在工作上，清正廉明，"铨政肃清"。

1690年，他受命前往畿辅地区巡查灾情，赈济灾民。畿辅地方上年荒歉。康熙考虑到民生艰难，食不果腹，百姓流离失所，既蠲免钱粮，又特地发帑金三十万两，以及常平等仓的粟米，交给地方官员赈济灾民，让灾民安居，不至于流散。但是，赈济灾民时，沿途大路之民，比较容易受到照顾，对于那些偏僻山村而言，就难以收到官方的救济。不能自存，至于播迁离散者甚众。这样的赈济法，对广大灾区人民来说也是无济于事。

想要一一将钱粮发散到灾民手中，这就要看官员的责任心了，有些官员无非就是草率塞责。康熙十分关心所发三十万帑金如何散给，以及人民有无流离失所的状况。因此，要派遣部院大臣前往，详加察视。正月初三，派遣李振裕等人，分四路前往巡查。

巡视所及，李振裕写下《奉命勘荒畿辅感赋十首》，记录下沿途所见灾民的悲惨景象。至今读来，依旧令人感伤。这是一组优秀的纪实之作，继承了杜甫的"诗史"传统，为我们留下一份历史的实录。

李振裕正月从京城出发，策马行进于燕赵之间，风尘仆仆，五十多天的见闻，真是"艰苦难具陈，绘图所不及"，所逢悲惨之状，说不完也画不出，"使我涕沾巾"。此时的清朝，东南地区正在暴发洪水灾害，西北地区却天旱无雨。他感慨自己拿着朝廷的俸禄，却只能"束手徒浩叹"。他多么希望自己能够飞上青天，掘开银河，让天上之水流向人间，使原野重获生机。

而现实是，草根已被掘尽，鸟雀也被捕杀殆尽。"燕南千里地，道殣民命微"，到处都是饿死的人。活着的人，也是"尽室恒苦饥，流亡满道路"。所到之处，"州里固萧飒，村落尤荒凉"，城市已是萧条景象，农村则更荒凉。老百姓家无余粮，为了活命，只得"卖牛还鬻儿"。为了讨一口饭吃，弱龄少女也抛头露面，乞食于大道之旁。

李振裕所到之处，严格要求官吏，防止他们中饱私囊。在《奉命勘荒畿辅感赋十首》中的最后一首写道："大农颁玉粒，筐筥出天庾。长吏络绎来，分给有部伍。无使滋中饱，长吏吾勖汝。盗胥众螟蠈，官长大雀鼠。"将盗窃赈灾钱粮的底层胥吏，比作危害禾苗的害虫。那些职位高一些的官员，也不过是侵食粮食的雀鼠。

他明知在赈灾的过程中，大小官吏都想从中渔利，而他此来，就是要监督他们。赈灾往往是一些贪官污吏大发横财的机会，面对朝廷下发的巨额钱粮，上下其手，总以为神不知鬼不觉。而他却不为所动，为灾民着想，八郡十九州饥民赖以全活者无数。

1709 年春，李振裕以原官致仕。退休之后，先回江苏宝应故宅，想等待暑热退去，即回吉水老家。不料一病不起，享年六十八岁。

【人物介绍】

李振裕（1642—1710），字维饶，号醒斋，吉水县盘谷镇谷村人。1670 年中进士。历官庶吉士、内阁学士、礼部侍郎、吏部侍郎，工、刑、户、礼四部尚书。著有《白石山房文稿》十四卷、《白石山房集》二十七卷、《群雅集》十二卷。

（《中华瑰宝》杂志社　杨阿敏）

夙夜而惟勤

"夙夜而惟勤",这是杨万里在《官箴》中,送给即将赴任南昌知县的长子杨长孺的谆谆教诲。勤乃勤谨,就是勤劳谨慎,一丝不苟。这是做人的美德,也是从政的本分。远大的理想,美好的愿望,都需要脚踏实地的行动,都需要勤恳的劳作去实现,否则,就是镜中花、水中月,就是懒政、庸政,无所作为。

吉水先贤们,不管是为政还是治学,都忠于职守,志向不移,坚持不懈地辛勤努力,遇百难而不退,虽形衰而不悔,建功立业,留下了不朽的精神财富,值得我们学习和弘扬!

欧阳观：勤治政务尝夜烛

四岁而孤的一代文宗欧阳修在《泷冈阡表》里，通过母亲的讲述，这样回忆他的父亲欧阳观："汝父为吏廉，而好施与，喜宾客；其俸禄虽薄，常不使有余。曰：毋以是为我累。故其亡也，无一瓦之覆，一垄之植……吾虽不及事姑，而以此知汝父之能养也。汝父为吏，尝夜烛治官书，屡废而叹。"欧阳观为官勤政敬业、爱民如子、清正廉洁的形象在这些文字里逐渐清晰，让人敬仰，成为后人崇尚的为政榜样。

公元 1000 年，四十九岁的欧阳观考中进士，开始步入仕途。他的晚来入仕并不像其他人一般就此混沌了却一生，而是勤政敬业，成就其一生的清名。他执着于"达则兼济天下"的儒家思想也给后人留下一段贤士佳话。

欧阳观先后任道州（今湖南道县）判官，泗州（今安徽泗县）、绵州（今四川绵阳市）推官和泰州（今江苏泰州市）判官。在调任泰州判官不久，不幸身染重病去世。欧阳观生命短暂，却留下显赫的政声。

在当时，判官、推官掌管着生杀大印，定然是属于实权在握的官员，要弄点碎银，囤积财富，可谓轻而易举。不要说荣华富贵，至少是可以确保衣食无忧。可是，纵观欧阳观在任的十一年里，他没有利用手中的权力谋取任何私利，依然是家境拮据，清贫一生，没有留下丁点积蓄和资产，只留下"囊底萧然"的群众口碑和"欧阳观，字仲宾，登咸平三年第，为州判官，以廉能称。既去，因建堂而祠焉"的史实记载。以至于在他突然病逝后，全家的生活瞬间就陷入极其窘迫之中。无可奈何的郑氏夫人，只得在亲友的帮助下先安葬亡夫，再携带幼儿稚女投奔远在随州同样做地方官吏的小叔子欧阳晔。欧阳观的勤政清廉可见一斑，他的政声口碑千余年后依然馨香弥漫，各地专门所建祭祀欧阳观的祠堂就是最好的佐证和说明。

史料记载，欧阳观于1007年修建绵州城，开启了新纪元。在绵州期间，他办案尤为谨慎，避免冤假错案，"凡死囚，必求其生。不得，则告天而后断"。那里的地方特产价廉物美，同僚们争相购买，他却什么也没有购置，俸禄全部用于接济穷人、养家待客，始终恪守清廉为官的准则。任满离开四川时，囊中羞涩的他只购买一匹蜀绢，请人画成六幅《七贤图》，以教育后人。这是他三年蜀地为官的唯一纪念物品，也是欧阳观一生为人、为官的真实写照，也因此受到绵州世代敬仰，后人特修建求生堂、欧阳崇公祠、蒋欧祠以示纪念。

在儿子欧阳修的记忆里，家中所藏的《七贤图》对他印象很深。欧阳修踏上仕途之时，特意将图挂于自己房内墙上，以激励自己学习父亲廉洁勤政、清正爱民的为政风范。

千余年后，回顾欧阳观短暂的仕途历程，勤俭、仁爱是其最光辉的人生标识。这标识和蔼可亲，为人称道。

刑狱之事历来不仅烦琐、复杂，而且关系人命，极其重大。为了防止冤假错案发生，欧阳观对重大案件总是亲自查办，非常谨慎细微，常常废寝忘食到深夜仍在加班加点处理案件。欧阳观正是多年来以其强烈的责任心和严谨的作风获得了当地百姓的高度赞扬。

对于涉及平民百姓的案宗，欧阳观经常秉烛研究案情，十分慎重，翻来覆去地审读卷宗。凡是能够从轻的，都从轻判处；而对于那些实在不能从轻的，往往深表同情，叹息不止。因而，在夜烛摇曳时分，每每面对判为死罪的犯人案卷，夜不能寐的欧阳观常对妻子郑氏哀叹："这是一个判为死罪的犯人，我想为他求得一条生路，却无能为力。历来案件中曾有过犯人判处死刑后被赦免的例子，若在法律的范围内能够尽力为他去寻求生路，无论结果如何，死者和我都不会有遗憾了。但现今我想为死囚寻求生路，却又不得，故痛惜不已。"欧阳观孜孜于治狱求生的形象鲜活生动，感人至深。质朴无华的语言以非常个性化的方式，传递出北宋时期一名普通刑官对其职业的深刻认同。欧阳观对百姓生命此般的敬重正是儒家"仁爱"思想的集中体现，这种悲天悯人的情怀一直伴随他的仕途生涯。

欧阳观在泰州任判官时，有一个在外地服役的士兵跑回老家，结果被人告发是逃兵。顶头上司把案件交给欧阳观，要他从严从重处罚这个逃兵。北宋周边强敌环伺，长期处于战争状态。朝廷为了震慑逃兵，对逃兵的刑罚非常严峻，一般都是判处死刑。欧阳观没有屈服上司官员的淫威，依然是公正严谨地办案，发扬仁爱精神，本着"能不杀就不杀"的原则审判逃兵案。欧阳观仔细查阅卷宗，了解案情，并亲自走访逃兵的街坊邻居询问缘由，发现这个逃兵作战勇猛、战功卓著，跑回老家事出有因，也情有可原。欧阳观觉得逃兵罪不至死，就顶住压力没有判处他死刑，要他戴罪立功。不顾上司要求"从死"的号令，欧阳观爱惜人才、人命，坚持原则，挽救了一个素不相识的逃兵。那个死里逃生的士兵，跪着感谢欧阳观的不杀之恩。

为使办理的每个案件公正平允，欧阳观还很注重通过察言观色来揣测诉讼对象的心理。他善于"观其出言，不直则烦""观其颜色，不直则赧然""观其气息，不直则喘""观其听聆，不直则惑""观其眸子，不直则茫然"，通过观察当事人的听觉、视觉和表情来判断案子的真伪。

欧阳观在绵州任职期间，有一财主看中一个穷人的一块山地，欲占为己有，争执之中，双方对簿公堂。财主为打赢这场官司，得到那块风水宝地，连夜带着银两拜访欧阳观，企图用金钱买通欧阳观，把那块山地判给他。通过观察财主的脸色言行，欧阳观就知晓其中有诈，是财主欲强行霸占山地的行为。了解真相后，欧阳观怒发冲冠，把财主的厚礼扔了出去，并严正地指责财主，这是强取豪夺的不道德行为。同时，跟他耐心地讲起为人之道，教育他要有仁爱之心。欧阳观语重心长的一席话，深深地打动了财主的心。见欧阳观一身正气，秉公办事，非常感动，当即向欧阳观承认自己的错误，要求撤销官司，发誓再也不与那位穷人争夺那块山地。欧阳观见财主认错态度较好，为达到以理服人的目的，他便对财主说，官司可以撤销，鉴于你有强行霸占山地行为，为秉公办案，你必须当面向那位穷人承认错误，赔礼道歉。欧阳观拒收财礼，察言观色巧断霸占山地公案的掌故很快在绵州百姓中成为美谈。

欧阳观始终立足百姓立场，按照"道"的标准来审理每一个案件，赢得了大家的爱戴。他的清廉事迹先后编入《名宦列传》《良吏传》等众多史书，以清廉能干扬名后世。他勤廉的崇高品德和仁爱的感人故事，一直在百姓中口耳相传，成为民间世代颂扬的对象。

"先公少孤力学……享年五十有九，葬沙溪之泷冈。"公元1010年，欧阳观病逝后，葬在沙溪泷冈。因勤廉著称的欧阳观也陆续被各地列入名宦祠，为世人祭祀敬仰。

岁月留下的痕迹，安静地倚在时光深处，看花开叶落、流年转换，也见证心之所向、行之所往。如今，站在欧阳观墓前再次品读这位名宦，墓碑上的字行就像一张硕大的筛网，剔除了碎语闲言，淡化了功过是非，五十九年的人生历程定格在墓碑上，字字如珠的汉字串联起一顶受人尊敬、闪耀光辉的桂冠。墓前缭绕的香火、络绎不绝拜谒的足迹是人们最朴素的情感表达，是对于"毋以是为我累""尝夜烛治官书"的勤廉欧阳观敬仰爱慕的最好见证。

生命最终要归宿于一处坟包，这是不争的事实，但生命的过程如何经历却是一个值得探讨的话题。荣华富贵、高官厚禄只是生命的外在表现。芳名永存，德馨弥散才是一个人的名字最有意义的归宿。阅读欧阳观短暂的一生，生命的过程如何经历这个话题自然就有了清晰的答案。

【人物介绍】

欧阳观（952—1010），宋真宗咸平三年（1000）考中进士，开始步入仕途。先后任道州判官，泗州、绵州推官和泰州判官，以勤廉著称。事迹先后编入《名宦列传》《良吏传》等众多史书，逝后被封为崇国公。

（吉安市文联　贺小林）

凤夜而惟勤

杨　存：铁面仁心躬于民

　　杨存出生于耕读勤谨之家，其父叫杨郊，精通乐理和《易经》，是当地一位有名的乡儒。祖父叫杨伦，潜心修德，不肯出来做官。祖上三代虽然较为贫穷，却能闭门择师教子，督促子弟读书。杨存自幼聪敏好学，孩童时就能日诵数千言，十岁时能写得一手好文章，文采出众，名满乡里。

　　1085 年，杨存赴京城开封参加科举考试。当走到河南息州时，天已漆黑，只好找到一家旅馆住下来。那天深夜，读书勤奋的杨存上床正要睡下，却感觉床垫下有东西硌后背。揭开被褥一看，床垫下原来藏有两万引盐钞。第二天凌晨，杨存找到店主，问："前天是哪里的客人住在这间房子里呀？"店主答道："应是淮河畔的一位商人。"杨存听后说："这个人是我的朋友。假如他再回到店里，要他到京城考棚附近来找我。"出于办事的严谨，他又提笔在房间的木板墙上写道："某月某日，庐陵杨存住于此。"写完后才赴京赶考。过了几天，淮河商人返回息州旅店，试图找回失物。店主指着墙板上的留言，将杨存的原话转告于他。于是，商人赴京城找到杨存。杨存通过官府做证，将两万引盐钞全部归还。淮河商人非常感动，拿出几百缗钱作为酬金要送给他，杨存却说："如果我想要回报，早将这些盐钞据为己有，默不作声地离开了。"商人再三强给，杨存执意不收。淮河商人很感动，于是将这些钱捐给京城的相国寺，祈福老百姓安居乐业。这件事很快就传遍全国各地，杨存拾金不昧、取义不贪财的事迹随之流传开来。

　　杨存是涩塘村第一位进士。进入仕途后，先出任湖南郴县县尉。可惜任职没多久，父亲杨郊因病去世。按照古代礼制，他辞官回乡丁父忧，时长二十七个月。服满后，朝廷安排他出任袁州司理参军。没过多久，母亲黄氏又去世了，于是又辞官回乡丁母忧，服满后出任广东南海县尉，数年后改任福建长乐知县。长乐是闽粤地区贫穷之地，他到任后，紧扣民生，勤实端严，刚柔相济，经常深入民间，了解群众的疾苦，与老百姓打成一片，将全县的政事打理得井井有条。他还发现，长乐县最大的问题并不是经济的落后和物质的贫穷，而是精神上的"士不知学"，全县尊师崇学的风气极为淡薄，年轻人也不愿意拜师求学。于是，杨知县改变治政策略，认为治贫须先治愚，这才是解决问题的关键。他设法筹措资金修建书院，大力倡导尊师重教之风，聘请有学识的人担任老师，闲暇时自己去书院义务讲学，很快长乐县民风骤然一变，"声最诸邑"，赢得老百姓较好的口碑。

惩恶扶弱、严谨执法是杨存最可贵的品格。他所生活的时代，正是奸相蔡京、童贯等奸臣把持朝政、官场极其黑暗的腐败时期。那时天下只知道有蔡太师，顺从曲迎者，富贵唾手可得，违犯不从者，即使不被屈死，也会被罢官和放逐。杨存任杭州仁和知县时，有一座寺庙的老尼姑仗着与蔡京家族有姻亲关系，依仗官方权势，公然强抢豪夺，侵占了寺旁大片田地，造成很多老百姓流离失所，生活艰难。老百姓多次诉讼到县衙，前几任知县均因畏惧蔡京的权势，不敢受理。杨存赴任仁和知县后，不顾上级压力，大胆受理该案，并立即传唤老尼来县衙问话。老尼随后写信给蔡京，请他对杨知县施压。蔡京通过杭州胡知府传话，赤裸裸地说："这是宰相的意思。假如你判处老尼胜诉，他日必定给予关照，保你官运亨通，荣华富贵不是梦。"杨存听后不仅没有顺竿爬，反而正色回应上司，掷地有声地说："三尺之法，这是全国上下都必须遵守的。现在宰相带头违犯，这怎么行呢！"于是不畏权势，依据事实，判处老尼败诉，责令她立即将田地归还给农户，维护了国法的尊严。正因为杨存肯为老百姓主持正义，公正清廉为政，自然拥有较好的名声，不久后就有多位官员向朝廷推荐他升职。却因得罪了上司和蔡京，贪官们借机报复，往他身上泼污水，百般挑剔，就是不肯提拔。尽管如此，杨存却说："我堂正立身，只求耿介清廉，岂会患得患失，在意于自己的一官半职！"于是，仍大胆整顿社会治

凤夜而惟勤

第二辑

安，积极为钱塘老百姓办实事。闲暇时，他常深入乡村，与民间文人作诗唱和，借以振兴文教，又因他诗文功底深厚，还获得"诗将军"的雅号，《咸淳临安志》和嘉靖《仁和县志》等都有他惠政的记载。

杨存出任江西建昌通判之前，那里强盗横行，常发生抢劫烧杀事件，气焰一度嚣张到"巡尉惮之"的地步。他到任后，敢于担当，慎重对待。先是设计擒获匪盗首领并将其处死，之后按照初犯与惯犯、主导与胁从、狡匪与愚民等标准划定惩处范围，都给予不同程度的惩罚。如此刚威与怀柔相结合，很快就有"民感悔，盗遂息"的局面，充分体现杨存勤谨高超的领导才能。只是杨存为人正直，品德磊落，在那般浊水横流、贪腐盛行的年代里，怎么会被重用呢？所以一直做了几十年的地方官吏，最后以洪州通判致仕。

1123年七月，杨存在家乡涩塘村牵头主修庐陵杨氏第一部族谱，并撰写《杨氏流芳谱系序》。唐代以前，普通人家是不允许编修家谱的，自北宋欧阳修作《欧阳氏谱图》后，标志着民间修谱社会风气的开端，此后庐陵杨氏六次大修族谱，其源流、世系、郡望和堂号等，都是依据杨存所修谱。依据该谱记载可知，杨万里之族开基祖是杨辂，唐末五代人，籍贯是陕西华阴，由虞部侍郎来江西任吉州刺史，适逢杨行密之乱，道阻不能归，遂家庐陵。杨辂次子杨铤要择新居，某日与父亲、兄弟一道乘马来到南溪畔，马陷于淤泥之中，进退两难。杨铤父子见此地前有朝元岭，后有后龙山，中有南溪水，眼前是七八口大水塘，四周平地可开垦农田，乃风水宝地，于是选择此地开基，取名为"涩塘"，意思是指淤泥较多的池塘。繁衍到杨存这一代时，已是第八代。杨存不仅以勤谨笃行闻名，而且是一个远近闻名的大孝子，他不仅对父母十分孝顺，而且对兄长杨布犹如父亲一样尊敬，每次回涩塘老家探亲，都要将自己的一部分俸禄分给他。对侄子们的教育，犹如对待自己儿子一样严格，经常加以训导，正因如此，侄子杨杞18岁便考中进士，杨存十分高兴，吟诗祝贺兄长说："月中丹桂输先手，镜里朱颜正后生。"

早在徽宗、钦宗做皇帝时，杨存因感于奸佞当道，于是常上书朝廷，请求告老还乡。1126年七月，朝廷感于杨存的功绩，特意封赠他为朝议大夫，不久后正式批准他致仕。宋高宗做皇帝后，又下旨封他为中奉大夫，赐金紫。退休后的杨存乐于在家乡游南溪，爬北山，寄情于山水之间。当时吉水知县是曲江人肖雅，感于杨存政历丰富、才能突出，多次来涩塘村请教为官之道，还延请他赴吉水县衙常住，以便指导政务处理。但是，睿智严谨的杨存恪守不在其位不谋其职的准则，做到嘴巴不说朝廷任何政事，双手不沾州县任何公文，总是头戴葛巾、手拄藜杖，游历于南溪游园之间，内心极为惬意。

1200年，杨万里为杨存撰作《中奉大夫通判洪州杨公墓表》，充分肯定这位族曾祖父的道德文章，使得他的官德事迹流传于世间。杨存生有五子，均有惠政留于世。明代进士、山原村人罗大纮曾到涩塘村忠节总祠内拜谒其牌位并题作像赞文，肯定他取义不贪财、惩恶扶弱、有为不求位的可贵品质。忠节总祠大厅也有一副老楹联："中奉大夫第，诚斋学士家。"上联即盛赞杨存的名节。

纵观杨存的一生，虽人生坎坷跌宕，却始终是勤学善思、务实笃行。在官时，他自是力做好官，不避锋芒，勇毅进取，奉法为民；退休后，则是逍遥山林，乐己忘忧，从不以个人得失挂怀。正如杨万里所撰墓表中反问："予进可蹉，予退可磨，其予如何？"可以说，诚斋先生是深知这位族曾祖父的心思，其高洁品德令后世人永远追慕。

【人物介绍】

杨存（1058—1128），字正叟，又字存之，吉水县黄桥镇涩塘村人，杨万里的族曾祖父。1085年中进士，历官袁州司理参军，长乐、狷氏、仁和、奉符知县，建昌、洪州通判等。《宋史翼》卷十九有传。

（吉水县委宣传部　杨巴金）

曾敏行：身残志坚勤治学

　　封建时代的士大夫，素有"穷则独善其身，达则兼济天下"的境界，怀揣"修身、齐家、治国、平天下"的最高理想，追求"立功、立德、立言"的三不朽的完人。深受儒家思想熏陶的曾敏行，自然也有这样的理想追求，可惜天意难违，一场灾祸，使他的理想竟成了梦想。

　　弱冠之年，家乡遭遇李鸡公强盗洗劫，曾敏行和兄长们，奋勇杀敌，和他一起并肩剿匪的最小的兄长敏学，两人均负重伤，曾敏行痛失右臂。要知道，在封建社会，身体残疾的人是不能参加科举考试的，他的治国平天下的理想破灭了，于是专务古学，一心一意做学问。他每天勤奋攻读，对经史特别喜好，尤其擅长辩论。家庭读书气氛非常浓厚，兄弟们常常就某一问题，展开激烈争论，互不相让，都坚守自己的观点，从不轻易改变自己的想法。曾围绕贾谊是否有爱君之心，邓禹锐进而速退，实属损威，汉光武帝用人，不能容一眚人等历史人物展开辩论。曾敏行虽然年幼，但他驰骋上下，据理力争，与兄长不分伯仲。

　　曾敏行自幼胆识过人，颖慧敏捷，出口成章。父亲光庭公给他取名为"敏行"，希望他敏于事而慎于言，讷于言而敏于行，言易行难，要他言从迟而行求疾，认为敏行是成就功业，完成人格的最好注足。父亲知永州零陵县时，正值靖康之难，他率领地方民兵武装去勤王，送行的亲人，哭泣哀号之声，不绝于耳。当时曾敏行只有九岁，这时他初次看到了战争惨绝人寰的场景，便有恻隐之心，但他内心是强大的，他平静地对父亲说，希望父亲身先士卒，不要担心家里的事情。父亲抚着他的肩膀说，可惜你年纪太小，如果大几岁，我们父子俩定当一马当先，共赴国难，一同勤王，保家卫国。

身体的残疾，肉体的痛苦，没有让他倒下，最要命的是不能参加科举考试，他悲观绝望，连死的念头都有。当他读到苏东坡诗句"治生不求富，读书不为官"时，心境豁然开朗，苏东坡的诗句，好似专为他写的一样。从此，他以此为信条，刻苦治学，博览群书，上自朝廷典章制度，下至野史小说，博采诸子百家学问，里谈巷议，无不浏览研读，广泛涉猎。

书画艺术，也是曾敏行一生孜孜不倦的追求和嗜好。他曾广泛收集历代名家书画作品。他以左手悬腕学米芾字，既潇洒奔放，又严于法度。时人认为曾敏行学到了米芾的真传，其字几乎到了以假乱真的地步。他练习书法，有自己一套独特的手法。在他的《独醒杂志》中说：凡练字，应当先学习偏旁部首的写法，上下左右，和它相似的偏旁都差不多，熟练掌握一个偏旁，那么数十个字写法就容易了。其次，凡是写字，和墨调笔相宜，让笔毫与墨相协调，干湿适度，墨多则藏笔锋，纸张要抹平，身子坐端正，手腕控制毛笔发力，手指力度到位，字体自然柔韧流畅。

曾敏行还收藏过章伯益的草虫工笔画，认为其画"笔势飞动，凡夺造化"。他通过观察草虫，刻苦临摹，也学到了章伯益工笔画的绝妙之处。其次子三聘，乃杨万里堂妹夫。有一次，他展出一张父亲画的蜥蜴螳螂墨戏图，给杨万里欣赏。只见画面上两只虫子，栩栩如生，呼之欲出，跃然纸上。杨万里看后非常惊奇，并说简直是天下奇观，感叹曾敏行是一位多才多艺的人。其六子三异道出了其中缘由：父亲平时提着装有草虫的笼子仔细观察，细心揣摩，日夜不停地描摹。常担心虫子的神韵没有体现出来，又到草丛间偷偷观摩，于是掌握了画草虫的方法，当画笔着墨之际，不知道我是草虫，还是草虫是我。其用心之勤，简直到了出神入化，物我两忘的境界。

对文史书画如此痴迷，得益其家学深厚，耳闻目染，成果斐然，顺理成章。而对于医药、建筑、教育等方面的突出成就，连同时代的人也始料未及。

缺医少药，医疗资源的匮乏，这是偏远农村地区普遍存在的现象，特别是疫情的大规模爆发，流行病泛滥之时，医生就成了人们的救命稻草。曾敏行不忍心眼睁睁看着乡亲们因病魔一个个离去，为了给大家治病，曾敏行经常外出采药，并用古法炮制药材，自己亲口尝试药材药性，并无偿送到患者手里，最终写成《应验方》三卷存世。

曾敏行坚信"读万卷书，行万里路"古训。次子三聘任赣州户曹时，他和几位文朋诗友，乘一叶扁舟，逆赣江而上，饱览了赣江两岸的胜景，游历了赣州崆峒山。曾敏行经常徜徉在高山峡谷当中、游走于江河湖泊之间。他对峡江玉笥山情有独钟，生前不能尽其兴，死时嘱咐儿辈们，一定要葬在这里。他除品赏各地美景，遍尝街市美味外，特别细心观看各个地方的建筑物，尤其是具有地方特色的亭台楼阁，巧妙的构造、独特的布局、别致的款式，榫卯的结构。欣赏过后，在心里默默地记下来，每当想修建房屋时，则房屋的构造布局，在脑海里已经定型了。他晚年在家乡的龙溪旁边，仅用一个月的时间，就修筑了一座规模宏大的高阁。曾敏行的自号，也体现其雅趣。年轻时自号"浮云居士"。四十岁时，在他住房大厅北面筑了一间"独醒斋"，又号"独醒道人"。不久，又在老园子的东面，构建一间堂屋，名叫"归愚"，又号"归愚老人"。从居士—道人—老人，看到了他人生定位；又从浮云—独醒—归愚，体现了他志趣高超。

兰溪曾氏，素有"孝悌传家，诗书裕后"的传统，更有"七俵同时拜紫微，三男共日腰金带"之盛况。曾敏行不仅自己治学，还要求子侄们刻苦学习。曾敏行兄弟五人，子侄十五人，在别墅里开馆授业，即后来曾三异创办的龙城书院。当曾敏行听说某师某友才华横溢时，必定以厚礼重币，邀请名师授课，如当朝的朱熹、周必大、杨万里，新淦的谢艮斋等，来兰溪做客时均曾给子侄们讲授经史诗文。"蓄田千亩，不如藏书一束"。曾敏行对儿孙们的课业，训练得非常严厉，要求他们不因为家事分散学习心思。他每天告诫儿孙们要发奋读书，在他亲力亲为督促教导下，子侄们学业突飞猛进。次子三聘，七岁时日诵千言，十三岁时为文操笔立就，后于1166年登第。即使年少的孩子，也勤勉不倦，一个个被县学提拔。家乡人对曾氏一家羡慕极了，纷纷仿效他们诗书裕后的做法。

至于曾敏行在阴阳五行、占卜相术、风水堪舆等方面的认知，有待商榷，在此不表。

1175年初冬，曾敏行参加亲族婚宴，欢畅饮酒如平时。当天夜里，急唤儿子备纸笔，书写二十余言，叮嘱儿子们努力读书，掷笔就寝，猝然离世。杨万里在《曾达臣挽词》中云："议论千千古，胸怀一一奇。非关时弃我，不肯我干时。老鹤云间意，长松雪外姿，平生独知多，冷眼看人疾。"曾敏行晚年因嗜好道教，去世后归葬于玉笥山南坑。

《独醒杂志》一书，是曾敏行根据自己一生的耳闻目睹的亲身经历，以笔记的形式创作的小说。其次子曾三聘于1186年加以编辑、整理，最后付梓。儿女亲家杨万里应邀作序，周必大、谢艮斋、赵汝愚、尤袤等人题跋。

杨万里在序言中说：书中所记载的内容，没有刻意去奉承谁或者贬损谁，有时也会用诙谐有趣的言辞记载，都是一些琐屑细小掌故汇编。既有可喜可笑之事，也有骇人听闻的故事，更有可悲可凄的事情，且都是近代品行高尚有才能的士大夫的言行，还有家乡见多识广的遗老的传闻逸事。既有我所见所闻的人物故事，还有我不知道的许多离奇故事。书中所记二百五十五条，多为两宋朝廷逸闻遗事，丰富翔实，可补史传之缺。清人鲍廷博称赞该书"词简而言赅，识高而论作"。

【人物介绍】

曾敏行（1118—1175），字达臣，青年自号浮云居士，中年又号独醒道人，晚年再号归愚老人。吉水县八都镇兰溪村人。与胡铨、周必大、杨万里、尤袤等交往甚密，常有诗文唱和。他根据一生所见所闻，创作了笔记体小说《独醒杂志》。

（吉水县八都中学　李宗江）

罗大经：笔记名篇家国情

南宋文学家罗大经，素有经邦济世之志，博览群书，为官清廉。致仕在家闲居后，"日与客清谈鹤林之下"，由书童用笔记体录文，久而成编，依据杜甫"爽气金天豁，精淡玉露繁"之诗句，将写成的笔记体小说取名为《鹤林玉露》。该书对南宋偏安于江左、秦桧乞和误国多有抨击，对老百姓的疾苦深表同情，其中有大量记载和评论，不仅具有参证史乘、补缺订误的价值，而且对文学流派、文艺思想、作品风格等做出中肯而又有益的评论，亦是当今勤廉教育的珍贵文献。

《宋史》中未列罗大经传。要考查罗大经的家世，可从一些文人文集中找到答案。罗大经的八世孙罗彝，字同伦，因与杨士奇相交游，所以请他作《翠筠楼记》，文中说："吉水之东，桐江之上，其地多竹，其里名竹溪。里之望，为罗氏，罗氏之秀，有曰同伦，于竹尤笃好。"接着又说："罗氏，邑故家。始自印冈，徙桃林，又自桃林徙竹溪。吾闻宋有号竹谷老人者，高尚绝俗之士也。子大经及其弟应雷，皆理宗朝进士。大经著书有《鹤林玉露》，传于世，文献代有足征。要之罗氏之尚乎竹者远矣。同伦，竹谷之九世孙，于鹤林为八世。"罗大经出生于儒学之家，祖父叫罗燠文，系竹溪罗氏始祖；父亲叫罗茂良，字季温，号竹谷老人，为杨万里的门生。

罗茂良很重视对儿子的教育，作为杨万里的门生，自然与杨长孺父子来往密切，而罗茂良总是喜欢带罗大经在身边，让儿子感受诚斋体的熏陶。罗大经在《鹤林玉露》中说，他十余岁时，父亲带他去拜访诚斋老人，亲耳听见他吟诵新作《重九后二日，同徐克章登万花川谷，月下传觞》诗，杨万里对该诗颇为得意，自云"老夫此作，自谓仿佛李太白"。后来，罗茂良又安排儿子赴太学求学，《鹤林玉露》中也有罗大经在太学时所见所闻的零星记载，如"嘉定间，余在太学"。正是有罗茂良润物细无声般的教育，罗大经于1222年中举人，1226年与弟弟罗应雷一道赴京参加礼部会试中进士，属亲兄弟中同科进士。

《鹤林玉露》虽是写人物掌故逸事，却透露出罗大经本人的善恶是非观，印证出他的清正廉洁品行。罗大经是深受儒学影响、爱国爱家，注重修齐治平的道德修养和人生追求，特别崇尚爱国节义的人士。如胡铨，今青原区值夏镇人，爱国名臣，庐陵"五忠一节"之一。《鹤林玉露》甲编卷六记载了青年编修官胡铨上书主张抗金，反对乞降的正义壮举。金朝使者用千金购得胡铨乞斩秦桧的上书，君臣读后大惊失色曰："南朝有人。"抗金名相张浚说："秦太师专柄二十年，只成就得一胡邦衡。"这段记载不仅赞扬了胡铨慷慨激昂的爱国壮举，也展现出罗大经自己爱国忧民、崇尚英雄的情怀。

罗大经崇尚节俭，力戒奢侈。认为淡泊名利，节俭去奢，有益于养神益气，健康长寿。他说："余尝谓节俭之益，非止一端，大凡贪淫之过，未有不生于奢侈者。俭则不贪不淫，是可以养德也。人之受用自有剂量，省啬淡泊，有久长之理，是可以养寿也。"

罗大经心地善良，劝人为善。《鹤林玉露》丙编卷三写道："古诗多矣，夫子独取《三百篇》，存劝诫也。吾辈所作诗亦须有劝诫之意，庶几不为徒作。彼有绘画雕刻，无益劝诫者，固为枉费精力矣。"认为孔子选编《诗经》，就是劝人为善。文学创作要有劝诫之意，无益劝诫者，则徒耗精力，没有价值可言。罗大经善用"春秋笔法"，通过宋金和议、贬谪忠臣、进青鱼等事件，批判了秦桧、韩侂胄误国殃民的奸臣行径，颂扬了胡铨等爱国忠臣的高风亮节，展示了对国家民族深沉之爱的传统知识分子高尚人格。又借人言说事，阐明人生哲理，如吾乡前辈彭执中云"住世一日，则做一日好人；居官一日，则做一日好事"，亦名言也。

罗大经主张利民为本，关心民生疾苦。《鹤林玉露》甲编卷二"论菜"指出，朝廷上下"皆得咬菜根之人，则当必知其职分之所在矣，百姓何愁无饭吃"。官员心系百姓，为民谋利，人民才不会饥饿如菜色。甲编卷五云：

"学不必博，要之有用；仕不必达，要之无愧。学而无用，涂车刍灵也；仕而有愧，鹤轩虎冠也。"强调学问要有用，做官应无愧，否则，就是形同虚设，滥厕禄位。

从现存资料看，与罗大经交游较多的是杨长孺父子。因小时候多次随父亲去拜访杨万里，所以罗大经《鹤林玉露》中关于杨万里的诗文、言论和逸事达37条之多，如《诚斋谒紫岩》《诚斋退休》等均是价值很高的史料。《鹤林玉露》中也有杨长孺与罗大经的对话十余处，大多数是长辈对晚辈教诲的内容。罗大经非常赞誉杨万里父子的清廉和节义。因父亲罗茂良是杨万里的门生，小时候罗大经曾同父亲一起谒见过大诗人杨万里，对"诚斋体"诗歌创始人杨万里顶礼膜拜，高度评价杨万里的清正廉洁。《鹤林玉露》甲编卷四记述："杨诚斋自秘书监将漕江东，年未七十，退休南溪之上，老屋一区，仅庇风雨，长须赤脚，才三四人。徐灵晖赠诗云：'清得门如水，贫唯带有金。'盖纪实也。""诚斋云：'人皆以饥寒为患，不知所患者正在于不饥不寒尔。'此语殊有味。"饥饿寒冷是谁也不愿遭遇的，但更为可怕的是不知道饥饿寒冷，索然寡味，漠视人间冷暖。《鹤林玉露》丙编卷四"诚斋夫人"条记载，杨万里任江东转运副使离职时，将万缗的俸禄留在了府库中，弃之而归。在杨万里言传身教下，儿子杨长孺也十分清廉，诚斋父子"视金玉如粪土"。《鹤林玉露》甲编卷四"清廉"条称赞杨长孺"清节高文，趾美克肖"。用人家的话评价道："杨长孺之守闽，靡侵公帑之毫厘，皆当今之廉吏也。"罗大经还记载了杨万里夫人、杨长孺母亲罗氏的勤劳节俭，因是观诚斋夫人，"乃知古今未尝无烈女，未尝无贤母"。由此可知，年轻的罗大经是怀着虔诚之心，视杨长孺为长辈而交往的。

在甲编卷二"能言鹦鹉"条，罗大经赞扬朱熹为官清廉，批评迂腐伪善的文人。朱熹反感当时文人寡廉鲜耻，只说不做，"及到做来，只是不廉不义"，就像一只说得好听但不做实事的"能言鹦鹉"。描写了朱熹忧国忧民、抑恶扬善的理学家形象，透露出罗大经对南宋中后期社会道德败坏现象的严正抨击。

罗大经提倡"俭约""勤俭"。他认为节俭有许多益处，可以禁贪防奢，养德益寿，养神养气。"一从俭约，则于人无求，于己无愧。"认为勤有"三益"：免饥寒，远淫僻，致寿考。

罗大经提倡尊重妇女，主张家庭和谐。《鹤林玉露》书中的女性形象表现出恪守妇道、聪颖机智等特点，充满赞美之词。甲编卷六《漂母》记载，韩信年轻时不务正业，无所事事，在淮阴城下钓鱼时，中午没有饭吃。河边有位善良的老妪把自己带来的饭菜给韩信吃，韩信非常感激，发誓以后要报答这位老大妈。后来韩信真的成为刘邦麾下一位大将军，为打败项羽、建立西汉王朝立下显赫战功。罗大经和大多数人一样称赞这位妇女的慧眼识珠和慈母情怀，引用唐子西作《淮阴贤母墓铭》曰："匹妇区区，而知信乎？吁！"

在婚姻家庭生活方面，罗大经告诫妇女应做好家庭贤内助，相夫教子，不要迷惑损伤丈夫名声，或嫉妒别人的丈夫。借用张九成的话："犹妇人妒者，非特妒其夫，又且妒人之夫，其惑甚矣。"罗大经认为张九成"此喻甚切"。家庭主妇是丈夫事业的重要支撑，只有夫妻和顺，才能家业兴旺，妇女的地位也会得到相应的提升和尊重。

《鹤林玉露》一书对杜甫、范仲淹、杨万里、朱熹、张浚、苏轼、陆游、胡铨等历史文化名人、诗词名家和节义人士等诸多记载，起到互传互见的文献史料作用。

【人物介绍】

罗大经（1196—约1252），字景纶，号儒林，又号鹤林，吉水县盘谷镇白竹坑村人，古称桃林。宝庆二年（1226）中进士。历官容州法曹、辰州判官、抚州推官。因受朝廷矛盾纠纷案牵连罢官，归家闭门读书，记载历史趣闻、名人事迹和风俗人情，文笔通达，见解精辟。著有《鹤林玉露》《易解》。

（井冈山大学　黄惠运）

刘岳申：耕道种德谨著述

提到刘岳申，可能有不少人并不熟悉。其字高仲，号申斋，是与元代刘诜同时代、名望很高的一位名儒。

先从他的一篇妙趣横生、发人深省的《纸田赋》说起。这是刘岳申文集中唯一的赋作，该文是以东皋子与大人先生的对话来组织全篇，内容有三个方面：第一方面是大人先生告知"纸田"含义，说此田无土，无阡陌，不用交租赋，雨露阳光不及时也不会荒芜。所指其实是心田。第二方面是大人先生指出，此田用笔墨当农具，经史子集、骚雅诗赋等，是它精心培育的作物，喻示钻研学问要走正途，排斥佛老、异端之说。第三方面是适逢科举考试，东皋子学有所成，大人先生又勉励他勤勉、诚实，竭尽所能报效天子。该赋文生动风趣诠释了刘岳申君子人格的追求，即耕种道德，砥砺品行，且持久守护。

刘岳申从小勤奋苦读。年少时拜在聂淳门下。聂淳，字吉甫，人称心远先生，虽门下弟子众多，却特别推崇刘岳申。后来，刘岳申又拜刘辰翁为师，刘辰翁，字会孟，号须溪，庐陵县人，宋太学博士，文学大家。聂淳和刘辰翁都是庐陵大儒欧阳守道的弟子，因此，刘辰翁儿子刘将孙称刘岳申是"欧门先进弟子"，说刘岳申涉猎两家文献，深得两家学问之精髓。刘岳申的父亲去世时，刘辰翁还特意委派刘将孙前去祭奠，称扬其父孝友忠信，磊落光明。侧面反映他年少读书时光和家族品格。

刘岳申交友广泛，常自称年轻时自己并无用世之心，很长时间在南昌等地乡校任教职。直到1315年，元朝廷实行科举取士，因他道德学问出众，先后三次被礼部聘为湖广乡试考官，一次为江浙乡试考官。教书和考官的经历，使他开阔了眼界，接触到一大批朝廷官员和地方学者，刘岳申开始表现出儒家积极进取的精神，不但关注元王朝的政治民生，还积极结交各级官员。

刘岳申与南方大儒吴澄多有交游。吴澄是抚州临川人，人称"北有许衡，南有吴澄"，门生弟子广为遍布。1308年，六十岁的吴澄被征召入京，担任国子监臣，刘岳申认为吴澄此行可以大显南方士子的地位，并继王安石、陆九渊之后光大临川一地之影响。1324年，元朝廷开经筵，即为皇帝讲经论诗而特设的讲席，七十六岁的吴澄被选为讲师，作为天子顾问。刘岳申修书一封，称贺说这是千载难逢的时机，就像宋代大儒程颐任崇正殿说书教导年幼的宋哲宗，朱熹任侍讲为宋宁宗讲学一样，身为帝王之师，将备极殊荣，光耀四方。他还盛赞吴澄有儒者大成的气象。

刘岳申与虞集、揭傒斯、欧阳玄等馆阁文臣也多有交往。虞集，字伯生，号道园，官至奎章阁侍书学士，他给虞集的书信其实是引荐弟子，信中还说自己年轻时曾拜谒其父虞汲。揭傒斯，字曼硕，丰城人，官至翰林侍讲学士，他与揭傒斯的两次通信也是因为门生弟子要赴京，希望得到关照，并且还为揭傒斯的儿子揭汯解说名字的含义。欧阳玄，字元功，号圭斋，湖南人，祖籍庐陵，官至翰林学士承旨，是欧阳修的族裔，他与欧阳玄的两次通信是因欧公故里西阳宫为道士霸占，想请欧阳玄出面制止。此外，他还在湖广乡试任考官时，结识了临江府人、"元诗四大家"的范梈。

作为庐陵大儒，刘岳申诲人不倦。因为名气较大，经常有人上门求教，他往往引申阐发。1336年，元朝廷颁布命令暂停科举考试，有一位名叫李玉的学者要回湖北蕲州，刘岳申谆谆告诫他："五经四书，并不只是为科举考试而设，因为是科考内容才去读，又因科考停止就不去读，如此对待，不配称为读书人。"以此来强调儒家经典的重要性。又有一次，京城王员外要到广东岭南办公差——"录囚"，路途中专程来吉水县拜访刘岳申。所谓"录囚"，是由皇帝或有关官吏讯察囚犯并决定可否原宥的制度，当刘岳申得知后，却叮嘱他说，这些死囚，未录之前，都是活生生的人，"录囚"之后，万一有无辜的人被杀，却再也不能复生，因此工作务必要仔细。他还引用欧阳修父亲欧阳观做官时的话："反复核查，罪无可赦，那么死囚与我就都没有遗憾了。"从中可知刘岳申颇有儒者之仁，处事一向极为谨慎。

更值得注意的是，刘岳申孜孜于庐陵文化的传承，一直有浓厚的桑梓情怀。他多次夸赞庐陵民风之美有三个方面：首先是好文且崇尚节义；其次是好经营生产而敦朴守信；最后是对官长礼貌而且诚实。他屡屡应邀为吉安各地的乡校、祠庙、书院吟诗作记，从不拒绝。他祭悼欧阳修时，称他"千载六一，天下欧公"；祭悼邓光荐，称他亡国之时，求死之心切，气节流芳。又如，面对自己老师刘辰翁的画像，称赞他为山斗，清新足以洗涤尘世的污浊，新奇足以破除千年的陈规，说自己往常所见之人，都不及须溪先生的真诚，现在那些毁谤他的人，更难企及须溪先生的名望和地位。还称赞刘辰翁的须溪古文以《史记》《汉书》为祖，又宗法欧阳修、苏轼，其评点诗歌是宋三百年间第一人。

刘岳申为文严谨有实。那时，他被认为是庐陵文派的传人。刘将孙还用眉山苏洵、苏轼、苏辙父子三人光大欧阳修门庭的例子，来期勉刘岳申光大刘辰翁的门庭。元末进士李祁给刘岳申文集作序称，晚近四五十年之间，刘岳申在庐陵文坛是昂然独步，一时间无人可以同他匹敌；又称刘岳申的学问扎实深厚，加上阅历丰富，博览群书，所以文思深远，文风老成朴实；既说刘岳申好发议论，无论古今大事，还是人物品评，结论准确不可更改，又说他文辞简约明了，高洁凝练，平易朴实，绝不肯附和跟风；最后说"庐陵文章一脉，其统系在此"，这些都反映了刘岳申卓然自异的文学成就。

刘岳申确实受庐陵文化影响很深。他在给友人的书信中说，每每读《左传》《史记》《汉书》，虽然它们记载的历史相距遥远，但这三部史书叙事写人，娓娓道来，让读者仿佛当日亲见一般。又说自己平生最仰慕《史记》，初读觉得它有多余的字句，再读只觉得它好，反复读后，不但觉得它没有多余的字句，而且减掉任何一字一句，就都不完美。这种叙事行文最难做到，最善此法的是欧阳修，所以欧公叙事如司马迁。司马迁《史记》的风采神韵，既是欧公史学的渊源，也是欧公古文的魅力，同样也影响到刘岳申。

刘岳申文风平实，有史家叙事谨严的特点，特别是《文丞相传》给他

清风吉水

带来了广泛声誉，后世提到文天祥都要提到这篇传记。如明代状元胡广，他说自己搜集庐陵先贤传记时，最遗憾《宋史·文丞相传》写得简略失实，后代史臣为文天祥作传，或许心有忌惮，所以多有删减。他认为，刘岳申的《文丞相传》比《宋史》还详尽，这是因为他的时代距离文丞相最近的缘故，加之元初还生活着许多故宋的遗老，他又曾亲见亲闻，且详细参考《文丞相年谱》和文天祥《指南录》等诗集，所以记述真实可靠。的确，刘岳申《文丞相传》比《宋史·文丞相传》、龚开《宋文丞相传》更为翔实，且无郑思肖《文丞相序》虚构的成分，颇似史家笔法，其《文丞相传》几乎无一字在发感慨，情感全在平实的叙事中。如品读文天祥赴义之段落中说，"过市扬扬，颜色不变"句，表现他临刑前的无所畏惧；"问市人，孰为南北"句，描绘他久困牢笼分不清东西南北的真实情状；"南面再拜而就死"句，是写他对南宋故国家乡的眷恋；"是日大风扬沙石，昼晦咫尺不见人"句，是为渲染悲剧气氛；而"相和应为歌""更相自贺"句，是南方人于悲痛中为大宋还有文天祥这等气节之士而感到欣慰。可以说，言简意赅正是这类文章的特点。

在元代文学史上，刘岳申和刘将孙、刘诜并称"庐陵三刘"。作为一代名儒、文学家的他，值得后人更多去关注！

【人物介绍】

刘岳申（1260—？），字高仲，号申斋，元代文学家，吉水人。早年师事聂心远，受到刘辰翁推许。被名士吴澄所推荐，召为辽阳儒学副提举，未就职，曾出任永丰县学教职，后授太和州判。以工于古文，其文辞简约峻洁，甚为吴澄、虞集、揭傒斯推重，与吉水名士刘诜、永新人龙仁夫齐名，学者称申斋先生。其门人萧洵捃编辑成《申斋集》十五卷。

（云南曲靖师范学院　李超）

罗汝敬：为国安边建功勋

1427年十一月，越南北方崇山峻岭中，森林茂密，古木参天。崎岖山道上，一位胡须飘飘的五十四岁老书生，身穿官服，带着一队人马，匆匆艰难行进着。南国的天气就是怪，仍然闷热，一会儿骄阳似火，热得人汗流浃背；一会儿乌云密布，狂风大作，倾盆大雨席卷而来，把他们淋个透心凉。恶劣的天气并未阻挡他们坚定的步伐。领头的老书生目光坚毅，炯炯有神，他叫罗汝敬，是奉明朝皇帝之命，从遥远的北方京都出使越南。

罗汝敬的突出贡献之一是两次出使安南，为中越两国友好写下了不朽篇章。越南古称安南、交趾，五代时才独立成国。元末明初时，安南国经常与中国军队发生战争。明初时曾一度侵占到贵州一带。1427年六月，安南与明军发生昌江战役，结果是明军大败，七万明军几乎全军覆没。随后，双方进入相持状态。不久后，安南国知道这次取胜是侥幸，与地大物博的明朝打持久战难以成功，不是明智之举。于是，安南国派出使者来北京讲和，并请求明王朝对其册封。明宣宗这时也有停战的想法，便决定罢兵言和。

委派何人出使安南呢？明宣宗想到罗汝敬口才好，知识丰富，随机应变能力强。他的本家爷爷罗复仁在明太祖时曾出使安南，留下好口碑。罗汝敬在这样的家族中受到熏陶，处理外交事务肯定得心应手。于是派工部右侍郎罗汝敬、礼部左侍郎李琦为正使，带队出使安南。那年十一月，罗汝敬等人奉命出发。他们跋山涉水，翻山越岭，前往安南，于是出现开头的一幕。

在谈判中，他不辱使命，动之以情，晓之以理，说得安南国王心服口服，于是顺利宣诏，赦免了权臣黎利的抗命之罪，立陈暠为安南国国王，并将被安南国俘虏滞留的八万余中国军民全部带回国内，圆满完成任务。

安南国王陈暠其实是权臣黎利的傀儡。不久，黎利逼其服毒自尽，又上表陈述为陈暠暴病去世，没有子孙后代，恳请明王朝重新任命国王。明朝廷也不愿深究，便顺水推舟默认了。

1428 年五月再次派罗汝敬出使安南。他又一次千里迢迢来到安南，正式册封黎利为安南国国王。从此，安南国始终奉明王朝为正朝，直到清朝建立，再没有发生过战争。

罗汝敬身上可贵的品格是刚直敢言。有一位叫李昌祺的吉水老乡写了一本《剪灯余话》。作者在书中常借古人之口议论当朝政事，间接表达那时社会的黑暗和人民的苦难。1442 年明朝廷将该书列为禁书。罗汝敬却不理会这些，不仅多次在朝廷官员面前直言该书是一本好书，而且还以翰林修撰的身份为该书作序。

明宣德年间，罗汝敬曾奉命督办两浙漕运。有一次，他路过苏州，恰逢朝廷一熊姓巡抚在此地巡视。该巡抚工作方法简单，巡视时盛气凌人，执法处罚十分严厉，当地百姓怨声载道。罗汝敬向熊巡抚善意地提出一些建议。熊巡抚不但不听，反而变本加厉。罗汝敬回京述完职后，便实事求是地将此事向明宣宗做了汇报。明宣宗听后，立即下诏将熊巡抚免职，江南一带官民拍手称快。

1420 年四月，北京皇宫新建成的奉天、谨身、华盖三殿突然遭受火灾，并全部被焚毁。皇宫突然发生火灾，这是少有的事。明成祖朱棣非常震惊、惶恐，于是便按照惯例下诏求言。罗汝敬应诏上书，意见与大多数朝廷官员一样，认为是因为朱棣施政不当，而遭受了天谴。此后，大臣们又陆续上书，书中竟然斥责朱棣的不当言行，为此朱棣很不高兴，便下旨要求官员以后上书时不得针砭时政，违者严惩不贷。1425 年五月，罗汝敬不顾朝廷禁令，给明仁宗朱高炽上书，书中洋洋洒洒地批评当时朝廷改革存在的十五个问题，惹怒了明仁宗，将罗汝敬降为监察御史，不久，又以忤旨上书的罪名将其逮捕入狱。幸运的是，罗汝敬获罪坐牢还不到一个月，朱高炽就去世了。明宣宗朱瞻基继位后，罗汝敬幸运脱罪出狱！

罗汝敬一生官做得不大，却有较好名声和口碑。他在朝廷做官期间，清清白白为官，堂堂正正做人，有良好的人格魅力和威信！家乡旁族黄桥镇山原村曾两次重修《罗氏族谱》，他出面邀请朝廷重臣解缙、杨荣、杨士奇、金幼孜、胡广、梁潜、黄福、曾棨等人为之作序。杨荣还趁作序的机会，特意写下一篇《罗侍郎小赞》，对罗汝敬尊宗睦族行为赞誉不已。

中国的大西北，地域辽阔，既有"风吹草低见牛羊"广袤的草原，也有一望无际的沙漠戈壁。地处民族杂居的边疆，战争频繁，自然生态环境不断遭到破坏，经济未能正常发展。为此，历代中央政府都很注重开发大西北，发展民族区域经济，稳定边疆，巩固多民族的统一国家。宣德年间，明朝政府的屯田事业却面临着被破坏。当时宁夏、甘肃、陕西等地，屯田粮不能保障守边部队的供给。原因就在于腐败滋生，贪赃枉法者没有受到惩治。有些军官强占良田，垄断水利，役使兵士，掠夺财富。如此，明王朝西北边境地区的开发就面临着破产的窘境。

为了改变这一状况，朝廷先后四次派遣罗汝敬入陕，赴宁夏、甘肃、陕西等地整顿屯田。第一次入陕，对宁夏、甘州等地的军屯土地、水利灌溉等进行了整顿，提出了一系列的措施，这些措施均被宣宗接受。后被人冤枉入狱，莫须有，后被免罪。第三次入陕时就是"戴罪办事"。后又入狱。英宗看到罗汝敬在陕西筹划军屯方面的办事作为很有条理，军民均得到了利益，也认为他下狱有一些冤枉。1436年一月又一次起用派他去西北。这一次入陕，他把更多的精力放在体恤军民身上，解决了群众许多困难和问题。

罗汝敬受命以来，奔赴西北地区视察、忙碌。他每到一地，都要宣讲朝廷整顿屯田的政策，抚恤军民，扶植良善，惩治不法之徒。他深入村庄田头，与百姓促膝谈心，夜以继日地分析情况，查找解决办法，讨论思考，发现了不少问题：肥沃土地与贫瘠土地怎么处理？怎么交税？有些农民无牛可用怎么办？特别是用水问题怎么解决？用水看似小事，但村民常常为此争水械斗，常常因一株小苗就酿成大事件大灾难。

罗汝敬任职期间，对屯田工作调查得十分仔细，稽查也非常认真，共花了七个月的时间才彻底掌握情况。他向朝廷提出许多建议，如：拉开种肥沃土地与种贫瘠土地之间的税赋差距，将九千二百余头官牛租给贫困无牛者，派御史专管灌溉用水，以便灌溉用水统一调度等。明宣宗接到罗汝敬的奏折后，对其提出的建议全部予以采纳。他实行了一系列举措，触犯了既得利益者，得罪了部分军官，他们多次诽谤告状。但罗汝敬不为所惧，逆风而行。

他实行的举措，大有成效。宁夏、甘州二地，清查出隐占土地一万余顷，增收税粮十九万余石。税收的增加，不仅加强了国家的经济力量，更重要的是，使朝廷有条件就地解决守边部队的给养问题。出生于江南水乡的罗汝敬深知，发展农业离不开水利。西北的气候与江南的气候差异很大，干旱少雨现象特别突出。为使屯田的庄稼有一个好收成，他很看重水利这个农业命脉，严厉打击许多垄断水利的豪强。他还组织屯军疏浚河道，兴修水利，并制订了细密的水利管理条例，使水资源得以合理有效地使用。

有一年，军队转运粮草，民夫踏上了前往甘肃的征途。当他们行至庄浪红城子一带时，竟遭遇了蒙古军的突袭。按照当时的律例，粮食被敌军劫夺，责任自然落在了地方百姓的肩上。他们本已贫困交加，如今却又要承受这突如其来的重负，无疑是雪上加霜。罗汝敬并没有选择墨守成规，他深知百姓的疾苦，更不愿让他们因一场突如其来的灾难而陷入更深的困境。于是，他毅然决然地向朝廷上书，请求免征当地百姓的粮食。他的言辞恳切，情感真挚，字里行间都透露出对百姓深深的关怀与同情。朝廷最终被他的诚意所打动，同意了他的请求。罗汝敬的这一举动，不仅让当地百姓免受了重敛之苦，更在他们的心中种下了希望的种子。

1432年二月，明宣宗第二次派罗汝敬去西北督察屯田。罗汝敬在这次督察中，又对土地等次的划分、制定赋税规则、强化军队积粮贮粮、杜绝官豪兼并雇农土地等方面制定一系列的管理制度。由于罗汝敬深入细致的工作，西北一带军垦屯田混乱的局面得到有效控制，对恢复和发展西北农业生产起到了积极的推动作用。1438年一月，英宗以罗汝敬年老有疾，召他回京。罗汝敬于1439年逝世，享年六十八岁。

他实行屯田的一系列措施，维护了国家全局利益，兼顾了兵士和百姓的切身利益，又稳定了边疆地区的安全环境，提高了兵士的生产积极性，促进屯田事业进一步发展。在中国历代开发西北地区的史册上，罗汝敬以智慧、心血和汗水书写了光辉灿烂的一页！

【人物介绍】

罗汝敬（1372—1439），又名罗简，以字行，吉水县盘谷镇白竹坑村人，清廉名臣罗复仁的族孙。1404年中进士，历官庶吉士、翰林侍讲、监察御史、工部右侍郎等职。

（青原区教体局　胡刚毅）

周　述：鞠躬尽瘁心坦荡

带着敬仰的心情，来到吉水县水田乡桑园村，寻访六百多年前的周述。1404 年那场科举考试，周述中得榜眼，从弟周孟简中得探花，成为吉水科场佳话。

无论什么朝代，都需要提倡和弘扬励志成才，勤于职守的精神。既奉公又廉洁，则是一个时代的杰出精英才能做得到的，周述就是一个这样的人。《桑园村周氏村谱》中载："读书为重，次即农桑。尊师重儒，敦宗睦族。礼义廉耻，四维毕张。"周氏家训又云："敬祖宗，孝父母。勤功业，勉读书。"先贤周述就是在这样一种家族氛围下受到熏陶而发奋努力的。

周述的父亲叫周子旭，豁达孝友，为人正直，操持家业。他有一个好妻子陈氏，温顺善良，勤劳朴实，对大儿子周述教育有方。父母为了儿子们学业，勤俭持家，除了耕种田地，还种桑养蚕，一年到头，忙碌不停。周述十六岁那年，一日深夜，灯油溢出，引燃了旁边的干桑叶，正值夏季，天干物燥，顷刻间家就吞没在火海之中，遭此厄运，空无一物，宗谱载："先世通显，至是家落。"便是灾难后周子旭家的真实写照。处于少年时期的周述，目睹家庭变故，内心深处有一股强烈的穷则思变的愿望。他深知，唯有读书才能改变命运，才能报答父母的恩情，于是，在那临时搭起的茅草棚里，他和从弟周孟简经常是点着如豆大的油灯，挑灯夜读。夏天，茅棚不通风，异常闷热，汗水湿透了他们的衣衫。冬天，寒冷的大风呼呼，坐在里面读书写字，冻得手指僵硬。艰苦的条件，没有消磨他的意志，反而激励他发奋学习，刻苦用功。

1404 年，明成祖朱棣登基后首次开考。周述、周孟简兄弟经历府试、乡试后，一起赴金陵参加会试。古代交通不便，别人参加考试都有书童、仆人陪考，而兄弟俩从桑园村出发，跋山涉水，几经周折，用了一个多月的时间才到达金陵。兄弟俩同科赴试，又同登鼎甲，明成祖得知周述、周孟简两人为族兄弟后，十分高兴，勉励他们要向宋代"二苏"学习，并在周述的考卷上批道："环伟之才，充实之学。朕用尔嘉，擢居第二。勿自满假，惟时懋哉。"后来，家乡人民为纪念他，特地在村东小河上修建一座桥，桥名叫"状元桥"，以激励周氏后人。

不久永乐帝又下令，让大学士解缙选拔二十八人入文渊阁读书，周述兄弟又被选中，当时在文渊阁读书是十分荣耀的事，享受的待遇也十分优厚。周述性情温和文静，从不疾言厉色，成祖得知他们两人胜似亲兄弟后，十分高兴，平时常把他们比作北宋"二苏"。翌年，周述跟随明成祖朱棣北巡。以往皇帝出巡，先出告示，昭告天下，但此次北巡，明成祖朱棣听取周述的意见，微服私访，深入底层，体察实情，方能了解民间疾苦。

1405年深秋，一支人马从金陵出发，过秦岭，爬太行山，历经三个月才回到金陵。这三个月里，确定线路，安排起居，巡察沿线，总结工作，汇报呈谕，均是周述精心策划，亲自撰写，常常是忙碌到深夜。第二天又继续开展巡察工作，明成祖朱棣怜惜年轻才俊，吩咐仆人，将灯吹灭，强制周述休息。但周述不从，恳切地对皇上说："一日事，一日清，如此才能安寝，否则，我也睡不着呀！"结束后升任左春坊谕德，也正是这次北上巡察，天气变化大，工作繁重，为他的身体埋下了隐患。

大学士解缙被任命为《永乐大典》总纂后，出于吉水老乡之情，欣赏周述的才华，也将他召入编撰团队，从1403年到1408年，历时六年，完成了迄当时为止世界最大的百科全书。这六年中，周述的书房里总是长夜灯明，那是在伏案工作。

周子旭轩昂豁达，孝友性成，八岁时父母有病，他便日夜侍奉，不离左右。父母去世后，他哀毁不禁，与弟弟周子益亲密无间。至今，吉水县流传着周述的父亲周子旭和叔叔周子益争着入狱坐牢的故事。其起因是：周子旭和周子益沿着赣江从峡江县回来，经过住岐乡一山村，见一人匍匐在地，久唤不应。兄弟俩感到蹊跷，遂翻转过来，见七窍出血，已无生命体征。凑巧碰见几位当地村民荷着锄头，去禾田放水，也路经此地，见地上的死者是本村村民，怀疑是面前这两个汉子蓄意谋害，连忙报官。人命关天，一命抵一命，官府不问青红皂白，听信当地村民指证，欲判他俩死罪。百口莫辩之下，兄弟俩泪流满面，情义如磐，便有了下面的对话。

周子旭说："我是长兄，权为一家主事，这是我的责任。"周子益却说："兄为一家之长，万一有什么不幸，宗祀之事谁来做主？弟在家中无关轻重，还是弟弟承担一切吧！"周子旭又说："弟媳最近刚病逝，你儿子尚小，倘遇不幸，侄子怎么办？"周子益知道与兄争来争去不会有结果，便私自做主报官入狱，后被流放辽东，没想到竟然死在路上。周子旭得知弟弟已死，痛哭不已，说这是我的过错，于是将周孟简接到自己家中，视如亲子。五年后，周子旭亦去世。

周述公务之余，脑海中常常泛起少年时父亲与叔叔争着入狱的画面，心中悲痛不已、泪流满面。家乡父老也常常捎话，要他为父为叔报仇，雪耻陈冤。是啊，如今自己也是朝廷五品官员，要去追究当时报官村民和地方官的责任，当然是没有问题的，但转念一想，事情过去这么多年，当时当地村民也是出于本能，他们主观上没有故意陷害，如果我追究他们入狱抵罪，我心里不是更难平复呀。冤冤相报何时了，我得去说服家人们，足以体现周述宅心仁厚的可贵品质。

1425年明仁宗即位后，令周述随太子到南京拜谒太祖皇陵。临行前，将周述召至榻前，问他怎样辅佐太子，周述的对答令仁宗十分满意。明宣宗时，周述晋升为左庶子，这是一个负责引导和训育太子的官职，为国家培养人才的角色。从某种意义上说，他是个文职官员，但明宣宗欣赏其才华和魄力，委以重任。1436年，广西、四川等地走私食盐猖獗，同时这些地方教育混乱，便抽调官府人员组成巡察组，由左庶子周述带队，前去整顿。明宣宗亲谕：朕唯自古帝王治天下者，率以兴学育才为首务，以黎民苍生为固本，此盖以明验也。今特命周述前往广西、四川特地巡视，朕其钦哉。如有违反，自取罪愆。

带着皇上的圣旨上路，三个月内，周述针对官商勾结、走私食盐，除课以重税外，还狠狠地打击官员官商勾结和失职渎职行为，有力地整顿了盐业市场；针对教育方面的问题，崇正学，迪正道，革浮靡之习，振笃实之风，并惩戒了一大批不学无术、误人子弟的州县督学，教风学风焕然一新。由于操心太重，劳累过度，1436年的冬天，他倒在工作岗位上，时年五十岁。桑园村周氏宗谱亦载："疽发于背，卒。"

因为勤俭做官，他死后连安葬都成了问题，没有钱购置棺材、寿衣等。按理说，他在任三十二年，官为正五品，也有不少工资收入，不至于到无钱下葬的地步。何况，左庶子这个官职，是可以自由进入皇宫，贴近皇帝，是多少朝廷官员想得到的职位。除了可以光宗耀祖外，凭借在皇帝身边工作的影响力，随便也可捞上一把，不至于窘迫到这样贫穷的地步。原来，他的官饷除了用于自己生活外，大部分捐献给贫苦百姓和贫困学生，在朝廷为官没有谋一丝一毫私利，清正廉洁，两袖清风。

政声人去后，得知周述殉职，明宣宗也深感悲痛，痛失良将俊才，便亲赐了一些绫罗布匹，置办后事。四川达州当地的百姓，得知钦差大臣周述突然离世，十里相送，泪洒长街。

【人物介绍】

周述（1386—1436），字崇述，号东墅，吉水县水田乡桑园村人。1404年，与从弟周孟简同举进士，中榜眼；1414年，以编修之职出任应天府乡试主考官；1432年和1435年分别以左庶子之职出任顺天府乡试主考官；后又以侍讲之职主持过会试。官至左春坊左庶子。著有《东墅诗集》六卷。

（吉水县生态环境局　胡春尔）

罗洪先：治学勤奋成名贤

走进吉水盘谷镇谷村，这里山清水秀，一派生机盎然。紧邻它的黄澄溪，正是我们此行的目的地，这里正是一代名儒罗洪先的家乡。罗洪先出生于河南，当时正逢父亲罗循重新被朝廷起用，补工部都水主事，负责徐州防洪事宜，于是为儿子取名为"洪先"。

明代曾一度兴起讲会和书院的浪潮，使阳明心学开始声名日隆。十五岁那年，罗洪先一听说王守仁在赣州讲学，就当即向父亲提出："我想去赣州拜师，学习心学。"然而，父亲却没看见儿子满脸的欲望，也没看见这位少年眼中的火焰，阴沉着脸斥责道："不准去，好好地给我准备科考。"父亲不会料到，这一厉声阻拦，并没有掐灭罗洪先心里勤于治学的火苗。八月，守仁先生弟子薛中离所编的《传习录》在赣州刊刻发行。传到吉安时，罗洪先有幸得见，竟然"奔假手抄，玩读忘寝"，可知他不但抄写全文，而且反复阅读，加以领悟，以至于忘记睡觉。他拜同乡名士李中为师，研习心学。二十五岁时，罗洪先又师从王门弟子、雩都人黄宏钢和何廷仁，多方求教，虚心向学。虽未在王阳明生时拜师，但他明确宣称自己是王门弟子，并得到同门师兄们的认可。

罗洪先自小聪慧敏锐，颇有见识，加上勤学好问，学业突飞猛进。1529年，他在殿试中一举夺魁，钦点为状元。按理说，此时的罗洪先应是一副睥睨群雄、春风得意的情态。可是，罗洪先呈现的是与成功者不相称的冷静，既不喜形于色，也不骄纵轻狂。"功名还假亦还真，浪起乾坤满眼尘……欲借黄金酬一笑，故山猿鹤恐伤神"，这是他挥笔写下的诗句，也是他自然流露的心声。在他看来，三年一考仅有一个可得状元，而要成为一个真正的儒者，追贤比圣才更有意义。

中状元后，他被朝廷授为翰林院修撰。当时嘉靖皇帝迷信道教，政治极为腐败。罗洪先看不惯，于是他辞掉京官不做，第二年正月就告假南归，在家侍父，潜心治学。因为在他的眼里，实现人生的价值有多种路径，功名并不是最重要的，这正是罗洪先与众不同的地方。

1532 年，朝廷诏令罗洪先回京，补原职。第二年二月，充经筵官。任新职才三个月，就传来父亲去世的噩耗，作为孝子的罗洪先立即回乡，守丧三年。接着，母亲又病卒，于是继续在家守丧三年。这六年间，他拒绝一切杂念，潜心治学，如同闭关，学业精进。

1540 年，罗洪先因为一场上疏，竟然被削职为民。第二年正月二十三日，罗洪先不顾一切，愤然告别京城。从此，他隐居乡间，潜心治学，再未北上。后来，内阁首辅严嵩，曾以江西同乡之谊，以守边之才推荐，来信请他回朝。罗洪先不愿与权奸为伍，回信答道："愿毕生老于林壑之间。"再没有出仕的念头，而是专心于治学。

回到吉水，罗洪先的住处几度变更。1542 年，二弟要求分家，罗洪先即把先世所传田宅全部分给弟兄，自己在桐皋新建一宅居住，取名"芸馆"。在"芸馆"时，他就像父亲在乡间隐居一般，四周种上兰竹，院里植上菜蔬。白天，荷锄种地，俨然一村叟农夫。夜晚，手不释卷，又似私塾学究。

1546 年十月，罗洪先在离家十五里处辟得一石洞，创办正学书院。该洞是罗洪先的隐居地，也是他治学的修炼地，更是他传道解惑的为师地。1553 年，罗洪先迁居阳田；1559 年，阳田房子因被洪水淹没，罗洪先又迁居于今上曾家村旁的松原，将堂号取名"体仁"。

石莲洞，罗洪先得之纯属偶然，也算是天意。《罗洪先自纪辟洞始末》曰："其穴循石缝中而入，迂回数折，则空旷豁朗，迥异常境。已而出穴口，周览上下四旁，则怪石累累，惜其翳于奥草，蔽于尘埃，为募土人锄而去之。未几而石窍之，为土封者以开。"罗洪先将此洞命名为"石莲洞"。有了石莲洞这个世外桃源，更让罗洪先如鱼得水，开始了他孜孜不倦的治学之道。静坐洞中，排骚扰、弃俗务、抛杂念，使罗洪先的内心真正达到了"主静无欲"。

沿着洞边漫步，观四周山色风光，我们依稀可见当年的井然布局。曰石莲书院……曰正学堂、曰怀濂堂、曰六秀堂、曰观复阁，步步精巧有致，处处文雅风情。罗洪先在此打坐、学习、思考，同时接亲访友。罗洪先在石莲洞里的十八载，是他度过最顶峰治学生涯的十八载。在这里，他博览群书、考图观史、讲学授业；在这里，他研习阳明心学，以"主静无欲，收摄保聚"为主旨，最终形成自己"收摄保聚，良知归寂"的创见，得阳明学之真旨。他与永丰的聂豹，是"归寂派"的代表，所以石莲洞也被推崇为"归寂派"代表的哲学思想孕育地。

"归寂派"不赞同王龙溪"良知自然，不假纤毫力"的看法，强调"致"的重要性。罗洪先认为如果良知可以轻松获得，那王守仁为什么会说"致良知"而不直接说"良知"呢？因此，他认为"致良知"的最佳途径是"归寂"，就是在寂静之中修炼心性，不为外物所扰。为此，人们必须暂时远离一切感情，停止所有欲望，停留在一种"虚静而寂"的状态，最后达到良知的功用与其本体"内外两忘"。

罗洪先能够自成一派，当然得益于勤奋刻苦、专心致志的治学精神。《明儒学案》则载，罗洪先"静坐之外，经年出游，求师问友，不择方内方外，一节之长，必虚心咨请，如病者之待医"。胡直在《罗念庵先生行状》中说得更清楚，他曾"出唔荆川于康郎山。访周讷溪，怡于九峰庵……于是，龙溪适候先生会海天，遂同舟西归"。由此可见，罗洪先不但虚心好学，博采众家，而且乐于出游，注重实地考察。

正是因为具有这种严谨的治学精神，从而又让罗洪先登上那个时代的地图学研究巅峰。

罗洪先对地理学的贡献，最重要的是绘制出我国历史上第一部分省地图集《广舆图》。这本地图集是以元朝朱思本绘制的《舆地图》为蓝本，加以增补修订而成。因为随着时代的发展，旧图已不符合历史事实，也不适应现实需要。朱思本的《舆地图》采用计里画方法，长广七尺，图幅太大，不便携带，也不便翻刻。罗洪先的《广舆图》，则按比例予以缩小，把大幅改为小幅，单张地图改为地图册，并按明制更改地名，如此既便于携带，也利于保存。内容主要包括：一是政区图，有明代全国行政疆域总图一幅，各省分图十六幅，包括两直隶、十三布政司，每幅省区图的后面附有该省的沿革、形胜、所辖范围等。二是边防图，有九边图十一幅，边图五幅，其用意在"王公设险，安不忘危。中外大防，严在疆圉"。三是专题图，含黄河图三幅、漕河图三幅、海运图两幅。四是被外图，含朝鲜、朔漠、安南、西域图四幅。此外，还有附图六十八幅，总计一百一十三幅。

《广舆图》是按实际距离的比例尺缩成方格制图，精确性由此大幅提高，一经问世，便被公认为当时最好的地图。数百年来，《广舆图》刊刻过多个不同版本。传至海外后，西方地理学家皆以《广舆图》为依据，开展对中国大地的观察或描绘，同时有力地推动了国际地理学事业的发展。

人间富贵花间露，纸上功名水上沤。经过多年的苦学，罗洪先从一个有志之士悄然化身为一位圣贤大儒。罗洪先去世于"十五日中秋辰刻"，"门人王讬、李希稷、周馨、曾乾亨、刘孟雷，偕家族人环侍"。即使在生命的最后一刻，依然有那么多门生、族人和家眷守护着先生。

离开吉水时，细雨霏霏。我们撑着伞，走在罗洪先曾经走过的乡间小路上，回望石莲洞，一种前尘往事的沧桑感扑面而来。罗洪先去世后，被明穆宗封为光禄寺少卿，谥号文恭，也算是实至名归了。当然，罗状元是断然不在乎这些的。

【人物介绍】

罗洪先（1504—1564），字达夫，号念庵，吉水县盘谷镇黄橙溪人，杰出的地理制图学家，江右王学代表人物。二十五岁中状元，三十七岁因直谏被嘉靖皇帝削去官籍，其中剔除生病、居丧等时间，实际做官不满三年，又因潜心治于阳明心学，最终成为一代名贤。

（万安县政协　郭志锋）

罗大纮：刚正勤勉耀千秋

黄桥镇山原村有一株牡丹，至今已有四百多年树龄。村民说，这株牡丹是罗大纮从京城返乡时带回种植的。山原村祠堂内的"一言定国"牌匾高悬于祠堂上方，据族人介绍，那块匾额是罗大纮进谏忠言的无声印证。罗大纮，这位从明朝万历年间走过来的进士，如今已化为山原大地这株灼灼耀眼的盛世牡丹，其气节与德行辉耀在世人心间。

罗大纮出身业儒门第，家风清正，自幼聪慧。七岁习学专精，沉稳如成人。十七岁为文颇有韩愈、柳宗元之风格。台山周公读他的文章以后，击节赞叹说："真才士呀，宜做吾快婿。"十九岁入郡学，成绩优异，被教授称为"青云器才"。1586 年，罗大纮考中进士，授行人司行人。翰林院学士王锡爵素知罗大纮名声，出于惜才，对罗大纮说："假若让我选拔人才，非你莫属。"罗大纮并不顺竿爬，很自然地说："只要身体力行为皇上效忠，或早或晚都会重用，何必引荐。"率性坦诚的性格可见一斑。

受罗洪先思想的影响和感召，罗大纮终生是"所感慕而兴起者"。常说："少也贱，不及见石莲先生，然私心实向慕之。凡先生之门人故旧，能体究先生之学者，吾师之矣。"他与罗洪先的门生曾同亨来往密切，一直保持师友关系，总是以他俩的节义、理学相标，常表示要"使石莲之脉，尤不绝于斯世"，有效地推动了江右王学在吉水的传播。

他为官一贯耿介不阿，正道直行，是位志行高卓、性情刚烈的谏臣。他敢说敢做，向皇帝上书，直言极谏朝中时政，皇帝每每赞许并采纳他的意见，升他为礼部科给事中，但他性格耿直，很是牛气，履行"谏言、监察"职责时，常敢于犯颜谏上。1591 年，明廷内忧外患，国政危急，罗大纮呈上《定制书》，言语恳切直率，告诫皇帝"视朝宜勤"，应该以上朝处理国事为己任。皇帝见他批评自己"惰于朝事"，有些不高兴，但没有降罪于罗大纮。

1593 年，因请假探视患病母亲而滞留不归的王锡爵，被明神宗召回朝廷，拜为首辅。当时官员刘徵贬职江陵，隐居不仕。罗大纮向王首辅力荐刘徵，于是破格任命刘徵为江陵州守。明嘉靖进士、刑部主事李见罗镇守云南边关，因请功遭人嫉妒、受人诬陷，罔言邀功定罪论斩，朝中大臣闭口缩舌莫敢救助。罗大纮挺身而出，向王首辅申诉说："李见罗为朝廷功臣，今以小人一言之词，制其死罪，如果这样蒙冤而死，今后谁肯为国家出力。而且这样草率论罪真不应该，假若使小人谗言得行，贤人束缚手足，岂有利于国家吗？"首辅见他言之有理，欣然采纳其意见，并极力向皇帝建言，减免李见罗之罪。

罗大纮，这个连皇帝都敢批评的勇士，更是看不惯朝中臣子的胡作乱为，他不以阿谀权贵为进身之路，敢于冒死进谏以匡时弊。

早在1592年春，明神宗就下有诏书说要册立太子。这时，工部主事张有德以册立期近为由，奏请大建储存仓库，储备各种礼仪物品，准备搞大型册立仪式。这可违背了皇上的本意，认为这是捣乱，非常生气，命令停发张有德的俸禄三个月，延缓册立太子一事。尚书曾同亨请求按前面的诏书行事，违反圣旨，遭到严厉指责。在罗大纮看来，太子册立久拖不决，对于皇帝来说，是件有失国体的事情。于是，罗大纮重申张有德的意见，也被停发三个月的俸禄。大学士许国、王家屏接连署上阁臣的名字，请求皇上接纳大臣的意见，皇上更不高兴。时任首辅申时行正在休假，闻得皇帝发脾气，于是上密疏对皇上说："虽然我的名字列在奏疏之上，但实在不知道，都是他们添加而上。"看到奏疏，皇上很是高兴，认为申时行没有与他们合成一伙要挟自己，于是下诏书称赞他，并且把奏疏与诏书都发给朝廷礼科。以前，阁臣的密奏是不会发给礼科的。此时，申时行感到既惭愧又害怕，惭愧的是没有与罗大纮一起坚守正统的太子册立仪式；害怕的是罗大纮他们斥责自己懦弱猥琐。于是，申时行与礼科都给事中胡汝宁商量，派人到礼科把密奏取回来。当时唯有罗大纮守在礼科，派出的那人用欺骗的手段把密奏拿走了。等到罗大纮去要的时候，申时行不给。事后罗大纮非常气愤，决定逆鳞力谏，向皇帝劾奏申时行，检举他的罪状。

罗大纮上疏皇帝，说："我奉守职责没有成绩，只是小心地待罪从事。心里总是想，申时行受国家的重托，理应承担重任。哪知他心存二念，包藏祸心，误了国家大事，出卖了朋友，他的罪过不是一两句话就能说够。申时行虽在休假，但凡是翰林升迁的奏章都把他的名字列在首位，为何独对册立太子一事这样避讳呢？纵使陛下震惊生气，对大学士许国、王家屏等施加不可测度的威严，申时行也应当与他分担过错。更何况皇上并未发怒，他就堵塞言路，动摇国家根本，苟且献上他摇尾乞怜的权术，而阻断了皇上悔悟之意。这是我特别恨他的地方。假使大学士许国、王家屏的请求得到同意，即将举行太子册立庆典、蒙受皇恩，申时行也会推辞吗？都是因为他出于私心，怕有所牵连，所以表面上附和朝廷大臣，向皇上提出册立太子的意见，暗中却推迟此事，作为自己结交宫廷的计谋。假使请求得到批准，申时行则可以居首功；不批准，则可另称为志趣各异。他要弄这样的手段想愚弄一世，想不到今天却暴露了。"奏疏呈上后，皇上震惊，认为罗大纮扰乱了朝纲法纪，为稳定朝廷，皇帝下诏将他贬到边疆去任杂职。不久，罗大纮又被革职，贬为一介平民。

进则忧天下，退则育贤人。回归田园后，罗大纮讲经传道，致力著述，组织讲学讲会，倡导"实修实诣"。多次与邹元标在青原山、白鹭洲等书院开坛讲学，常相互激励节义道德。自己又创办曲江、芦山二书院，"致四方贤俊，考德问业，朋友讲习，生徒传授"。平时，罗大纮常称邹元标为"异姓骨肉""同年弟兄"，甚至"母事"邹元标之母，与邹元标兄"欢然如兄弟"，足见罗、邹的交谊确非一般。当时吉水是水西有罗（大纮），水东有邹（元标），"曲江、仁文，坛场相望，而士随所向往，皆虚往实归吁。伟哉，岂不一时事盛"。

罗大纮忠肝义胆，广交社会名流，汤显祖、黄正宾、邹元标、刘同升等，都是他的文朋诗友，更是他的良师净友。汤显祖有《答罗匡湖》书信往来，在《负负吟》诗序中所提及"大道相属"。汤显祖是个清高自许的孤傲之人，如果罗大纮没有齐身才学、刚烈性情，定然入不了他的法眼，可见二人志趣相投并非偶然。

邹元标是东林党首领之一，性情刚正。罗大纮与其以节义相标，道德相尚，互为至交。两人经常游历讲学，同坛辩论，一时成为士林美谈。1573年，罗大纮与邹元标同时高中举人，"同问学于督赋徐先生（徐用检）所，遂以意气相许，定交帝子阁中""切磋明德，白首为期"。罗大纮与邹元标志同交谊确非一般，相惜之情无以言表。

罗大纮志向圣贤，常以"今世念庵"自期自励。1590年八月，罗大纮追怀先贤罗洪先，在他开坛讲学的石莲洞，凿壁题诗：

> 洞主乘龙去，何时更返槎？
> 岩头明月在，常照石莲华。

这首镌刻在岩壁上的诗歌，礼赞了洞主罗洪先的精神永在，犹如明月般照亮桑梓。虽历经四百余年，至今手迹清晰可鉴，令游者心慕手追。这首诗是写给罗洪先，也是写给罗大纮自己，更是他们精神气节的共同写照。

【人物介绍】

罗大纮（1547—1619），字公廓，号匡湖，亦作匡吾，吉水县黄桥镇山原村人。1586年中进士，授行人司行人。1591年八月，迁礼部给事中。天启年间，赠光禄少卿。为官正直，敢于直言直谏。因言事忤旨，斥为民。乡人将其与先贤罗伦、罗洪先并称为"三罗"，《明儒学案》将他与乡人邹元标归入江右王门。有《罗大纮文集》传世。

（吉水县融媒体中心　毛龙辉）

徐学聚：溪兰绽芳香自幽

丹嶂阴茫长谷雪，翠岚光滴大江流。

兰花十里照春水，小鸟无声香自幽。

——浙江兰溪唐龙《兰阴春馥》

浙江兰溪境内有三江五溪，皆属钱塘江水系，因县西兰江连接新安江、富春江，崖岸多兰，色如翠玉，无叶而香，故名兰溪。《兰阴春馥》是明朝正德年间浙江兰溪当朝大学士唐龙所作《兰溪八景》诗中的一首，写的是兰江春景。

吉水志记也分别载有明嘉靖年、万历年进士曾同亨、邹元标各自写下的同景同题《吉水八景》诗，兰溪与吉水两地八景古诗作，其形式和内容所呈现的诗歌意境，表明兰溪和吉水两地人文和自然生态有着惊人的通体相似性，似乎是兰溪与吉水浙赣两地发生某种关联的隐喻。

1586年，一叶扁舟从赣江逆流而上，一袭平民衣着的浙江金华府兰溪人氏徐学聚在微微江风中荡漾着，携带家眷赶赴吉水就任知县。吉水城南赣江口岸，各路贤达饱满热情迎接徐知县的到任，皆欲目睹这位进士出身官人的风采，眼神里透露更多的是对这位到任知县大人的期盼。

徐学聚家族虽不敢说是名门望族，但称书香世家绝不是虚名，家族家风家教甚是严谨。其祖父徐袍，幼聪慧，十三岁补弟子员，中嘉靖年间乡举。崇尚正学，每日整衣冠读经史，常常通宵达旦。通《五经》尤精《易》学，善因材施教，远近求学者至数百计，而"贫者必却其资"。"耕十二亩田"，身居"陋巷斗室"无改其志，对本族子弟必讲书礼，敦睦之风闻于乡里，被乡人尊称为"兰溪先哲"。徐学聚的父亲徐用光，"少禀家学，性尤颖异不凡，十六七文学已成"。1553年中二甲进士，授工部主事，负责都城治水之役。日夜与役民一同露栖河上现场，解难督工，筑堤一千八百丈，泄庐沟之水使毋涨，京畿东部各县全依赖之。旋即升员外郎，赴督山东临清各地数以百计的朝廷贡砖窑厂兼治河道，恰遇河道淤塞，梁家乡近百里捐款公帑排浚，不到半月河漕畅通。有大胆役吏借治水之役受捐之机，克扣捐银说是补充公务用度（现今私设小金库行为），实际想中饱私囊，遭到徐用光谢绝和制止。临清李姓州守贪赃枉法，草菅人命，徐用光上疏弹劾。后又被朝廷任命为屯田司郎中，临清民众相送百里外。赴任途中身患重病，行李简单且囊中无几，临清各地贡砖窑户纷纷捐助为汤药资，徐用光不许，责令退还，并对前来捐助的人说："我如此衣，尔何以墨污之耶？"不数日病卒，年仅三十五岁。临清民众称颂徐用光，德政碑勒刻"烈火真金"，身后配享当地学宫官宦祠。

徐学聚从小深受家庭传统儒学思想熏陶，其家学严谨厚实，家风清正俭勤，对他学识成长与人格思想形成有着重要的影响。

1583年，徐学聚中进士不久，初授江西浮梁县知县。浮梁县主产茶叶、御用瓷器，境内的高岭村是古代景德镇制瓷原料的产地，国际黏土矿物学通用术语——"高岭土"命名即源于此。浮梁属典型山区，民好争讼，境内贼寇猖獗，贼寇常以砖、瓷窑窟作藏身机动之地，甚难治理。徐学聚依靠当地民间力量采取"教化"与"清剿"两手抓的办法，使得当地治安大为好转。

徐学聚官场初显，以其睿智和果敢的行事作风彰显政绩。1586年，四十一岁的徐学聚调任吉水知县。

在吉水施政期间，他继续依靠当地老百姓，调查了解吉水实情。为尽快融入，他下帖回访当地贤达，串街走巷访问民间疾苦，为广纳益言，"衙门八字开，有言献策请进来"。在吉水知县四年任期里，他除时弊、筑河堤、肃民风、修书院、济灾民，深得吉水民心。

当时，县内户籍里甲管理混乱，民籍、军籍和黑户、户口人数增减等等数目混乱不清，造成赋役徭役负担不公，严重影响赋税徭役征管，给社会带来不稳定。积弊不除，有失职守，徐学聚十分重视民心得失，痛下决心在全县开展户籍、人口、田地稽核普查，带领衙吏亲自前往各乡里督战，严谨从事，定下罚则，防止上下串通作弊，做到稽核无一缺漏。普查稽核结果——镌碑于县衙大门进行公示监督，便于以后动态变化管理。后任知县赋税徭役征管，皆以徐学聚稽核普查数据结果为基准，军民官吏无法在户口、田籍数据上互相勾结作弊。

从公元950年解世隆开始"城吉水，高六尺周四里，设四门"至今，吉水城堤筑修史简直就是吉水官民与天地自然相争的一部奋斗史。当初徐知县赴任之时，冥冥之中似乎早已注定要重蹈父辈治水之路，是谓天降大任于斯人也。

县城西南一带城堤，滨于赣江与恩江两水之间，发大水时常为两江水所侵袭。徐学聚上任吉水知县当年，就亲罹了赣江发大水灾害，两岸哀鸿遍野，百姓生灵涂炭。他一边抚恤百姓一边反思：如果不筑修河堤，吉水城必将无存，城不存，整个县邑也就无法治理，县邑无法治理又怎能谈得上使老百姓安居乐业？此刻，筑修赣江河堤心念油然生起。

重要的是如何付诸行动。徐学聚作为一县之令，除了自身主动担当作为，接下计何以出、令何以行，才是头等大事。于是，他经常会聚吉水各路名望、达人，商议河堤修筑行动方案。通过向上申请赈款、县内捐资役赋等系列措施筹资筹劳，选定枯水季，一场大规模的筑修赣堤护城运动彻底打响。

徐知县亲任筑堤工程总指挥，专派沈姓县丞具体负责筑堤事宜，全县上下口服心服，一切服从县令指挥调度。

徐学聚日夜在工地上来回奔波，亲力亲为全身心投入筑堤。工程历时近三个月，完工计长一百三十丈，高二丈，坝顶面宽三尺，堤坝土实石坚，质量可靠。筑堤完工之日，城内老幼自发奔向县衙以表心意，纷纷感谢徐知县造福民众之德。县城父老乡亲特告嘱本县籍在朝的吏部官员邹元标，要将徐知县主筑河堤行为撰文以表功德，并集资刻碑勒石题字"徐公堤"，安置在赣江河堤上永久纪念。

　　吉水治下的民众因为人事关系和生存资源之故，常有纷争。徐学聚主持听讼，一切明断，绝不徇私枉法，他认为民风不端也是由于民众缺少教化以致是非不明。先前，吉水城内有文江书院，因当朝辅政大臣张居正修革朝政禁天下书院之故被毁，仅留下一块地基旧址。时任县令海宁人士陈与相，知邹元标家居地势低洼潮湿，要他用朝俸购买书院地基建住房，而元标在归省乡里时却要求县衙恢复重建被毁书院，并致信陈与相，表示自己愿意无偿归还购买的地基用来重建书院。正当筹划时，不巧遇到陈县令外调，幸逢徐学聚接任，邹元标便与徐学聚相商重建书院事宜，得到徐学聚全力支持。徐学聚慷慨捐俸银，还亲自选定开工日期，协调事宜，专任衙吏具体负责书院基建，新建成的书院比以前的文江书院更加宏丽。根据邹元标撰写的《仁文书院记》，仁文书院取意吉水"仁山钟秀，文江潆洄"之美景，兼有曾子"君子以文会友，以友辅仁"典故喻之。书院办学宗旨，用现在语言来说就是既要重学识（文）又要重实践（仁）。书院坐北朝南，前后三栋，占地二十余亩。书院第一进前堂，是陈列先贤牌位和祭祀场所，大门上方高悬王守仁书写的"文章节义之邦"横匾；第二进学堂，为传道授业讲学之所，大门上方悬挂"仁文书院"匾额；第三进后堂，乃先生后勤及书院藏书用房。为了办学，徐知县不但拨置官田倡捐民田以养书院办学，还聘请因病辞免赋闲乡里的邹元标担任书院讲学。仁文书院重新修建，为吉水民间修建书院起了引领作用，各地民间书院一时兴起，吉水文风学风蔚然兴起。

　　每逢遭遇水、旱天灾，吉水谷米价格就会急剧飙升。原因是县内奸商与境外贩子互相勾结，高价贩卖谷米出境牟利。徐学聚依法严惩，因使县内有些余粮。遇到灾民众多时，开官仓放粮，各地设粥厂救济灾民。有一年吉水全境复遭大饥荒，官方赈贷供给缺乏，徐学聚亲书倡议劝富人捐粮捐钱行义。为防止混乱，采取分发票券给各地饥民的办法，饥民凭票券就地济供，无不从命。

　　徐学聚在吉水为官四年，勤俭廉洁，功绩斐然，得到朝廷重用，连续升职，以"勤勉功简"擢福建巡抚。在任福建布政使期间，不费一兵一卒平定"白莲教"数千成员作乱，设海防抗西班牙、荷兰"红毛子"骚扰内地，打击内地奸商与菲律宾吕宋不法商人合谋走私贩私，使得海外走私商贩数年不敢进入内地。

徐学聚官德政德深受吉水百姓敬重，民心所向，其身后吉水百姓将其配祀县学宫以及仁文书院与邹元标同。

人的名，树的影。雁过留声，人过留名。徐学聚为官，保持了儒家倡导的温良恭俭让优良品德，从民意孚民望，造福百姓留政德，是为当世为官之楷模。

【人物介绍】

徐学聚（1545—1616），字敬舆，号石楼，浙江兰溪人。万历十一年（1583）进士。初任浮梁知县，调吉水知县，颇有惠政德声。又擢礼科给事中，升江西督饷参议，擢山东提学副使，升河南按察使，转福建左布政使，天启间赠副都御史。著有《国朝典汇》《两浙名贤录》《历朝珰鉴》等。

（吉水县工信局　张水华）

李陈玉：儒林循吏树典范

1634 年冬，寒风凛冽，白雪飘飘。浙江省嘉善县衙人声嘈杂，新县令李陈玉刚刚抵任，就遇到漕粮征收的棘手问题。

漕粮是我国古代政府征收的税粮，因通过河、海运输而得名。明末江南赋税很重，其中漕粮份额尤其沉重。运漕旗军的船只已集于河畔，前任县令遗留的待征钱粮繁多，百姓怨声载道。李陈玉冒雪来到河畔，看在眼里，急在心头。回想年少时，自己在家乡吉水崇桂书院读书，曾上书吉安府，陈利弊，革时政，因此得到邹元标和罗大纮两位同乡贤达的赏识。如今身为新科进士，被授予县令之职，正可一展抱负，为百姓做点实事。

李陈玉暗下决心，一定要想办法减轻百姓的负担，于是与负责征粮的卫所官员商议，革新征粮办法，平息官民纷争。然而，督粮道官员黄丞主张每户增征粮款折银六两，李陈玉听后，惊愕不已。前任签署交接的册报，已征粮款为每户只有银三两，他认为不应骤增。双方争执激烈，直至深夜。想到大明王朝风雨飘摇，百姓生活极度困苦，李陈玉不禁潸然泪下，随行胥吏也大惊失色。次日，李陈玉继续力争，权衡利弊后，最终定为增银三两。嘉兴府理刑总捕与督粮道侯姓官员也前来协助，严惩刁横运军，将额外增银定为八折，即二两四钱。经李陈玉的努力，全县运往辽东的漕粮十万石，减省米粮八千余石，百姓负担得以稍缓。

第二年，漕粮征收问题再起波澜。李陈玉因上年的增补损耗大为减少，心中无底，恐所征漕米质量不佳，引发纠纷。他深思熟虑，决定在漕米质量上下功夫，以消除漕军借口。于是，他召集多人分管各区，亲自总督，不时巡验，确保漕米既干且洁。督粮道见后，大为赞叹，认为嘉善之米，在杭、嘉、湖三府中为第一。经此一番整治，虽增耗减少，但漕米质量上乘，无论交粮业户、地方官府，还是漕运部门，均满意。唯有州卫运输粮食的军士对上一年增补耗损的减少心有不满，要求增加赠耗。李陈玉坚持原则，不肯增加分毫。运军恼羞成怒，计划起哄闹事。李陈玉得知消息，直接前往粮仓，对运军晓以利害。运军听得李陈玉的劝说，深为感动，乖乖磕头离开。

第三年，杭州卫征粮官陈百户又以嘉善米色不佳为由，想求增加赠耗。李陈玉借用督粮道的话予以批斥。后来又有张姓运粮军官想借米色滋事，李陈玉耐心劝说，告诉他漕粮征收的原委、民力的艰难、漕法的严酷，以及到京交卸与沿途稽查的严厉。对方听了，大为感化，漕粮征收十天便告完成。就这样连续三年，李陈玉使出浑身解数，嘉善漕粮如额征解，百姓也稍微得到喘息。

李陈玉接任的嘉善县，满目疮痍，实际上是个烂摊子。土豪、劣绅、恶霸横行，官吏贪污腐败，漕粮压力沉重、百姓痛苦不堪。面对困境，他决心整饬纲纪，革除弊端。他亲自制定考核制度，革除不法之徒。继而裁汰冗员，设立实名点卯制，杜绝假签之弊，提高差役效率。在钱粮管理上，他建立长单制度，详细记录工食支出，防止重支冒领。他洞悉吏役作弊手法，书写朱墨都设有暗记，以便揭露不法之徒的涂改之弊。

官场腐败，民生凋敝，诉讼案件堆积如山。李陈玉深知百姓疾苦，他日夜不息，研读案卷，辨析是非，使许多冤案昭雪，无辜者洗清冤屈。

有一起沈鹤冤案，曾轰动一时。吴江人沈鹤的邻居徐三偷走他的农船，并将船藏在同伙沈三的池塘里。沈鹤发现后，向巡检司报案，随即派出官兵取回农船。徐三因此对沈鹤怀恨在心，诬告沈鹤拦赃纵盗，将他告到吴江县衙。经过吴江知县的审理，案情真相大白。徐三和沈三被判到驿站服劳役，却没有发配，仍逍遥法外。

不久，沈三在秀水县又犯盗窃罪，被当地的捕役抓获并关进监狱。沈三的妻子为营救他，决定联络徐三，计划通过抢劫来获取资金。于是，他们纠集二十四人，在吴江县抢劫押镖人程日新等，得到大量的银子和铜钱。程日新随即向吴江和嘉善两个县的县衙报案。接到案子后，李陈玉严令捕役在三天内破案。在第五天，捕役们成功捉拿到所有盗贼。

审讯过程中，李陈玉注意到盗伙中有一人面带愁苦，神情凄惶。一问之下，得知此人正是沈鹤。原来，当初徐三被抓时，曾诬告沈鹤参与其中，使沈鹤无辜受累。李陈玉深感此事蹊跷，于是连夜召集捕官和典史进行突击审问。他们详细记录每个盗贼的口供，并对这些口供逐一比对，最终揭露真相。

李陈玉随即下令释放沈鹤，并派差人将他护送回家。同时，李陈玉还命令将之前从沈鹤家中搜出的银钱全部归还。他还向吴江县衙发送公文，详细说明此次审案的经过和结果。

然而，事情并没有就此结束。县中捕役担心李陈玉会追究他的责任，竟然煽动被劫的镖客们再次指控沈鹤是贼党。沈鹤刚刚离开嘉善，就被秀水县的捕役张堂逮捕，他的妻子也被拘禁。张堂逼迫沈鹤供认参与抢劫的罪行。为此，沈鹤在监狱中无辜度过两年，他的父亲和哥哥都被逼死，他的妻子则在街头乞讨为生。每当审案的日子到来，他的妻子还会被收监。后来，府衙的文姓总捕头在路上遇到沈鹤的妻子，听得她的陈诉，便将案情批转给嘉善县处理。李陈玉再次审理此案，被劫的镖客也纷纷为他鸣冤。李陈玉详细记录案情始末，上报给上级，沈鹤的冤屈终于得到昭雪。

嘉善县位于浙江东北，毗邻南直隶松江府，河流湖泊交织，地形复杂，为不法之徒提供了天然屏障。在这乱世之中，盗贼蜂起，公然与衙门捕役勾结，为非作歹，社会治安状况日趋恶化。李陈玉明察暗访，了解情况，决心为民除害，恢复一方安宁。

嘉善大盗以屠阿七为首，其团伙嚣张跋扈，白日行劫，勒索巨款，稍有不满便绑票杀人，百姓敢怒不敢言。前任县令虽多次出兵围剿，但屠阿七狡猾多端，屡次逃脱。李陈玉深知擒贼先擒王，首要任务便是捉拿屠阿七。

经过深入调查，得知屠阿七团伙中有一名重要成员袁珠寿，此人性格狡黠且人脉广泛。李陈玉决定从袁珠寿入手，找到与袁珠寿有交情的捕役，许以重赏，让他们协助缉捕。然而，十日过去，仍无袁珠寿踪迹。李陈玉心急如焚，深知时间紧迫，必须尽快行动。一日深夜，李陈玉突然接到密报，得知袁珠寿的藏身之处，便立即行动，带领捕役悄悄包围该地。经过一番激战，终于将袁珠寿擒获。之后采取计策，将袁珠寿、袁二弟缉拿归案。两股大盗先后落网，嘉善县的治安状况终于得以改善。

李陈玉深知，要改善嘉善县的整体社会环境，任务艰巨，仅凭自己一人之力难以完成。因此，他积极寻求当地各界的支持与合作。当时，嘉善县灾荒频繁，民不聊生。李陈玉致函县中贤达，共同商讨社仓济荒之策，并强调应由地方人士自主办理，避免向民户强行摊派。他以身作则，将积余的三百两俸金捐出，与地方贤达共同筹备社仓，并坚持公开透明的原则，避免了纷争的产生。

为了培养更多人才，他亲自踏遍嘉善的山山水水，勘察好地形，将个人的薪金积蓄慷慨捐出，购置土地，创建了鹤湖书院。他关心书院教学，常与士大夫讨论咨询，共商教育大计，甚至亲自到书院讲学授课。

1634—1640 年，李陈玉在嘉善任职六年，致力于整肃吏胥，发展生产，稳定局势，安民一方。在他的治理下，嘉善的社会风气日渐好转，民众生活逐渐改善。因政绩卓著，他被提拔为礼部主事，并接受皇帝的召见，被赞誉为"儒林循吏"，不久又升任为浙江道御史。

李陈玉恪尽职守，勤政为民，深受嘉善百姓的尊敬和爱戴。明亡后，他选择隐居，不再出仕，潜心研究学问。他总结嘉善治理经验，撰写了《退思堂集》，成为后世地方治理的范本，另一部专著《楚辞笺注》至今仍为研究楚辞的经典。李陈玉去世后，嘉善县人将他的功德刻成诗书收藏，并以乡贤之礼年年祭祀他。

【人物介绍】

李陈玉（1598—1660），字石守，号谦庵，吉水县乌江镇枫坪村人。明崇祯七年（1634）进士。授嘉善县县令，官至浙江道御史、兵部右侍郎。有《退思堂集》和《楚辞笺注》传世。

（吉水县乌江中学　庄晋玲）

解　韬：勤勉慎独多惠政

"我家不与世俗同，弟兄伯叔联簪组。满堂宾客皆雄奇，新吟健笔争蜂舞。"历代吉水解家崇文重教，人才济济，解缙十世孙解韬，也是其中的佼佼者之一。

解韬的祖父解祖谟以孝顺双亲闻名乡里，父亲贞靖天性善良，谆谆勤勉，可惜英年早逝。解韬是在伯父解悦的精心抚育下长大成人的。解悦自幼酷爱读书，而且学有所成，他这一生做了两件大事：一是重刻《文毅公集》；二是倡导重修仁文书院并亲自执教十余年，重塑仁文书院的教风与学风。祖辈、父辈善良的品德、勤勉的工作态度，在解韬幼小的心灵留下了深深的烙印。解韬虽然备尝艰辛，但他不甘平庸，知道唯有勤奋苦读，才能改变命运。他常常一边眼泪涔涔，一边苦心钻研。功夫不负有心人，二十岁参加江西乡试，一举成名，荣获江西乡试解元。解韬是继先祖解缙之后的又一个乡试解元，家族上下欢天喜地，期待解韬成为解缙一样的"奇才"。

1730年，解韬登进士第，朝廷即授予他刑部河南司主事一职。时任刑部尚书的李卫深受雍正皇帝的赏识，很多官员巴结讨好他，唯独解韬不为之所动。有一年年关将近，李卫拿出自己的俸禄分给下属官员，以收买人心，唯独解韬没有接受。李卫也没有强行让他接受，但因为这件事，李卫对解韬刮目相看。任职期满，考核优秀，调任贵州思南府安化县令，开启他在贵州二十余年的执政之旅。

解韬坚持以民为本，为政宽大得体，有循吏之风。他来到贵州任职，正值苗乱猖獗，督军下令，紧急催运粮米四百担到前线军营。按照惯例，运送军粮，当地政府根据田粮摊派役夫。但当时的情势危急，百姓大多畏惧，不愿承担运粮任务。恰巧那一年，思南地区从五月到八月，连续四个月干旱，百姓非常艰难。解韬看着实在可怜，于是拿出自己的俸禄，代替县民从别处招募差役。县民互相庆贺说，这是让我们重新获得生命啊！

因局势发展需要，解韬暂调军中，专门管理粮饷出纳等工作。他因地制宜，措施得当，保障供给，全军军心安定。其间，解韬不幸染重病，在恍惚梦境中，他来到地府，见到了自己已去世的父母，三人相拥而泣，地府判官说："你任运粮官心存善念，有利于民，特为你增加阳寿，增添子嗣，你要力行善事，勤奋工作，不负厚望。"这件事对解韬触动很大，他觉得这是先父母的阴功，唯有一心为民，一心为公，才对得起父母的教诲。

不久，升任独山州知州。他创建城郭，疏浚沟渠，兴利除害，治政更有名声。接着朝廷下诏，让解韬暂且接任都匀太守，他对百姓关爱有加，措施得当，再次得到朝廷褒奖。

贵州威宁是一个多民族聚集的州郡，文化多样，情况复杂。过去的情况是，各部落的头目，各自世代掌管各部落的民众，往往架空州府，使政令不畅。解韬一到任，各头目纷纷采购名马献给他，解韬通通拒绝，不予接受。头目们大惊失色，心中暗暗叫苦。解韬一方面告诫他们，不得违反朝廷法令和州府规定；另一方面，又以恩义安抚他们，最终获得头目们的信任。任职期间，州治安定，没有喧哗闹事的。

铜仁铜厂原来有制度规定，生产出来的原生铜，由主管部门公款收购、贮存，不让上市交易。而当时厂民偷偷私自买卖，此风沿袭多年，有愈演愈烈之势。朝廷敕令予以坚决打击，解韬担心突然禁止，容易生出变故，决定暂缓打击私自买卖者。然而，钦差认为他渎职不作为，给予停职处理。钦差亲自到厂，督查并严厉打击私自买卖者。才过去几个月，私贩者拒捕，并聚众殴打官兵，局面一时不好收拾。钦差感叹道："我错怪解韬了，主要是我操之过急。"钦差立即据实情向朝廷报告，朝廷下诏暂缓打击私自贩卖者，解韬也官复原职。最后还是解韬通过提高矿工待遇，加强生产监管，制定严格的管理制度，才慢慢刹住了私自买卖之风。

1735年，贵州苗民因不堪官员和土司的剥削压迫，发动大规模起义，声势浩大，破坏力极大。思南府郡民闻风惊恐不安，朝廷维稳官兵又尚未到位，情况危急，人心惶惶。安化县令解韬当机立断，上报请求制造军械器具，招募士兵，并迅速通告县民，先期应命招募者受赏。几天之内就聚集了一支数百人的队伍，民心渐渐安定。接着，选拔其中几十个优秀者做统领，组织日常训练。不久，思南府郡都纷纷效法安化县的做法，全郡平安，秩序井然。

1756年冬，解韬调任江南运河通判。仅仅一年，从筹备沙土、石料、木头等原材料，到工匠民夫的征调，再到进度安排、质量监管等，一切井然有序，修防得法。次年秋天，杨庄口河段水浅，影响船只通行，巡抚准备打开临黄、临运两个坝口，引黄河水来渡水运输。解韬听后大惊失色，义正词严地说："此举关乎全河大局，我坚决反对。"他立即分条陈述利害，洋洋洒洒数千言，其大意是：杨庄口河段暂时淤浅，水位稍微提升即无大碍，而黄水多挟带沙泥，又正值大汛，河床高过运河一丈二尺多。如果打开黄河决口，就像从高屋之上往下倒水，泥沙俱下，邳州全境一片泽国，境内河流全部淤塞。况且，黄河一泻千里，万一溃决，沿堤居民首当其冲，百姓全都成为鱼鳖。我身家性命事小，百姓身家性命事大啊！而巡抚仍一意孤行，越过解韬，另外安排官员主持"引黄入运"工作。解韬说："如果你们一定要强行决堤引水，我将以身殉职，死在大堤之上。"这件事最后惊动了朝廷，朝廷也担心利少害多，下诏阻止"引黄入运"这一行为。

解韬以廉能著称，擅长听狱断案，严明恰当，有能吏之范。苗乱平定，解韬因功晋升安顺府通判，一到任就决断十几件积压的陈年旧案，百姓直呼"解青天"。某日深夜，有一户郡民忽然遭遇从窗外射入的暗箭，主人中箭后，立即丧命。家人开门查看，发现门框上贴有仇家的姓名。当地县令简单行事，屈打成招。解韬审查案牍说："怎么会有黑夜杀人，并自己写上自己的姓名呢？"于是暂缓施刑，秘密悬赏，最终捉拿真凶，冤案得到昭雪。

不久后，解韬改任扬州总捕同知，巡抚大人很欣赏他的才华，遇到复杂的案件全都交给解韬办理。当时邻郡有人因为元宵放灯双方斗殴，致人死亡，案件拖了很久，判决不下。解韬把当事人全部传唤到庭，去除他们的手铐和脚镣，对他们动之以情，晓之以理，其中一个囚犯忽然流着眼泪认罪服法。

江苏崇川临海，明朝时有海门邑，后来被海水冲毁，日长月久形成洲渚，横亘百余里。通州、崇川两地边境民众，为开垦荒地互相争斗，富豪又借机兼并，案件堆积如山。解韬接任苏州海防同知，深知责任重大。他实地调查，不为威屈，不为利诱，亲自勘察丈量，核算粮产、人口，合理分配田土，几个月之内，旧案清理一空，两地纷争消除。上级官员考察之后，鉴于他处理海门土地兼并一案，清廉公正，政绩显著，朝廷决定在旧址重建海门衙署，并任命解韬为海门同知。

1769 年七月，解韬就任海门同知，正准备谋划全局，制定方略，却不幸染病，还没来得及与家人交代后事，就病逝于任上。有感于解韬为政勤勉，政绩突出，朝廷特下诰命，诰授奉政大夫，封其母为宜人。

解韬遇事敢为，执政为民，心胸豁达，与人交往，平易真诚，心地善良。从不以才傲人，以才凌人，他常对人说："善之不可不为，恶之不可不去。"他的子孙后代深受其影响，多有成就。长子荣世，1780 年举人，选为知县。次子枚世，诗文敏捷，邑庠生。三子襄世，太学生，学业超群出众。四子勋世学识渊博。长孙运衢，深得祖父遗风，1808 年中进士，历任武英殿、国史馆、文颖馆协修，济南府邹平、章丘知县，以善政闻名，朝廷多次嘉奖官民敬服有加。

【人物介绍】

解韬（1709—1769），字幼图，号鉴溪，解缙十世孙。1730 年登进士第，历任贵州安化知县，安顺府通判，独山、威宁知州，江南运河通判、苏州海防、直隶海门同知等职。

（吉水县二中　解寿祥）

王　雅：江西贤令立楷模

"为官一任，造福一方。"1825年，吉水知县周树槐所修《吉水县志·名宦》篇中，收录了康熙年间县令王雅的事迹，称赞说："江西之贤令者，以雅为首称。"

时间追溯到1673年，吉水县令王雅也主持编修了《吉水县志》，并请吉安知府郭景昌作序。郭知府序文道：有人说，当十年宰相不如当一天县令。如今这种说法却不准确了，为什么呢？其实当县令也很苦很难，好像一个身穿破烂棉衣的人钻进荆棘丛中，荆棘东钩西挂把破棉衣里面的棉花全都钩挂出来，而人又在荆棘丛中左防右避不得解脱，真是苦不堪言；县令又好像一只风浪中失去船桨的小船，随时有侧翻的危险。犹如当今的吉水县，时局政事都很复杂，庸官懒政、民力疲惫，这给县令处理公务时增添诸多艰难。然而就县令而言，针对客观形势采取必要对策，为百姓免除苛捐杂税，革除陈规旧章为第一要务。

郭知府又说，自明末以来吉水县屡遭战争祸害，今又有瘟疫和灾荒，人口日渐稀少、土地荒芜、赋役渐重。为逃避赋役，官府小吏手法狡诈，有权有势者欺骗隐瞒。民众之苦与之前相比，几乎不可形容。从王雅君为吉水县令后，他勤政爱民、兴利除弊，仅三年多的时间，就把县里各种歪风邪气全部治理好了。

受到吉安知府所褒扬的县令叫王雅，字思绳，浙江慈溪人，1659年中进士，1670年赴任吉水。当时，百姓生活困苦，县衙政务繁乱。他得知，上年全县发生传染性痢疾疫情，当年春夏之间又一直没下雨，全县的禾稻大部分缺水，多个乡都的土地上颗粒无收。民不聊生的场景刺痛王雅的内心，更让其揪心的是，自古以来吉水县每年上缴朝廷的赋税就高于其他县邑，这更添当地百姓的负担。他知道，早在明朝中晚期，状元罗洪先等前贤就已多次呼吁减轻吉水税赋未果；明清交替之际，吉水县多次作为战场，很多老百姓因为躲避战火和灾荒而背井离乡，而今全县人口仅为明末时期人口之半。于是王雅将本县灾情上报，要求减免税租，奏折中说：明朝灭亡，我大清一统天下，逃离在外的吉水难民渐渐回乡。面对荒地，他们一时不能耕作，也没有收成。去年瘟疫，今年又发生严重的旱灾，但赋税还和往年一样如数上缴。我作为县令深感痛心，于是把本邑的实况及时上报，恳请减免租税。

吉水县连年灾情惊动朝廷，朝廷下派平定"三藩之乱"的江西总督董卫国、江西布政使刘榘、大观察韩庭苣、官员姚启圣等来到吉安府，在知府郭景昌陪同下，亲临实地视察灾荒。王雅和新榜进士李振裕一路随行，两人分别为这几位巡视灾荒的上级官员作答谢诗。王雅当即为总督董卫国写下《恭纪董大中丞踏荒》诗四首。其一诗云：

那堪下邑荒禾黍，重累高轩动悯皇。
蠲贷远来天府诏，飞鸣重见颍川凤。
云开白鹭瞻双阙，露泥青螺润野棠。
沾被直应垂奕祀，仁山文水共苍茫。

面对这几位巡视官员，王雅根据本邑实情，对朝廷每年下发吉水的赋税政策提出疑问，并竭力奏请减免灾荒赋税。他在《详请蠲荒》中写道：我为吉水黎民百姓痛苦地陈述灾荒，这里的人民极度困苦，这里的赋税难以忍受。吉水虽称鱼米之乡，但这里的乡民每年要向朝廷上交大量贡米，就算在正常年份，黎民百姓在缴纳皇粮后家中余粮仅够吃半年。一遇旱涝灾荒，灾民们死的死、逃的逃。现在的街道上很少看到做买卖的人，甚至数十里看不到行人，有不少村庄断了炊烟，如今要完成赋税任务更是难上加难！希望圣天子顾恤民众疾苦，对吉水税收政策给予调整。我趴在地上叩首哀告，因为这里现状实在是惨苦万状，不得不呼天喊地来求救！听得王雅汇报，巡抚董卫国据灾情上疏朝廷，遂为吉水报免荒粮一千六百多石。听到朝廷开恩喜讯后，吉水的百姓欢欣鼓舞。

还有一事使王雅日夜难安，就是吉水县百姓每年种出的粮食中的一部分要作为田租税上交朝廷，并要求运送到江苏京口军粮仓库兑收，而且朝廷规定每年上交粮食的时间是冬季。由于山高水远，一旦到了冬季时节，泷江、同水、乌江的水很浅，不利于舟船通行，严重影响按时上交粮食。如果朝廷能把漕粮运送时间调整到春季丰水期进行，那就方便许多。于是，王雅又将吉水漕运史和每年冬季漕粮运输之难写成文书，一并呈交至江西督粮道韩庭苣手中。主管漕粮的江西观察史韩庭苣收到王雅的文书，随即向朝廷上报《详定兵米兑运京口》奏疏吉水地瘠民贫，山溪水小，运转艰难，朝廷于是批准了吉水县春季运送漕粮的请求。

勤政为民的王雅经多方呼吁，吉水县多年累欠朝廷的赋税免除了，今后上缴赋税也明显减轻，漕粮也改为春季丰水期运送。王雅又下令召回流离在外的难民回乡定居，清量田塘及山林均分给百姓种养，并明确公布每年上缴的赋税，让百姓心中有数。他还下命令核定人口，建立户籍以防逃赋役者，整治庸懒怠政者，礼贤儒士，教化民众，修书院办义学，平天玉山虎患等等，为吉水百姓做了无以计数的大好事。

吉水的名山胜水养育了无数的名人贤士，在明朝，吉水先贤曾同亨、邹元标先后在县治及周边写下《八景诗》。王雅爱恋这方山水，闲暇之时他都会登上大东山顶，俯瞰全城及周边山川形胜，他写道："负山襟江，沙屿萦纡，龙飞凤翥之概，杰出于青原白鹭间""镇同江而控玉峡，踞鳌山而锁螺川，衰然一豫章要区，仁山墨潭映带，左右控山为吉郡之衣襟。"他凝望周边的山山水水，常常不舍离去。

崇文重教的王雅还走遍吉水的各个乡都，感悟着文章节义之邦的厚重人文。水南的文昌书院，是五里三状元王艮、刘俨、彭教三先生读书处。王雅来到这里，看见书院再度荒芜、四壁寒风的情景，感慨万分，决心修葺书院，写下《访三状元读书处》诗，诗后序云："五里三状元，海内仅有。访三先生读书旧址，一片宿莽，四壁寒风矣。口号志感，不禁茫茫交集也。"后来，又寻访到状元罗洪先旧迹，题作《访石莲洞》等诗。

王雅这位仅官职七品的县令，面对重重困难常有新颖独特的施政方法，他用文化来治理地方的做法收到很好的效果。以前逃亡在外者返乡恢复本业；以前抗租避税者也自愿纳税；有权有势者如豺狼样避匿，若狐狸老鼠样躲藏。最难得的是灾荒之年，王雅带头捐资捐物，修建县堂、钟楼、潇泷龙王庙、重镌《文信国全集》、清除天玉山虎患，所做各项大事都需大量资金。而王雅在大灾之年却能将整个县邑治理得生机勃发，各行各业的人们纷纷出钱出力积极配合，各项任务圆满完成，真可谓文以载道、政声斐然。

救民显良善，勤政留佳音。1673年，王雅升任吏部官职。为感谢这位"江西贤令之首"的王雅，吉水民众为他兴建"功德讲堂"来纪念。门额上高悬"免吉水虚粮"五个大字，无声地叙述着县令王雅对黎民百姓的恩情与厚德。

【人物介绍】

王雅（1622—1681），字思绳，浙江慈溪人，1659年中进士，1670年任吉水知县，面对吉水连年灾荒，他赈灾有方，且兴利除害，崇文重教，宽严有济，在吉水任职三年余，颇有惠政和德声。

（青原区河东街道办　廖国远）

孝思遵宝训

欧阳修有诗云："孝思遵宝训。"仁者，爱人也；孝者，百行之先也。在中国传统伦理道德中，仁孝是最基本也最能反映国人特质的道德范畴。仁孝，实则为人之本、为官之基，亦为家教家风之源。

赣水清清鉴政风。倘若每名干部、每名党员为民办事时都能怀有仁孝之心，势必能塑家风、引民风、正官风。倘若每个人、每个家庭都能学传统、知仁孝、践文明，势必能以真情辉映日月，感召人间！

欧 母：一根芦荻永铭记

曾经，在冬天的火炉旁，母亲在地上撒下一把炉灰，均匀抹平，然后用火钳在上面比画，说道：来吧，儿子，认字！于是，我就跟着她的笔画认读起来，开启了自己的启蒙求知生涯：日月水火，山石田土，花鸟草虫……

历史的轮回总有那么多惊人的相似。早在一千多年前的北宋时期，就有一位年轻的母亲，拉扯着四岁的儿子，踽踽而行于吉水县明德乡沙溪河边的沙滩上。儿子跟随着母亲的脚步，眼睛望向天空。那是一个深秋的日子，秋风吹来，荻花扬起，四周一片萧瑟，寒鹭在长满芦荻的河边长颈而歌，"呕呕"的鸣叫似在呼应着天空飞过的雁阵。雁阵变化着队形，四岁的儿子看着入迷了："这是什么鸟儿，居然会在天上写字？那又是一些什么字呢？"

年轻的母亲见状，连忙折下一根芦荻，拉着儿子蹲在地上，就着沙滩写起来，告诉儿子："这是'人'字，刚才大雁在天上飞过时，先摆出来的就是这个'人'字。这是'个'字，大雁变阵后摆出来的这个字，就是这个'个'字……"从此这个四岁男孩开启了他在北宋历史上的开挂人生。

男孩名叫欧阳修，他的母亲被后世称为欧母，与孟母（孟轲的母亲）、陶母（陶侃的母亲）、岳母（岳飞的母亲）并称为中国古代四大贤母。她老人家姓郑，出生在 980 年，逝世于 1052 年，后人尊称她为欧母郑氏。

相传欧母是吉水县城陂村人。据螺田城陂人介绍，那条柯林江环绕与流经的地方，曾经有座热闹的圩镇坐落于江的两岸，江上石桥相连，圩镇内有黄家园、郑家巷、刘家院等去处，其中的郑家巷，便是欧母故里所在。这座圩镇毁于南宋末年元朝初期，如今只剩几个桥墩傲立于江流之中。当时，郑家有人襄助文天祥抗击元军，由此遭到元军残酷镇压，被杀被抓者不计其数，侥幸逃脱者远徙他乡。随着那座圩镇的被毁，郑家巷也只在当地老辈人的口中留下一个地名而已，废墟已被后人开垦成农田。

诸多资料如《吉水县人物志》等记载，欧母郑氏乃是本地望族的大家闺秀。欧阳修在《泷冈阡表》中提到，他的外公名叫郑德仪。据吉安、吉水欧阳氏同宗中欧阳修文化研究者的资料，郑德仪当年在吉水县城开绸布店，隔壁便是当时有名的紫竹书院，欧阳修的父亲欧阳观在书院里做教书先生，两家是邻居，由此结成年龄悬殊的世纪姻缘。欧母是郑德仪的最后一个孩子，取名叫作郑满娇。作为父母的满女，自然受到父母的特别疼爱，花费心思给予良好的教育和培养，仁爱忠孝自然是教育的主要内容，因此识文断字，经史子集，琴棋书画，几乎无所不通，养成了她仁爱忠孝的良好品德，"恭俭仁爱而有礼"，这也为她后来成功地教导儿子成材奠定扎实的基础。

芦荻画地以教子，或许出于无意，或许出于有意，但郑氏当年的贫穷却是不争的事实，"居穷，自力于居食"，全靠自己针线缝补养活儿女与自己，"治家以俭约"。晚年考取进士的欧阳观为人正直，为官清廉，"为吏廉而好施与"，"俸禄虽薄，常不使有余"，五十九岁去世时，留给郑氏的只有两袖清风和几箱破旧衣被，"无一瓦之覆、一垄之植"，郑氏安葬丈夫还是在亲友的帮助之下才得以完成。身无长物的郑氏想把儿子送入学堂庠塾，也是心有余而力不足，只能望"学"兴叹，亲自承担起教导儿子诗书的重担便成为她的不二选择，也是无奈的选择。于是，她经常带着儿子来到沙溪河边，在沙滩上一丝不苟地教儿子读书识字，同时教给他仁爱忠孝等做人的道理。

自从第一次在沙溪的沙滩上用芦荻教儿子写字之后，便有了此后的无数次在沙滩上画荻。这个事迹迅速地传播开去，成为时人眼里良母的经典行为。试想，在那个以男人为主的时代里，一个贫穷的年轻寡母能以这样的行为教给儿子诗书、道理，这是怎样的惊世骇俗啊！

如今有人提出来，郑氏画荻教子的沙滩并不是沙溪河边的沙滩，而是庐陵县儒林乡欧桂里那条小溪的沙滩，甚至是如今钓源村旁边那条小溪的沙滩。其实，这种争议毫无意义，我宁愿相信，郑氏可能在这几个地方的沙滩上都有过画荻教子的行为。如果是这样，那么郑氏当年的处境就更为窘迫不堪了，一个柔弱女子带着一双儿女，辗转多地，奔波求生，这是怎样的一种顽强不屈呢？

当这个画荻教子的事迹传到欧阳修叔父欧阳晔的耳朵里时，他内心受到了极大的触动。于是，在湖北随州做官的欧阳晔感动不已，连忙派人将寡嫂与侄子侄女从老家接到自己身边，安置在偏院，提供给他们最基本的生活与教育费用，这才使得郑氏摆脱只能画荻以教子的窘迫困境，也使欧阳修从此有比较安稳与良好的学习条件，由此而为历史上的一位文豪诞生铺就成功之路。

摆脱了画荻教子窘迫的郑氏，虽然减轻了生存的压力，但画荻教子时的清苦贫困始终铭记在心，所历练出来的精神与品格并未改变。或许，她从家乡的沙滩上带了几根芦荻过去，时常在儿子眼前出示那几根芦荻，不断地以此教育儿子要勤奋学习，清白做人。或许，她并未带芦荻的实物过去，但心里已经带了一根无形的芦荻过去，芦荻教子的画面已经成为她心里永久珍藏的教子秘籍。

随州城有个张员外，曾经做了一场奢华排场的祭事，隆重祭祀他的父母。少年欧阳修看了这场祭事，回家就问母亲："张员外这样大肆铺张地祭祀父母，是不是孝道？"郑氏转身从房里拿出她从家乡带来的芦荻，心平气和地对儿子说："孝心是真情的流露，不是做给人看的表演。当年我嫁给你父亲的时候，你祖母已经去世多年，我来不及侍奉她老人家，但我知道你父亲在她生前尽心尽力地侍奉她，让她老人家得到足够的赡养。"你父亲经常说："祭祀时的物品再怎么丰富，也比不上父母还在世时给他们粗茶淡饭的奉养好。"郑氏手里的这根芦荻，恰是欧阳修从幼年时就经历过的粗茶淡饭的象征，由此真正的孝道在他心里扎根，侍奉母亲郑氏恭敬有加。母亲去世后，他在《泷冈阡表》里用泣血般的语言记录下母亲所转述的父亲名言：祭而丰不如养之薄也！记录了母亲的教诲：夫养不必丰，要于孝。

少年欧阳修在随州城南李尧辅名下游学时，展现出强烈的求知欲望和

清风吉水

非凡的天资，很得李尧辅的赏识，也令郑氏惊喜不已。但郑氏并未放松对儿子的管教，芦荻的形象依然是她时常在儿子面前展示的警戒之物，严格的要求随着欧阳修的成长而愈加强化。

当时，随州城里发生一件冤案，当地百姓怨气冲天，少年欧阳修也义愤填膺。郑氏不失时机地教育儿子：将来你一旦做官，一定要做个清官。要像你父亲一样，做到为官清廉，以仁治政，"其心厚于仁者"，要心存百姓，为百姓申冤雪恨。此时，她或许又拿出了她从家乡带来的芦荻，对着那根芦荻，向儿子讲述他父亲欧阳观为官时处理案件的心得：为死囚求生路，实际上也是为了维护法律的尊严；如果不该处死却没有发现，岂不是渎职？因此，欧阳修在《泷冈阡表》里同样记录下母亲教诲他时的名言：利虽不得博于物，要其心之厚于仁。

此时，那根芦荻，俨然成为一个饱含寓意的象征：它的空心，恰恰寓示着人的虚心；它的正直，正好象征着人的正直。正是郑氏的芦荻教育，才使欧阳修从一个懵懂稚子，逐渐长成翩翩少年，长成谦谦君子，最后成为堂堂丈夫而立于庙堂之高，成为千古传颂的名臣、巨匠、大擘、标杆。后来步入仕途的欧阳修时刻铭记母亲郑氏的话，"为官心存黎民"，清廉而正直，被贬到地方任职的时候，就在光化、扬州、颍州、滁州等地，平反了不少冤案，由此受到当地百姓的拥戴。

一千多年过去了，欧母郑氏的那根芦荻，犹如母亲的那把火钳，时常映现在我的脑海。阡表不磨母范，古坟犹带荻香。欧母郑氏，千秋永在！

【人物介绍】

欧母郑氏（980—1052），相传是北宋吉水县折桂乡明善里郑家巷（今吉水县螺田镇城陂村）人，民间小名为郑满娇，父亲郑德仪。丈夫欧阳观，子欧阳修。画荻教子，垂范千古。

（吉水县委宣传部　周小鹏）

王子俊：不知我者谓何求

宋代庐陵被誉为"文章节义之邦"，不仅孕育出"五忠一节"等彪炳史册的历史人物，而且涌现出一大批在各个方面表现出色的才俊，南宋中期的王子俊便是其中一位。

王子俊出生于吉水县一个文化世家。先祖是抚州临川人王安上，系北宋著名改革家王安石的同胞之弟，官至湖州太守、提点江南东路刑狱改吉州，开基于金滩镇白沙村。曾祖父叫王端礼，是王安上的曾孙，1088年中进士，历官桂阳县尉、富川县令，后迁居枫江镇花园村。祖父叫王鸿举，又称南宾公，富有才学，父亲叫王大临，字舜辅，祖孙三代均在家乡办教育，颇有文名。王子俊大约出生于1148年，父亲对儿子寄予厚望，取名"子俊"，希望他以后能成为德才兼备的俊秀。

王子俊没有辜负父亲的期望，自幼便展现出惊人的天赋，年少时便能写出一手好文章，在当地被称为"神童"。年龄稍长后，他对庐陵当时两位名士杨万里和周必大十分敬佩，于是一直寻找机会，希望能跟随在他俩门下。那时，两位前辈都在朝廷任职，并未常住于庐陵，所以王子俊未能如愿。

在庐陵文化的浸润下，在家族氛围的影响下，王子俊文思敏捷，悟性极高，名噪庐陵，渐渐被士人了解和熟知，进而在朝廷任职的杨万里和周必大也得知其名。1165年，恰好杨万里和周必大都回到庐陵，这对王子俊来说是千载难逢的机会，于是王子俊以诗文为媒，慕名前去拜谒杨万里和周必大，王子俊聪慧的才思、优异的文笔受到两位前辈的喜爱，他们将王子俊当作"畏友"相处。

殊为遗憾的是，才学品行出众的王子俊毕生在科举仕途上没有较大进展，留给后人的诗文作品也不多。不过，他的才学和品行却深受杨万里、周必大、朱熹等大学者的推崇。他的诗总是由衷而发，颇有清新自然之风，丝毫无组织之迹，与杨万里的诚斋体相近，如《和徐思叔题〈贫乐图〉》诗云：

> 大儿阻饥颇废书，小儿忍寒粟生肤。
> 妇纵有禅无一襦，不敢缘此相庸奴。

王子俊的品行值得称道之处便是他从小就深受庐陵"仁孝"之风影响，为人处事时总是体现出仁孝之德。青年时期，因为文采出众，常被别人举荐为官，尽管只是基层小吏，但他工作中总是倡行仁爱之风，一心为民办实事。在日常政务中，他积极协助长官关注民生，对当时的时政能作深入思考，寻求谋民利益之路。虽为基层小吏，他却撰作宏文《淳熙内禅颂》呈报给宋宁宗，这封奏章感情真挚、文辞典雅，表明作者关心国家大事，对于国家稳定、社会管理、百姓幸福等事务积极建言献策。文中也饱含着对南宋士大夫推行"仁者之政"的期待，由此可见，王子俊积极学习和效仿庐陵前辈如欧阳修、胡铨、杨邦乂等先贤，把仁爱、勤政和孝义等价值观放在极为重要的位置。

据史书记载，王子俊才华出众，只需看几眼书就能说出书中意思，领悟其中奥妙。虽然他曾几次折戟于科场，未能实现高中进士的愿望，但是他个人品德高洁，对国家、对朝廷、对社会从不抱怨，总是把精力放在潜心钻研学问上，以此来回报国家的培养，回报庐陵前辈的关心。最值得称道的是，王子俊17岁时就撰有《历代史论》十篇，很多大学者都说他的文笔非常老练，根本不像一名青年人写出来的文章，当时杨万里就高度称赞王子俊所写的《历代史论》，说其风格像大文学家司马迁和班固，古文则有韩愈和柳宗元那样的韵味，诗句又有苏轼和黄庭坚那种味道。试想，作为一名青年文人，能得到大文豪杨万里如此高的评价，那是极难得的，表明王子俊的才识确实高，间接印证他平时学习的刻苦。更令人钦佩的是，王子俊不为盛名所累，总是保持谦虚谨慎的态度，从不放松学习，以至他在文学上有较大的收获，比如他撰作的《格斋四六》对骈文的写作要求和格式等基本情况有详细阐述，为后人了解四六骈文的写作提供了重要的帮助，对南宋朝廷政务骈文的写作起到了推动作用。

王子俊不仅对南宋史学、文学贡献卓著，而且对乡梓发展也有重要贡献。1193年前后，他在家乡花园村创建书院，因为书院选址于南岭山地，松树特别多，且依山傍水，故取名松山书院。王子俊积极教导家乡后学，为家乡人才的培养做出了突出贡献。如族侄王长文，号敬斋，好学却家贫，王子俊总是乐助劝学，免学费，赠衣食，助其成才，后"领乡荐，两举免解，授枢密判官"，这些行为正是王子俊敦亲睦族的真实表现。此外，他还积极应邀参加《吉安郡志》的编修，为传承庐陵历史，弘扬庐陵文化做出重要贡献。

仁是中国古代对每一位士人的最基本要求，同时孝也是历代朝廷评判士人的重要标准。王子俊在孝方面堪称楷模，据史书记载，王子俊对父母十分孝顺，每日早晨必须去给父母请安，从不违背长辈的意愿，与家族之人关系十分融洽。在王子俊榜样的引领下，乡里孝顺之风盛行，王氏子弟对家族中的老人非常尊重。至今花园村仍存的《振古堂文钞》中录有《花园村同学会章程》《花园村王氏婚嫁例规》等家规家训，清末民初的王以匡作序说："余房祖三松先生追懋甫、南宾公之芳躅，隐居南山，高自著述，一时周益国公、杨诚斋、朱文公、陆放翁、杨子直辈，乐与之交。"可见花园村王氏受先祖王子俊的仁爱思想影响，村人崇仁厚德蔚然成风。

1165年，父亲王大临去世，王子俊悲痛欲绝。为真正做到为父亲尽孝，他在父母墓旁结青庐守孝，三年足不出户，这是十分难得的。守孝期间，他节衣缩食，拒绝一切外面事务，同时不忘读书，孝心感动乡人。丁忧期满后，他又在老家的南山脚下兴建一个祠堂，用来祭祀自己的祖先。周必大知道后，十分推崇王子俊的行为，给祠堂起名叫"振古堂"，还特意撰写《振古堂记》，记文中说王子俊兴建此堂，不只是为祭拜祖先，更是为教育后代，让他们了解和传承王氏家族优良家风，以此弘扬祖先德行。

　　即便王子俊在科举仕途上没有进展，但是他的才华学识，仁孝品行却得到了广泛赞誉，杨万里和周必大就对他推崇有加。比如周必大和杨万里经常写信鼓励和支持他，一方面为他的不幸境遇感到不平不公，另一方面不断地向朝廷推荐他，希望不要埋没人才，以便他个人能得到更好的发展。有一年，杨万里便给吉安通判聂士友写信，说："我的朋友王子俊，他来看我时说，听说您看到我最近写的诗，里面有他的名字，他非常感激，希望能有机会见到您，看看他是否有更大的发展，希望能得到您的关注。"从信中可知，杨万里希望吉州的长官能关注关心并有机会的情况下重用王子俊。周必大也积极向好友朱熹推荐王子俊，希望朱熹能在学术上给王子俊更多的指导。朱熹在了解王子俊的才学后，对他非常欣赏，鼓励他要"以博取约守之功"。在南山格斋小住时，周必大不仅给王子俊题写"格斋"两个大字，还写有不少诗鼓励他。有了杨万里、周必大等人的推荐，王子俊中年时得到前往四川担任幕僚官的机会，年轻时的抱负也有一定的施展空间。

　　纵观王子俊一生，他早有文名，为众人所推，遗憾的是，他青年时期在科举仕途上始终未能有所斩获，但是在庐陵"文章节义"氛围影响下，王子俊饱读诗书，践行仁孝，获得了杨万里、周必大、朱熹等名家大儒的认可和推崇。王子俊的才学品行，既是对庐陵先贤精神的继承和弘扬，又为构建庐陵"文章节义"的文化基因贡献力量。时至今日，王子俊的仁孝精神、格斋名号仍在庐陵大地上熠熠生辉。

【人物介绍】

　　王子俊（约1148—约1220），字才臣，又作材臣，号格斋，吉水枫江镇下花园村解元坊人，南宋庐陵知名才俊。

（南昌大学　邹锦良）

刘　诜：仁孝沛然天地间

　　刘诜的族源可追溯到汉长沙定王刘发，到南唐保大年间，其后裔刘滔从临江郡获斜迁徙至吉水县南岭，又传六世有刘彦升、刘彦明兄弟俩，因人丁兴旺，刘彦明移居北坑，繁衍子嗣，他就是刘诜的开基祖，今吉水县枫江镇北坑村人。

　　刘诜生于1268年八月。相传他出生时，父亲刘仁荣梦见西晋名臣郄诜"犹桂林一枝，昆山之片玉"名句。郄诜博学多才，他向晋武帝自谦是桂树林里的一个树枝、昆山上的一块美玉，后人以此称誉众美之杰出者。因此梦是吉兆，父亲就为他取单名诜。

　　七岁时，刘诜的父亲亡故。九岁时，南宋灭亡。年少的他虽遍尝兵祸动荡之苦，却仍恪守祖业，坚持习读经史。有一次，他翻阅家谱，了解到北宋集贤学士刘敞、中书舍人刘攽兄弟与自己同宗，常以这两位先祖而自励，更加发奋苦读。他还了解到更多的家族历史，如曾祖父刘黻是南宋有名的太学生，当抗金名臣、尚书仆射李纲遭到张浚弹劾，又被黄潜善、汪伯彦等人排斥时，刘黻与江苏丹阳人陈东敢于发声，伏阙上书，乞求君王挽留李纲而罢黜奸邪。刘诜的祖父叫刘铨，是文天祥的知己，当文丞相毁家纾难时，决心与好友一起勤王保宗社。父亲刘仁荣曾任从政郎、岳州平阳县尉，怀有匡时之志，因不肯迎合权奸相贾似道而终未大用。可看出，刘诜家族是一个有铮铮气骨的世家大族。

　　孝莫大于继承先辈遗志，不坠家声。刘诜刻志家学，勤奋努力。他天资聪颖，明晰经史，辞章挺拔。十二岁时写赋作论，下笔千言，蔚然老成。十五岁为童子师时，有人拿着一本罕见难解的书去诘问他，没想到他彻夜通读，一晚就得其真义，第二天告诉来者，使其羞愧离去。

元初的江南，生活着一大批由宋入元的文人，江西一地，受文天祥的影响，更不乏有气节的文人。刘诜与庐陵诸故宋遗老始终有亲密的接触。他以诗拜谒宋末元初庐陵一代山斗、太学博士刘辰翁，刘辰翁对他的文字大加称许。礼部侍郎邓光荐见其诗赋，异常惊讶，为之作序，并让儿子跟随刘诜读书学习。又如母族、谷村名士李应革，号肯堂，是文天祥同榜进士，官至朝奉郎；李珏，号鹤田，曾任秘书省正字，他们都十分器重刘诜，"以斯文之任属之"，视同自己弟子。曾先之，字从野，宋末进士，与刘诜成为忘年交。此外还有赵文、彭元逊、晏宗镐、梁节、艾幼玉等名流，经常用刘诜所作文章教导子弟。可见，刘诜有大名于乡里，求学者千里裹粮而至，多有成就。

刘诜一直没有出来做官。当初，江西提举肖登泰非常赏识其才华，请他任教乡校，于是他开始移居郡城吉安。后来，肖登泰升任江南行台监察御史，虽又荐举刘诜出任乡试考官，包括尚书郑鹏南以遗逸荐举他，集贤学士文升以馆职荐举他，但刘诜都推脱，没有赴任。

1313年，元仁宗下诏恢复科举，于1315年第一次开科取士。刘诜年近五十，在郡守吴公强劝之下，他赴场屋应试，结果未被选中。元末著名学者危素在给刘诜作传时说，刘诜后来往还科场还有数次，一直没有考中。其中原因，危素认为是当时元王朝正缉拿不屈服元廷统治的南方士人，刘诜只能委曲遂志，不得已才去应试，不然的话，刘诜的弟子，如刘性、颜成子、罗如篪、罗见太等人都在科考中脱颖而出，作为先生的他怎么可能会考不中呢？后人对此说法颇为认同。从他屡屡推脱、不出来做官的角度，其实可看出他的志向，他甘愿于做一名隐士，从而能保全自己的气节，这都是受祖父辈节操的影响，且有家族仁孝文化的基因。

刘诜对待叔父及诸子侄，恪守恭敬友爱之道，面对先世遗留产业，他多有推让。长兄早亡，侄子侄孙幼孤，全部由他抚育成人。次兄郁郁寡欢，困顿于时，他曲尽友爱，从无嫌隙。家族中子弟有可教者，他总是大力奖掖鼓励。朋友、门生经常聚于其门下，他不厌不倦，和颜悦色，但当遇到道义不可侵犯之时，却总是凛然正色。

刘诜高标礼义忠孝，彰显君子仁德。他在吉安兴学记文中说，一个地方重视教育，并不是看屋宇有多么高大气派，门窗多么平整宽敞，而是此地人人向学，以儒家君子为榜样，年少之人以孝悌礼节自我勉励，年长之人以仁义忠信来修身，这才是根本。

刘诜在刘辰翁、邓光荐、王炎午去世后，欣然为这些庐陵文化大佬们作哀悼文字，推扬先辈遗风，痛悼庐陵老成一辈凋零，表现不忘故宋的深情。一次，他亲睹庐陵欧阳守道、文天祥、刘辰翁、邓光荐四君子画像之后，深发感慨，说文天祥名高百代，万古流芳，刘辰翁、邓光荐为大宋坚守气节，足称一代完人，认为他们其实都是受老师欧阳守道品格气节的影响。刘诜为他人诗文集写序、图册画卷谱牒作题跋，赠友人远游、出宦写的文字，往往都委婉告诫对方砥砺向学，张扬大义，或者歌颂对方诗书家法，告诫他们不要忘本，这些都流露出仁者蔼如之风范。

刘诜淡泊名利，常徜徉山水，抒发仁者怀抱。他经常邀约志同道合的三五良朋登高游赏，于春和景明之时，泛舟白鹭洲岛，沐浴和煦的春风，想象和孔老夫子一样"浴乎沂，风乎舞雩"的追求，再登上螺峰山，俯瞰悠悠赣江水，任江风吹拂脸庞，任思绪随江水绵延远方。他心境平和超然，一派自在、自得、适意、畅达的精神审美，颇有圣贤情怀。他还渴望像陶渊明一样，做一个真正的农民，岁时耕稼，闲时读书饮酒，过一种"采菊东篱下，悠然见南山"的生活，完全忘怀得失与荣辱，处处彰显君子人格风范。

他的足迹遍布家乡山山水水。有一次，他同朋友畅游吉安郡城，高兴之余，即兴而作《庐陵十景》，有描写满山绿意、似一道天然屏障的《青原春障》；有描写秋天夕阳斜照，宁静的江水，人家的炊烟和古寺钟响之《神冈晚桥》；有写雪后初晴，遥望螺子山上积雪消融之《螺峰残雪》……尤其《古城秋酿》一首，写蓼花开满了江岸，堤上参差人家，城中的少年风流倜傥，常常渡过江水到对面酒家去买醉的画面，写出了庐陵郡城的生活场景和烟火气息。这十景可以说是一幅幅美不胜收的画卷。

他的诗歌也不乏关注底层、批判现实之作，表现他的仁德爱民思想。

他描写田家辛劳，从早到晚，披星戴月，整日整夜得不到休息，尚且连粥都喝不饱，不仅身体劳累饥饿，而且心里还煎熬着自己在主人那里的赊欠何时能还上，主人也是趁着丰收年，加紧盘剥，田家的可怜、田主的无仁形成鲜明对比。他还有《前采蕨歌》《后采蕨歌》，写饥荒之年百姓的穷苦，只能采蕨菜充饥，真是凄惨哀怜。

值得一提的是，刘诜始终如一的庐陵立场。随着他的名气越来越大，如朝中大臣名儒翰林待制柳贯、奎章阁侍书学士虞集、翰林侍讲学士揭傒斯、翰林学士承旨欧阳玄等都十分敬重他。这些大臣出于歌颂大元王朝、润色鸿业的需要，一致批评元初江西文人不满元朝统治、文风奇怪的诗文，揭傒斯作为江西人，也认为这违背了欧阳修平易流畅之文风，而刘诜在给揭傒斯等人的书信中，直言韩愈、欧阳修的文风是多样的，欧阳修不只是平易流畅的文风，更直言揭傒斯的文风也有倾河倒海的气势，难道能否认他就不是江西之文吗？从这些来看，他是站在江西大格局的立场，尤其是庐陵文学的立场，对批评江西之文的言论进行反驳，表达他对家乡庐陵文化的深情厚爱。

刘诜的文章大家地位得到时人的高度肯定。刘辰翁的儿子、元代著名文人刘将孙称赞刘诜之赋气势磅礴，变化莫测；欧阳玄评价其文无愧于一代宗匠，又称其文温柔敦厚，像欧阳修；明辩广博，似苏东坡，以北宋两大名家与刘诜相类比，足见他在元代中后期庐陵文坛瞩目的地位。名儒虽已远去，但他的道德文章、仁孝品格，永远值得后人铭记。刘诜峨冠博带，从容行走在乡间的背影，将永远耀熠在庐陵文化的史册！

【人物介绍】

刘诜（1268—1350），元代著名诗人，字桂翁，号桂隐，枫江镇北坑村人。幼颖悟，工诗文，颇得刘辰翁、邓光荐等人赏识。讲授乡里，以师道自立。江南行御史台屡荐，皆不应。有《桂隐诗文集》八卷存世。

（云南曲靖师范学院　李超）

解 观：孝义仁爱守初心

　　1297 年仲夏某夜，一阵"哇哇哇"的婴儿啼哭声，从吉水鉴湖南岸大宅院传来，划破鉴湖寂静的夜空，悠扬地在空中荡漾开来——吉水解家又一个新生命诞生。"三朝酒"那天，亲戚朋友、街坊邻居纷纷前来贺喜，县学教谕解应申满心欢喜地抱着自己第一个孩子，心里别提有多高兴。儿子那双明亮的大眼睛，像两颗闪闪发光的星星，东瞧瞧，西瞧瞧，似乎一下子就要把这个陌生而新奇的世界看个够。解应申见此情景，与众亲友道，要不这孩子就取名"解观"吧，期待他今后能明辨是非，仁爱孝顺，有所作为。

　　解观的祖父叫解昭子，精通五经，擅长吟诗作赋，在太学、国子监读书时，课业考核总是居首。当时，贾似道把持朝政，排除异己，独揽大权，为所欲为，解昭子实在看不下去，就事先写好一篇长赋，来到国子监正义堂，振臂高声诵读，怒斥权臣贾似道的荒淫无道。这件事轰动了整个京城，不少人特意来到国子监，想要认识他，说："解昭子是哪位呀，吃了熊心豹子胆，敢招惹贾大人？"贾似道知晓后，大发雷霆，之后百般刁难，解昭子不为所屈，便毅然退学回到家。解昭子侍奉父母、兄长以孝敬闻名；乐善好施，邻里有难，总是慷慨解囊。与文信国、周衡斋、萧陶斋、赵雪窗等人齐名，时称"江右八龙"。

　　得罪贾似道后，解昭子回到家乡鉴湖畔，孝养双亲，课子贻孙，倒也自得其乐。解昭子两个儿子解应辰、解应申均中漕试贡士，后来成为分管教育的官员。八个孙子被称为解氏"八我"，即解缙祖父解真我，叔祖解观我，即解观，此外还有存我、先我、立我、时我、求我、成我，他们或刚直守正，清廉有声；或饱读诗书，坚守道义；或崇文重教，广收门徒；

或潜心学问，著作等身。应当说，祖父解昭子的刚正品德，对解观后来人生观、价值观的形成影响较大，他常对人说，祖父是我学习的好榜样，弘扬先祖精神，不辱先祖就是最高层次的"孝"。

解观自幼机警敏捷，热爱学习，无论严寒还是酷暑，无论干活还是吃饭，都不离书本，祖父解昭子藏书千卷，解观时常独自待在书房里，饿了煮豆充饥，总是苦读诗书。祖父看在眼里，喜在心里，常对人说，我这个孙子呀，如此勤奋苦读，他日成就，必定在我之上。

据《解氏族谱》载，解缙的父亲解开曾做过一个很有意思的梦，梦见自己在吉水县城东门岭遇见一群宋代儒生，他们衣服帽子穿戴整齐，气宇轩昂，解开于是上前施礼，其中一个儒生说："我是宋朝的元晦，听说你们解家有位名叫解观的人，很爱读书，你认识他吗？"解开答道："那是我叔父啊。"儒生听后高兴地说："那你带我们去你家看看。"于是，解开带着这群儒生来到解家大院，只见他们频频点头，互相示意。解开正想把他们领进里屋，倏忽间，儒生们却消失得无影无踪。第二天，解开把梦中情景告诉叔父解观，解观高兴地说，这是上苍对我们解家的眷顾与勉励，我们年轻子弟务必要耕读传家，仁义忠孝。他自己也是更加发奋勤学，名气越来越大，跟随他研究学问的人也越来越多。

1329 年，解观与弟弟解蒙一起乡试中举。1351 年，他又以《易经》中进士。入朝后，与元朝大儒、杰出的理学家、经学家、教育家吴澄交好，吴澄把他视为忘年交，他们一起切磋学问，论辩星历；一起研讨宋史，往往通宵达旦。

1343 年三月，翰林编修危素奉命拟出名单，张罗纂修辽、金、宋三史，且由翰林待制兼国史编修欧阳玄、揭傒斯出任总裁官。他们早就闻得解观才学之名，交相举荐解观参与三史编纂。但是，对于三史的体例，当时朝廷分为两派。一派是以辽、金旧臣为代表，主张以辽、金两国作为正统；另一派是以南方士人为代表，主张以宋朝作为正统。解观认为，修史事关重大，南宋是承继中原儒家之学，理该以宋朝为正统。他向牵头人危素提出，中原文明的核心思想是由尧传舜，舜传禹、汤、文、武，再传周公、孔子、孟子；到汉代，儒学成为正统思想，再经宋代濂、洛、关、闽等学派的传承，再到我朝吴澄、许衡对儒学的传播，可谓生生不息，绵绵不绝。儒家核心价值的渊源，不是在辽金，而是在宋，而大元文化是接续宋朝而来，修史当然该以宋朝为正统。

之后，他积极奔走于实录院、起居院、国史院、集贤院等修史机构，慷慨陈词，据理力争，反复陈述以宋朝为正统的重要性。因元朝统治者是少数民族入主中原，与汉民族有一种天然的隔阂。此外元朝统治者有不少人认为，元是继承金的法统，若要确立正统，该以金而不是宋。解观在力争无效的情况下，又试着找主持修史的危素、揭傒斯和欧阳玄等人，再次陈述说："仁孝伦理，自古以来就是修史的重要价值标准，辽、金文化深受中原文化的影响与熏陶，明显带有儒家文化印记，坚持儒家思想的正统地位，也符合辽金史实。"

此外，解观还起草一份两千余字的奏章，详细阐述坚持以宋朝作为正统的必要，并附载辽、金的修史立场。强调辽朝与元朝没有直接的承继关系，且辽朝史事在《五代史》中已有记载，可以不予论辩；金朝建国在宋朝之后，国家灭亡又在宋朝之前，不能与宋朝相提并论。辽、金、宋三国事体轻重、尊卑分明，无论从宋朝先哲、名贤对后世的影响来考量，还是从宋、辽、金三国存亡历史的角度来分析，都应该坚持宋元相承的正统渊源。

但是，当时掌权的是都总裁、中书右丞相脱脱和总裁阿鲁图等人，他们坚持辽、金、宋三国各为正统，各系其年号，各自成书。在这样的大背景下，解观仍坚持自己的立场，绝不妥协。无奈之下，他只好选择愤然辞官，以示抗议。解观这一正义之举，与他爷爷当年不惧权贵、斥责贾似道的行为有着惊人的相似。在他看来，春秋大义、纲目大法，均是万世不变的准则，始终以自己刚直不阿的言行，捍卫元末南方士人的正统观念和文化立场。

解观一气之下，回到家乡吉水，从此绝意仕途，专心著述。他在居住地附近的虎丘山（今城东）授徒讲学，又在金钗岭（今城北）建东山书院，亲手书写匾额"丽泽斋"。他根据学生的资质禀赋、兴趣爱好的不同，制定不同的教学策略，很多弟子从远地慕名而来。教学之余，他潜心著述，常与二弟解蒙、三弟解泰一起切磋学问，阐扬程朱理学，探究易学精义，三人均成为远近闻名的鸿儒硕学。

元朝末年，各地农民起义军蜂拥而起，社会动荡不安。1357 年九月，陈友谅诛杀倪文俊，杀死徐寿辉，自称皇帝，国号大汉，定都九江。陈友谅早就听闻解观在江西的影响力，多次派遣手下送来聘书，许以高官厚禄，想征聘解观来为他效力，借以吸引江南地区更多的名士为他所用。但解观不为所动，一再拒绝。不仅如此，他还写信给陈友谅，劝他立即停止杀戮，忠告他唯有不嗜杀人，广布信义，厉行节俭，保境安民，才能持久，并取得最后的胜利。可惜，此时的陈友谅恃强而骄，听不进意见。

1361 年，解观病逝于家中，享年六十四岁。侄孙解缙非常钦佩叔祖解观的才学与为人，为他撰写三千两百余字的《伯中公传》。省、府、县志中也都有他的传记。解观身处动乱末世，始终坚守解氏家族崇文重教、持正守节的优良家风，牢记先祖教诲，他以自己的实际行动，表达对祖先的孝思。他不慕富贵，不惧威武，安守清贫，真所谓"大丈夫"也！

解观家教严格，他要求子女不负先祖，不匮孝思。长子元瑞，精通五经，擅长诗赋，品行高洁，崇尚隐德；次子元溥，以贤良征聘为苏州大使；三子元魁，1374 年以贤良征授彭泽教谕；四子元福，太学上舍生；五子元禄，1371 年以贤良授刑部员外郎提刑山东，后升郎中，加敕奉训大夫。五个儿子重德修身，好学上进，个个成才，这正是仁孝家风传递的结果。

【人物介绍】

解观（1297—1361），字观我，号伯中，元末著名经学家、道学家，解缙叔祖。解观涉猎广泛，六艺经传、天文地理、兵训战阵，无不精心钻研，著有《宋书》《天文星历》《周易疑义通释》等。为人刚正不阿，甘守清贫，为侄孙解缙所敬重，解缙深情为他撰写长篇传记《伯中公传》。

（吉水县二中　解寿祥）

刘子钦：孝立特行见风骨

看见"刘子钦"这个名字的时候，我直觉很亲切，于是就将他作为自己描述的对象。究竟是什么原因，却难以具体表达。待到翻阅史书，才知刘子钦虽然贵为进士，关于他的记载却极少。或许在浩瀚的历史长河中，每个人都是一朵不起眼的浪花，很难刻下一道清晰的人生轨迹。我唯有反复阅读不多的史料，渴望从中读出刘子钦人生的某些侧面。功夫不负有心人，结果从中悟出两层意思：一是刘子钦的生命里，曾有过少许高光时刻，一是他的个人性格或者说精神品质的质地比较特殊。

刘子钦的前半生，无疑是高开高走。他出生于官宦世家，曾祖父刘学翁，官至恒山知县；祖父刘奇登，1323 年中进士；父亲刘季道，官至浙江按察金事。可见，他不仅是"官二代"，而且出生在妥妥的书香门第，自幼就接受"忠孝仁义"等传统教育。

正因为刘子钦家学深厚，从小就受到良好的家庭教育，故在 1403 年，高中江西乡试第一名。全省头名，又叫解元，可谓一时风光无双。次年，赴京城赶考，又顺利考中进士，选为翰林院庶吉士，并且参与编写《永乐大典》。这一段历史，清光绪版《吉水县志》在《刘子钦传》中特别注明："选庶吉士，同曾棨二十八人入文渊阁读秘书，赐名敬。"短短数十字，已经在我面前勾勒出一幅生动形象的新科进士志得意满图：二十七名新科进士与状元曾棨一道，在内阁首辅解缙的带领下，昂首阔步，迈向皇家文渊阁。其中的刘子钦，走在队伍前面，神情庄严，双目炯炯，如同火炬一般，目光直射前方。

刘子钦的另一个高光时刻，便是他培养了许多得意门生，比如工部尚书周忱、翰林院侍讲学士周叙，又比如太常寺少卿郑雍言、国子助教罗伯初、广西按察佥事刘长吾等。总而言之，刘子钦虽然高寿，活到八十六岁，可在世人的眼中，属于他的高光时刻并不多，有点岁月蹉跎、官场失意的味道。然而，将人生的 A 面翻到 B 面，我们又能看到刘子钦可贵的人格精神。他以孝立世，以义为重，不贪名利，不恋官位，颇有从宋代就已开始流传的庐陵风骨。

先讲一个史实。王直在《赠刘子钦诗序》中说，与刘子钦是同年进士，都是翰林庶吉士，一同接受太宗皇帝命，在中秘读书。刘子钦学识渊博，写的好文章常常在天下流传，自己实在不如刘子钦。后来，刘子钦离开，做了刑部主事，越来越有名气。再后来，刘子钦被罢官，读书人争先恐后拜他为师，就怕做不了他的弟子。因为刘子钦的文学才华和道德品性过人，状元、大学士曾棨向朝廷推举，希望给予重用。为此，吏部召见刘子钦，问他个人有什么要求？刘子钦却请求说："我老了，不能从政。如果硬要给我一个职务，做一名训导就足够。"吏部侍郎听后，摇摇头，觉得不可理解。但吏部还是按刘子钦的意思，将他派到新淦县做训导。显然，曾棨的推荐，并不是纯粹因为同乡情谊，而是刘子钦确实才学、品性都是一流，在社会上享有盛誉，否则，断然不会对刘子钦轻易地表示信服，为一个罢官者说话。

京城里众官员给刘子钦送行时都有赠诗，后集为一本，邀王直为诗集作序。序言对刘子钦的生平履历做了介绍。从中看出，刘子钦在刑部任职一直未提拔，却因事牵连罢官，远赴广西。哪怕有大学士曾棨推荐，哪怕泰和籍的吏部尚书王直帮忙，哪怕再多的同乡共同挽留，刘子钦依然坚持离京。事实上，赴任新淦县训导后不久，刘子钦即上奏朝廷请求致仕。这既是他不贪恋仕途的表现，更是回乡尽孝的直接体现。他抛弃官位，不光从此不再受官场世俗牵连，还能侍奉父母。特别是母亲曾氏常年想念儿子，也该回家在侧侍候，以免"子欲养而亲不待"。

再讲一个传说。参修《永乐大典》时，有人报告，说大家都在用功，唯有刘子钦，喝醉酒正在睡觉。皇帝大怒，当即命他到工部做吏。刘子钦二话没说，即刻到工部报到。皇帝叹曰："好没廉耻啊！"只好命他速速来见。刘子钦一听，未换衣服就径自上朝。皇帝又惊又叹："好没廉耻啊！"

这个传说出自祝允明的《枝山野记》。无须考证，便知故事就是故事。可是细究一下，为什么这种故事不安在其他人身上，偏偏会安在刘子钦的头上？显然，不贪名利，不贪恋官位，追求仁孝，崇尚节义，是刘子钦固有的性格或是品质，故安在他的身上，较为合情合理，民间也容易流传。倘若安在名利之徒的头上，不但无法取信于民，而且惹人耻笑。

纵观中国历史，特立独行者，在官场往往难以立足。因而嘉靖版《江西通志》说刘子钦"顿挫不显，士林惜之"。还有人发问："刘进士为何如此蹉跎呢？"

不用分析，便知不是因为刘子钦无才。据《粉溪刘氏重修族谱》记载："少警颖，日诵千余言，辄忆不忘，夜读书至旦。母曾宜人忧其过勤，节膏火，不多与。候母寝，燃火复诵，习经史百氏，搜猎该贯，为文立就。"这一段说刘子钦从小就很聪明，每天都要手不释卷，朗诵诗文，而且过目不忘。即使夜晚，也要读书，甚至一读就到天亮。母亲曾氏十分担心儿子，劝道："儿啊，你可不能过于勤奋而损坏身体啊。读书是一辈子的事，得慢慢来。"立孝讲仁的子钦自然不会当面顶撞母亲，微微一笑，道："母亲，您放心，我自会注意。"曾宜人还以节约为名，给子钦的灯油一般都比较少。然而，刘子钦总是待母亲睡着后，重新点燃灯火，苦读勤学。他学习诸子百家，遍览经史子集，见多就会识广，所以他写起文章来总能一挥而就，立马可待。这些藏在族谱里的历史细节，生动具体，栩栩如生，勾勒出一个少年苦学的人生轨迹。还有旁证，如他因事被流放到广西南丹县时，吉水籍人、右都御史熊概曾题写《送刘翰林子钦往柳州》云：

> 莫嗟华发半成丝，曾逐群仙集凤池。
> 才调总知倾后辈，科名还见重当时。
> 子瞻南去应能赋，禹锡西来最善诗。

昨日先君潜德卷，新题读罢不胜悲。

诗中不少词汇充分肯定刘子钦在乡试、会试以及殿试时的突出才华。只是中间因个人性格原因导致仕途不顺。"新题读罢不胜悲"一句透出熊概对同乡被埋没的惋惜之情。其实，他们哪里能够读懂刘子钦的内心呢。在刘子钦的心底，远离朝廷，或许就是远离旋涡；远离官场，或许能够接近父母，符合仁孝的本义。

如果同乡的话不足为信，那么内阁首辅、福建人杨荣题写的《送刘子钦致仕还乡》诗，则更足为凭。杨荣非但很有才学，且位列首辅，但他对一个即将告别官场的人，却以"才名独步重当时""天上曾联列宿辉"等诗句，表达自己对刘子钦才学和品性的信服。所以说，刘子钦的仕途不得志，并非无才所致，而是其个人性情使然，也为当朝权臣所不容。作为明初永乐朝的知名政治人物，刘子钦也是庐陵士大夫的优秀代表。他性格耿直、不老于世故、不随波逐流，实为当时官场的一股清风。无论与他有关的史实或传说如何，都表明刘子钦的血脉里始终流淌着庐陵文化的基因——"文章节义"，永远值得我们仰望和礼赞。

我曾想去刘子钦的出生地看看，却发现有人为此有过一番争执。依据明代刘应秋、刘同升父子称他为族祖的说法，有的便推定他是枫江镇南岭人。但是据《粉溪刘氏重修族谱·季道公由瀤溪徙横山世系》载，刘子钦先祖先后经历"永丰瀤上—吉水常海（即南岭地域）—醪桥镇坝溪—八都镇黄铜坑—双村镇横山"的迁徙，到吉水时开基祖的名字为刘崇，由此可推定他实为双村镇人。只可惜，由于1958年在双村镇新建一座中型水库，大坝就坐落于横山村东南边，致使该村不复存在。为此，我只好取消探访刘子钦出生地的计划。

来到吉水前，我在心里为刘子钦画过一幅肖像。他，中等身材，偏瘦，但脑袋奇圆，五官端正，这些都是大众化的特征。唯有他的双眼，充满智慧和情义，分明一只写着"仁"，另一只写着"孝"，而且目光如水，清澈可鉴。前不久，我还是来到吉水，开始实地追寻刘子钦的足迹。即使年代久远，"悲风萧瑟君已去，消失踪迹如云收"，也仍然需要"走一走他走过的路，吹一吹他吹过的风"。

【人物介绍】

刘子钦（1368—1454），本名敬，字子钦，以字行，号密庵，江西吉水人，明朝永乐二年（1404）进士，选庶吉士，预修《永乐大典》，授刑部主事，坐累谪戍广西。洪熙年间，起为江西新淦县学训导。后居家授徒，门多才士。著有《横山集》二卷。

（万安县政协　郭志锋）

张宗琏：仁者长存烟霞里

张宗琏是明朝初期吉水县文昌乡西团里人，即今水南镇西团村。水南镇位于吉水东南，泷江蜿蜒穿过，为这方盆地带来丰富的滋养和厚重的积淀。由于群山环抱、地理位置相对闭塞，加上水土丰沃、崇文尚学，水南镇自古人才辈出。明朝时，带源村人王艮殿试考得第一名，建文帝见他长相不太好，便把状元赐给胡广，将王艮选为第二名榜眼，但家乡人仍称王艮为"状元公"。后来，店背村刘俨、泷头村彭教也中得状元，由于三个状元的村子都处在官道旁，按古代路程计算，距离约为五里，便被誉为"五里三状元"。

仁者乐山，智者乐水。水南镇美丽的山水风光和厚重的人文底蕴，对张宗琏的幼年成长乃至人生经历产生了重要影响。纵观张宗琏的一生，他才学出众，品行高尚，做官能宽仁施政，替百姓着想；做人能坚守正道，保持正直善良，因此得到很多人的赏识。据《明史》记载，1425 年，明仁宗朱高炽下诏让群臣推荐有政绩的地方官，礼部郎中况钟推荐在京城做官的张宗琏。明仁宗问少傅杨士奇："别人推荐的都是地方官，况钟推荐的却是京官，这有何缘故呢？"杨士奇答道："张宗琏的确是一位德才兼备的贤臣，我和侍读学士王直也准备推荐他，不料被况钟抢了先。"明仁宗听后很高兴，笑道："既然大家都说张宗琏贤德，况郎中先说又有什么关系呢？况钟能知道张宗琏贤德，也是贤才啊！"于是下旨擢任张宗琏为南京大理丞。实践证明，况钟、杨士奇没有看错，张宗琏为官清正，爱民如子。即使被贬任常州同知时，张宗琏也没有怨天尤人，而是将妻子儿女安排在水南老家，只身赴任，为常州百姓办了许多实事。病危时，医生来为

孝思遵宝训

第三辑

他看病，家里连灯烛都没有，仆人向邻居借来一盏油灯，张宗琏叫仆人立刻归还，到死他也没和家人见上最后一面。连《明史》编纂者都不得不由衷感慨：其清峻如此！

生于水南、长于水南的张宗琏，之所以养成这种品格，也与他父亲从小对他的严格教育有关。其父叫张彦忱，自幼不凡，七岁就能博闻强记，九岁就能下笔作文，喜欢听家乡老者谈论古今豪杰的故事，听到精彩之处，常常热血沸腾、眉飞色舞。张彦忱十二岁时，由于张家还算富有，经常有土匪打主意想来抢劫，彦忱便对父亲说，土匪们觊觎我们家的财产，不如我们将财产散给贫民，打消土匪的念头，这样一来，一举两得，其父欣然从之。张彦忱为人豪爽，崇尚节义，与人喝酒喝到酣处，喜欢诵读《出师表》和《春秋左氏传》。教育子女严而有法，与邻里相处和睦。有人想举荐他当官，但张彦忱以孝敬老人为由不愿出仕。

有一年，水南一带闹瘟疫，张氏族人中有一家人全都染疫，卧床不起，亲朋好友都避之唯恐不及。张彦忱看他们可怜，亲自准备汤粥，每天去看望三四次，有时披星戴月赶夜路加以照料。有人劝他不要这样做，以免自己染上瘟疫。张彦忱却说："连树木都知道助人以阴凉，人与人之间怎么能见死不救呢？我做我的好事，鬼神也应该拿我没办法吧。"

父亲豁达仁爱、尚义孝亲的品格，通过血脉遗传到张宗琏身上。可惜的是，张宗琏九岁时，三十六岁的张彦忱就已去世，但少年张宗琏永远忘不了父亲严厉的教诲，忘不了父亲对人友善的眼神，更忘不了父亲在乡人心目中留下的好名声。父亲对张宗琏的影响是巨大而深远的。多年以后，张宗琏在升任大理寺右寺丞之际，恳请吉安老乡泰和人杨士奇为父亲写下墓表，以慰父亲在天之灵。

张宗琏考取进士后，先任刑部主事，后到广东、福建等地，一直从事司法工作。在工作中，他断案公正、不徇私情，还能宽仁待人，体谅群众疾苦，为百姓发声。1426 年，朱瞻基刚刚登基不久，为整治军伍缺额严重的弊病，朝廷从吏部拟选派十五人下到基层开始清理天下军籍。军籍和民籍，是明代老百姓的两种户籍类型，因为两种户籍的税收政策不同，所以经常有人钻空子冒充军籍，以图减免赋税，或者以军籍冒充民籍，以图减免差徭。原本在福建查核军籍的张宗琏，因为奏事得罪朱瞻基，被贬为常州府同知。

当时负责查核江南军籍的官员是御史李立，张宗琏作为副手，负责协助李立的工作。李立听信一些人的不实之词，抓了很多无辜的平民，把他们强行充到军籍中。崇尚仁恕之道的张宗琏，看不得这种蛮横作风，看不惯这种荼毒百姓的作为，他为民请命，仗义执言，惹得李立大动肝火。张宗琏没有办法，干脆伏地请求李立对自己施以杖刑，说"我愿意代百姓去死"，不久之后，张宗琏病逝于常州。

《明史》描述张宗琏的死是：心积不平，疽发背卒。按照古代中医的说法，疽是一种毒疮，乃五脏不调所致。这种毒疮有生在头上的，也有生在脚上的，还有生在背上的。生在其他地方，还有治愈可能，唯有生在背上，似乎成为一种绝症。历史上得这种绝症的人不少，被项羽气得半死的范增得过，仕途不得意的孟浩然得过，壮志难酬的宗泽得过。他们无一例外都因为疽发背而卒，而且在死之前，都有一段忧愤成疾、心积不平的时期。归根结底，张宗琏死于心积不平，"疽"只是一种名义上的病症。让他不平的，并不是自己的官场际遇，而是百姓的不幸遭遇。

张宗琏出殡之日，常州百姓穿白衣为他送葬的有一千多人，老百姓还自发捐款为他在江阴之北的君山上修建祠堂，取名张侯祠。张宗琏成为常州人心目中的神。时间很快就到了两百多年后的嘉靖年间，祭祀张宗琏的神庙被毁。万历年间，大名鼎鼎的徐霞客出于对张宗琏的敬仰，奉父母之命，花数年时间，自筹资金，往返奔波，重建了君山神庙。徐霞客一生好作山水烟霞游，在最后一次西南游的过程中，他专程来到吉水，目的就是为了寻找张宗琏的后人。

1636年某个冬夜，徐霞客找到住在吉水南门的张君重、张伯起父子。在交谈中，他了解到，张君重、张伯起父子这一支张姓，因祖上无人金榜题名，修谱时附于张宗琏一族，其实并非同宗。张君重还向徐霞客介绍，自己的曾祖张峻在嘉靖年间曾经做过常州别驾，且附祀于张宗琏祠。对此，徐霞客持怀疑态度，因为张宗琏祠并不在常州，而在他的家乡江阴。当然，雨夜走访，并不是毫无结果。确切的消息是，张宗琏后人不住吉水城内，而在城南五六十里外的文昌乡西团村，于是，徐霞客继续登舟沿赣江西南而行。

十二天后，徐霞客在辗转游历了大东山、天玉山、嵩华山后，终于在十三日找到西团张氏，见到张宗琏的后人张淮河和张二巫。接下来的几天，张淮河、张二巫代表张氏族人十分热情地接待了徐霞客，一连数日设宴款待他。可能是吉水的水酒喝得有点过猛，徐霞客这几天的日记大都是寥寥数语，没有细节。直到十八日，张淮河、张二巫才开始陪徐霞客同游周边山水。二十一日，回到吉安府。

这次徐霞客在吉安访张宗琏后人，前后花去二十多天时间，占了四十四天吉安游一半的时间。徐霞客访张氏后人，既了结了夙愿，也留下终身遗憾。因为徐霞客旅行到湖南湘江时，遇到劫匪，在一片混乱中将张宗琏的《南程续记》遗失。按照徐霞客的说法，《南程续记》是宣德初年张宗琏在广东做官时亲笔手书的遗著，被家族珍藏两百余年，徐霞客向张氏后人苦苦恳求才得到。得之不易，失之痛心！

张氏后人将张宗琏的著作珍藏两百余年，可见族人对他的推崇和尊重。这也再次证明一个颠扑不破的道理：仁者无敌。以仁心对待百姓，必然永远活在人民心中。

【人物介绍】

张宗琏（1374—1427），字重器，吉水县水南镇西团村人。明永乐二年（1404）中进士。选为庶吉士，历任刑部主事、左中允、南京大理丞等。宣德元年（1426），赴福建理军籍。次年，因奏事忤旨，谪常州同知，后卒于任上。

（吉安市政府办公室　胡建红）

解祯期：翰墨一生报恩情

2023 年秋，北京保利拍卖行，一件行书手迹宋之问《明河篇》受到藏家的高度评价："笔法近《兰亭》，笔姿潇洒流丽。经知名鉴藏家陆树声收藏著录，传承有自，其价值不言而喻……不仅是一件造诣极高的书法作品，也是补充江西文化和明初书法史上的重要实物文献……"这件书法手迹的作者，就是被誉为"明初天下第一书"的书法家、吉水县人解祯期。而随着研究的深入，其报答叔父解缙恩情的感人事迹也重新为世人所认知。

解祯期的父亲解纶，饱读诗书，中得进士后历任礼部主事、御史，但因性格过于耿直，不适宜官场，自己要求去担任应天府教授。母亲欧阳晚，知书达礼。这样的家庭氛围，让解祯期得以健康成长，并为今后成才打下基础。

而影响解祯期最大的另一个人，则是他的叔父解缙。1388 年，年仅十九岁的解缙凭着天赋异禀加勤奋苦读，轻松考中进士。他的书法和文章得到朝中官员的一致称赞，连明太祖也非常喜欢他。然而由于个性的原因，被朱元璋安排回老家历练，说是继续学个十年八载的，再回朝廷，到时大用。

回到吉水的解缙经常到兄长解纶家来看书，此时的解祯期才九岁，正是入书塾启蒙的学习阶段。自然，解缙成为解祯期重要的启蒙老师。从此，叔侄俩在吉水鉴湖边，朝夕相处，先后达八年之久。解祯期从九岁到十八岁，正是人生成长的最关键年龄段，学问和书法受解缙的影响之大，可想而知。

1405 年，年仅二十三岁的解祯期迎来机遇。明成祖很有抱负，"锐意文艺"，要求全天下的读书人，学文学的就必须像韩愈、柳宗元，学书法的就必须像王羲之、王献之。而太子朱高炽也很喜爱书法，以至于皇帝专门开科招考"善书者"。这个仿佛是专门为解祯期而设的，考试消息被解缙传回吉水，解祯期欣然前往，不出意外，凭借叔父解缙的书法教育，解祯期"选为天下第一人"（被后人誉为"书法状元"），受到永乐皇帝的赞赏，还安排到太子身边，陪伴研习书法。后人评价说，朱高炽的书法成就很高，与解缙、解祯期叔侄的"研习"之劳分不开。

恰巧，明朝设立内阁制，此时已回朝的解缙重新得到重用，被委以组阁重任，需要招揽大批年轻能抄善写的知识分子充作文员。解祯期本来就以书法而闻名，又有叔父解缙的呵护，年纪轻轻就被选入内阁办差，并兼任与太子研习书法之职，可谓是春风得意。不幸的是，解祯期任职才几个月，母亲欧阳晚去世。他只好辞官回吉水丁忧。临行，解缙作《送侄祯期还家》诗赠别，叔侄俩备受永乐帝重用乃至被宠爱的喜悦之情，前程似锦之希冀，溢于诗章间。

然而，天资聪慧的叔父解缙，在人情世故的处理上却是"一团糟"，他竟参与讨论老朱家的"私事"——立太子，为此仕途屡屡受挫，一贬再贬。即使他被一贬再贬，却又"不适时宜"地提出开凿赣粤大运河事宜。1410年五月，解缙因公回到南京城，永乐帝因带兵北征蒙古旧部，一时半会都不会回来，由太子朱高炽监国，出于朝臣之礼，解缙探望太子后便离开宫廷，回到京城家中闲居一段日子。那时解祯期已在京城做官，长兄解纶也得知消息，一家人很高兴地来解缙家探望，叔侄俩又得以相聚，一起挥毫泼墨，兴趣甚浓。解缙乘兴以草书题写几首在广西吟作之诗词送给侄子，并写下跋语，交流书法之道。庆幸的是，解祯期将叔父解缙的这些书法作品传至后世。待永乐帝回京，政敌朱高煦搬弄是非，说解缙"私觐太子，无人臣礼"，引发朱棣震怒，不久后即被逮捕入狱。直到1415年二月二十二日那个雪夜，解缙喝下宦官纪刚送来的酒，随后就不明不白地死在雪地里。

解缙屈死后，永乐帝仍不解恨，将其家族十八房所有亲属，男男女女，老老少少，一并株连定罪，流放到山海关外的辽东，发配戍边。在这拨发配充军的落难族群队伍里，就有解缙的侄子解祯期。男男女女，老老少少，百来号人，在荒凉的边境，如何生存？解祯期因是任实职之京官，年富力强，见多识广。尽管他也有万分的震惊和困惑，但唯有他能尽量平复大家的惶恐，极力地表现出处乱不惊。在那些悲惨充军的日子里，他为维系解缙整个大家族的命运，起到了顶梁柱的作用。

一直到永乐皇帝驾崩，太子朱高炽即位，解氏家族的命运才得以"转圜"。明仁宗意识到解缙的真心忠诚是被老皇帝及其奸臣们曲解，并念及这对叔侄的书法交情，颁发特旨："解缙的家小……去都开豁他军伍，着他侄解祯期送家小回原籍，了却赴京来。"

就这样，解祯期率领解缙家族一众老小先回到京城，暂且安顿一下。解祯期拜谢皇帝，皇帝见到昔日共同研习书法的解祯期，大喜，不仅嘘寒问暖加以安慰，还下旨："解祯期除中书舍人，与他脚力，送家小回家，便来翰林院办事。"有皇帝的特旨，有沿途官员的关照，解祯期尽心尽职充当"保姆"，顺利地把一众老小送回到吉水老家。随后，回到内阁，继续当差。他奉诏参与编修《明太宗实录》《明仁宗实录》等书，并如期全部完成。

身负中书舍人的朝廷重任、整日忙忙碌碌的解祯期，时刻不忘叔父的教育、提携之恩，他持续为叔父解缙鸣冤叫屈，期待着为叔父平反昭雪，为解氏家族的复兴而奔走。那时，解氏宗族并没有完全被赦还，还有一些在军中成伍。为此，解祯期一刻也没有放下心，他会同族弟一道，继续向有关部门陈情恳求。直到第二年，皇帝再次被解祯期的"仁孝"所感动："念你叔侄这般情深，古来少见，且依了你这份仁孝罢。"于是又颁发特旨，将解缙家族当年被充军辽东的一大家族十八房人，全部赦免，许归故乡，解氏家族的人总算全部从辽东回来了。

然而，一直到1435年，家族被没收的家产仍没有得到归还。而没有家产，何以生计？为此，心急如焚的解祯期安排堂弟解祯亮入京周旋此事。几经周折，终于得到明英宗恩旨："既是军伍都宥免，这房屋田地山场都与他，下不为例。"由此，解氏家族的财产得以全部归还，而且解缙之子解祯亮也被朝廷恩授官职。

此时的解祯期意识到，为叔父修墓立碑、墓前告慰先人的时机已经成熟。而如果能请内阁首辅为叔父"盖棺论定"，也许是对叔父最好的报恩，给叔父最好的安慰。于是他安排亲属进京找到阁老、吉安老乡杨士奇。杨士奇悲欣交集，既为解氏家族得到赦免而高兴，又为解缙的冤死感到无比的悲痛，泪眼婆娑地，很快撰成一篇悲怆感人的《故交趾布政司参议解春雨先生墓碣铭》，深情地悼念这位吉水旷世才子。

其实，早在1433年九月，解祯期就因为眼睛患病，向朝廷请求回老家养病，于是明宣宗下旨准许："依解祯期回去，医好再来。"泰和人、吏部尚书王直作《赠解祯期诗序》，赞扬解祯期的书法"超诣精到"，又叮嘱他专心养病，好生吃药，病愈后赶紧上班。解祯期在吉水老家养病，但经历过因叔父而导致的太多家族变故，看惯了官场的凶险诡谲，他已经心意索然，不愿再回朝为官，即便眼疾治愈，也不愿复朝。1442年，朝廷下诏，要求所有以"居家养病"为由的官员入京返岗。解祯期虽反复呈请，却不得允许。无奈之下，他只好进京面见皇上，哀求陈情，才得到朝廷批准正式致仕回乡，从此纵情吉水的山水田园，享受着含饴弄孙之乐，沉浸在汪洋恣肆的书法世界。

解祯期一生官位不高，在京时间也不长，却花二十余年的时间，持续为蒙冤的叔父解缙奔走呼号，以自己的忠诚和政绩感动朝廷，终于使蒙冤而死的叔父得到公正对待，使落难的家族得以返乡进而振兴，完美地诠释了"仁"和"孝"的儒家经典，进一步丰富了庐陵文化中的"节义"内涵。

【人物介绍】

解祯期（1382—1450），讳庄春，号云庵，吉水县城鉴湖畔人，解缙亲侄。自小受解缙教育，善书法，不失春雨门风，"以书学选为天下第一人"，历永乐、宣德、正统三朝，终官大理寺评事、中书舍人。为传承仁孝家风，解祯期持续为蒙冤的解缙平反而奔走呼号，是解氏家族中兴的关键人物之一。

（吉安县政协 欧阳和德）

廖　庄：功名富贵任沉浮

　　吉水县乌江镇渔梁村，有一座占地一千两百六十平方米的廖氏大宗祠。在土地革命时期，这里还是著名的"乌江战斗"红军将士聚集地，而这座由九十九根立柱建成的砖木祠堂，是明代天顺年间朝廷为表彰忠节廉臣廖庄而建。

　　廖庄生于 1403 年，字安止，号东山居士。1430 年高中进士，入翰林院被选为庶吉士，二十七岁就在宣德皇帝朱瞻基身边负责起草诏书、讲解经籍等事务。1435 年，宣德皇帝逝世，由年仅九岁的儿子英宗朱祁镇登基，年号正统。时年三十三岁的廖庄被授刑科给事中，辅助年幼的皇帝处理政务，监察六部，纠弹百官。无论是国家政令之得失，还是朝廷官员为人及品格之优劣，刚正无私的廖庄都毫无保留地向朝廷汇报，朝廷官员们对他很是敬畏。有一次，御史元亮上书皇上，请求朝廷按照诏书所说的去宽免边防军队侵吞的粮饷，按察使龚锤也请求朝廷要按照诏书宽免那些没有捉拿到的盗窃犯，可是朝廷官员不去执行，为此廖庄对英宗皇帝说，诏书代表朝廷，理应言而有信，最后英宗还是采纳了廖庄的意见。

　　1440 年，朝廷命令所有京官到各地救荒赈灾，召回因灾害背井离乡的百姓立即返回原籍居住。廖庄却担心此举更让灾民苦不堪言，又向朝廷建言，宽免受灾州、县的税收和纳贡，至秋时灾民收割粮食之后，再让其迁回原籍。皇帝认为其言有理，又采纳廖庄的良策。面对灾情最严重的陕西，廖庄深入了解情况后，将赈灾物资按轻重缓急逐一发放。因赈灾有法，其管辖的灾民都得以幸存。廖庄又结合各灾区情况，向朝廷提出防灾减灾、体恤灾民等治国富民的九条措施，这些措施都被采纳并推广。得到褒奖的廖庄与御史张骥共同管理大理寺事务，被授予左寺丞。

同年，已是高龄的内阁首辅杨士奇因疏于对家人的管教，其子杨稷在家乡犯下多桩人命案，依律必斩。而朝臣和乡僚们要求主管刑狱的廖庄考虑杨公的威望，于是廖庄先将杨稷下狱，向皇帝请求"法外开恩"。一年后，杨士奇病逝，廖庄立即请示朝廷将杨稷斩首示众，以正国法。

多年来，刚正不阿的廖庄常遭人诋毁，出于保护，英宗只好将廖庄调往陪都南京任大理寺左少卿。两年后，有个名为陈珧的奸人与亲戚贾福争夺官位。陈珧暗中送礼给侍郎齐韶，齐韶则将原本属贾福的官职给了陈珧。廖庄发现后，对齐韶严厉驳斥。恼羞成怒的齐韶将贾福捶打致死，齐韶被捕。此时，陈珧又跳出来诬陷廖庄，结果陈珧、廖庄两人均被关进监狱。审案时，齐韶的其他罪行被揭发，也被斩首示众，暴尸街头。廖庄被无罪释放，且官复原职。

连年地震、雪灾、旱涝等异象频发，代宗于1454年春诏告天下，欲求防灾祈福的谏言。这年四月，廖庄在南京写信给代宗：我以前在朝廷为官时，亲眼看到您的兄长英宗即位之初，派正副使来册封您。逢年过节，都会命我们这些朝臣来东庑拜谒您，当时的上皇对您的恩礼仁爱是多么的隆重，我们也感叹上皇与兄弟间的感情之深厚。而现在，希望皇上您在日理万机中抽空去见一下兄长，或论家法，或商治国之道，平时也让我们这些群臣去见见他，这样太上皇之心有所慰，祖宗在天之灵也神安。天地神安了，灾害也就不频发了。再说，太子是天下之本，太上皇之子也就是您的儿子，您应当让他亲近儒臣，学习策论，这样也可以等待您的儿子诞生，您仁孝之举可使天下臣民都知您有公天下之心，这难道不是一件美事吗？再说，天下是太祖、太宗的天下，是仁宗、宣宗继承大统守成的天下，现在您拥有天下，应时刻想到祖宗创业之艰难，想想怎样收取天下人心。近年来，日食、星变、地震、山崩、水灾、雪灾等灾异叠见，我认为消除灾害招来吉祥之理就在这里！看完廖庄的奏疏，代宗勃然大怒，因其远在南京，也不好治他的罪。一个月后，官员钟同和章纶也应诏呈报此类奏疏，被点到痛处的代宗大发雷霆，将两人入诏狱严刑拷打。

次年八月，廖庄的母亲黎氏去世。按照朝制，回家葬母守孝，需先有皇帝勘合。于是，廖庄赴北平，在东直门拜谒代宗景泰帝，代宗想起奏疏之事，当面大骂廖庄平时狂妄，目无君主。于是将廖庄捆缚在西直门刑杖80大板，想置其于死地。这时，内阁大臣商辂不顾个人安危，对监官王诚说，廖庄是刚正直言的谏臣，自古就有杀谏官不祥之说，朝廷如此行事，以后再难有朝臣为社稷安邦直言。最后，代宗做出让步，但不许廖庄回乡守孝，并贬至甘肃广河任驿丞。余怒未消的代宗又下令将狱中的钟同、章纶各刑杖一百，结果钟同被打死，章纶被打残。

贬至广河后，廖庄化悲痛为力量，勤于政事、躬身为民，虽连降官级，但威望日盛。时任刑部主事的吉水进士黄瓒，因揭发御史王振的干儿子周新董贪污南京粮税，被周新董诬陷调谪辽东，含冤离世。为了匡扶正义，廖庄带领同朝老乡连续上奏代宗，最后，朝廷终于为死去的黄瓒平反，允许黄瓒的后人将其迎回固山老家归葬。

1457年正月，景泰帝代宗病重，英宗重新当上皇帝，改年号天顺，廖庄也诏回官复原职。离开广河时，定羌驿的百姓为这位深受爱戴的官员廖庄建生祠并立碑，并雕其小像于碑上，还极力要求廖庄题词以作纪念。盛情难却的廖庄于是写下《自赞》词："身不甚长，貌亦鄙野！求仁未能，守义不舍；其荣也，升大理寺之卿；其辱也，受西角门之打；然忠心在乎朝廷，故虚名遂闻于天下！"经历宦海的沉浮，看淡了功名富贵，廖庄的一生伴随着明朝的风风雨雨而起落飘摇，品读他的《自赞》文，足见这位忠节廉臣居仁守义、宠辱不惊的风骨气质。

1460年，廖庄的父亲去世，朝廷特许他回家祭葬。廖庄回到渔梁村，十里八乡的父老乡亲都想一睹皇帝身边这位"劲节孤忠，足以震一世"的朝臣风采，翰林侍读、安福人吴节描述了乡人拥挤时的场景。同朝好友理学家薛瑄为《渔梁廖氏宗谱》作序说，廖庄为人坦荡，且宽厚好学，我和他同朝为官，知道他的为人。

守孝期间，廖庄常至村东的崇桂书院讲学，且题有《醉轩诗》云："家住金滩滩头上，轩窗幽绝面清流。消愁须仗樽中酒，伴醉偏宜水际鸥。泉石烟霞供啸傲，功名富贵任沉浮。年来开说霜沾发，一饮还能一石不？"他还专程至富田拜谒文丞相祠，写下"宋主可怜奔向海，文山尤自耸擎天"的诗句。

守孝期满，廖庄重回朝廷，生性豪迈的他常与一些好友欢聚游乐，为此遭御史弹劾，向皇帝说他身为高官，不拘小节，应立即引咎辞职。还有人提醒廖庄作为朝廷重臣，要注意形象，减少不必要的交往，以求避嫌，但廖庄回答说，古人有名言"臣门如市，臣心似水"，但我为人处事问心无愧。成化帝对弹劾廖庄的御史说，廖庄这人性情刚直，心怀坦荡，虽不拘小节，但大节可取，于是特升任廖庄为刑部左侍郎。

1466年，廖庄突发疾病，不久去世。由于他生前常常用俸禄救人于急难，而到逝世时家人连安葬他的钱都没有，好友们纷纷捐资捐物，好让这位廉臣入土为安。廖庄离世后，朝廷封赠他为刑部尚书，谥号恭敏。状元彭教为其撰写生平事迹，并呈交宪宗朱见深。宪宗特意委派商辂、彭教、吴谦、虞谦等朝廷官员按礼制来到渔梁祭葬。相传，宪宗考虑到廖庄三十多年来在司法部门为官，无论达官贵人还是平民百姓，只要触犯了国法，他都依律处置，可以说，敬畏他的人虽多，但恨他的人也不少，为确保安葬后不被仇家扒坟，朝廷特交代祭葬官员依宋代名臣包拯的出殡法，为廖庄制定七副棺木同时出门，选七处坟地下葬，以防掘墓。而痛失忠臣的成化帝朱见深还为廖庄的墓志写下一段铭文，且被渔梁村《廖氏族谱》收录。

【人物介绍】

廖庄（1403—1466），字安止，号东山居士，吉水县乌江镇渔梁村人，宣德五年（1430）进士，官至刑部左侍郎，卒赠尚书，谥恭敏。集文章节义于一身，能诗，善行草书，著有《东山居士集》《渔梁集》。《明史》《江西通志》等均录有廖庄传，河南省纪委将廖庄的事迹写入《漫话廉政故事》。

（青原区河东街道办　廖国远）

彭　教：才学渊博孝感天

吉水"五里三状元"之说虽有两种，但通常是指文昌乡的刘俨、彭教、王艮三人。能中状元者，其才华当然出类拔萃，其故事也都带有传奇色彩。在吉水历史上的状元中，彭教的才华也是无与伦比，却命运多舛，其孝德更为感人。

彭教，字敷五，先祖是南唐英豪彭玕，彭玕之孙彭国俊居永丰沙溪，得到欧阳修父亲欧阳观的亲自训导。祖父彭不同，父彭汝弼，都饱读诗书，在外为官。相传彭教出生那天，父亲所任职的祁门知县颜公做了一个梦，见一轮红日光耀天下，冉冉落于县城学宫，觉得十分奇异，便告诉夫人。夫人说，那一定是彭夫人分娩了，之后一打听，彭家果然生得一儿子。彭教在兄弟中排行第五，为何父亲要取这样一个名字？据说取义于《尚书》中"敬敷五教"之意，对待"父、母、兄、弟、子"要以"义、慈、友、恭、孝"常教之，足见其父在名字中就要植入"仁孝"种子。

关于彭教的聪慧过人，有多个史料记载，更有许多传奇的民间传说——出生时就带着"红日耀满天"，预示他将出人头地。在幼年时，就有过人的智慧。父亲前一天指着匾额"斋堂"二字教他，隔天再指时，他就识得，屡试不爽。四五岁时开始学诗，只需教三遍，就能背诵。八岁开始作诗，诗中常有奇句，让人惊奇。十岁时日抄笔记数千字，而且能基本理解其中的大意。他博览群书，好与古人自比，评论古今人物，都有自己独到的见解。稍大一些的时候，彭教与表弟罗伦到水南泷江的文昌书院读书。与此同时，父亲常对彭教讲授"修身齐家治国平天下"的理念。他特别喜欢听古人强国富民、为朝廷出谋献策的故事，如齐国管仲的改革、秦国商鞅和宋代王安石的变法等。在父亲的悉心教导下，彭教志存高远，自信地说："我长大要考状元，要为皇帝出谋献策，为治理国家尽心尽力！"

年少的彭教以过人的才华，得到县、府、省等多名贤达的赏识，破格获得邑庠生的资格。1459 年，彭教以《书》经登江西乡试第一，称为解元。第二年，彭教赴京参加会试。当他路经河东滩头村，当地名士陈铨以诗赠之：

> 总角才名功荐绅，果然唾手立登津。
> 明朝北阙三千字，今日南州第一人。
> 久看题名魁雁塔，还应听履上星辰。
> 老夫拭目螺川望，早作甘霖泽万民。

带着全家、全县人民的期许，彭教信心满满，一路高歌猛进。相传，他 1463 年赴春试途中，又有种种传奇故事，最感人的是"还钗救女"故事。那年某日傍晚，他与仆人在一家旅店投宿。刚入店，店旁邻居楼上有人将一盆洗头水倾倒而下，一枚金钗随水落地。仆人随即捡起金钗，将它藏入怀中。离店走了十多天，彭教所带的盘缠不多了，仆人拿出捡到的金钗，要去市场上变卖以充盘缠。彭教心里感到很奇怪，便追问原委，仆人只好如实相告。彭教听后命仆人立即返回，将金钗交还给失主。仆人说："如果去送还金钗，就要耽误半个多月，这样会使您赶不上考期。"彭教却说："金钗是女子受赠之物，如果丢失，父母邻人会疑心她是私赠给别的男人，弄不好还会出人命。"仆人提出能否在返回时交还，彭教厉声说："我赶考求功名，此行固然重要，难道就能贪小利而忘大义？这是人命关天的大事，一天也不能拖延。赶快往回走。"仆人无奈，只好随主人返回。事情果然如彭教所料想的那样，失主是一位待嫁闺女，丢失金钗后正受别人猜疑，正整日以泪洗面，哭闹着要上吊自杀，惶惶不可终日。彭教赶到后，解释此事，还回金钗，证以清白。如此一折腾，待彭教等赶到考场时，会试期已过，没有赶上考试。碰巧的是，那年礼部会试时贡院发生火灾，还烧死九十多人，他侥幸逃过了一场劫难。

清风吉水

那年八月，朝廷重新组织会试，彭教得第二名。1464 年三月，彭教参加殿试。在《御试策》中，彭教熟练地运用自己出色的才华、父母从小教导的"仁义礼智信"理念、雄浑典雅的辞藻，以"仁"和"修身"为宗旨，再予破题和入题。这样的答卷当然赢得考官的赞赏，连英宗皇帝看后也是欣喜得才，亲自擢为第一。三月十七日，朝廷颁布诏书，彭教夺得第一甲第一名，为状元。中得进士第一名后，彭教当即被授翰林修撰，预修《英宗实录》，进侍讲学士。他翻阅资料，兢兢业业埋头苦干，编校精勤，顺利完成《实录》的编撰任务，得到皇上的褒奖。

人臣之"仁"，在于为国分忧，为民解难。明天顺年间，蒙古不断南下侵扰，朝廷内部腐败，官员争权夺利，贪污受贿，侵吞军饷，扰害民生。皇帝偏信宦官，沉溺酒色，国家危机日渐深重。彭教的状元梦虽已实现，并没有忘记报效国家的初心。他大胆提出改良意见和治国之策，向皇上呈送《说命篇》，对如何安邦治国、巩固边防、惩恶除奸，提出许多好的建议和良策。1467 年，彭教进职儒林郎，晋升为翰林侍讲，又先后主持过壬辰科的会试以及顺天府的乡试，选拔了一批德才兼备的人才为国效力。1479 年，为翰林院经筵讲官。

彭教为官期间，充分发挥自己博学多才的优势，为国效力。时人评价他的文章是"奇气逸发，光彩夺目。锻章炼句，典则森严"。他文思敏捷，"数千言可立就，而词气殊雄劲奇，古诗亦豪宕有新意""如蛟腾豹跃，急缚之又未能"。他的"浑厚典则"的文风，让人敬慕不已。评论起古今来，是是非非，分析得非常精到，且敢于坚持原则，立场刚正。

彭教对待自己的兄弟，极尽恭敬友爱，凡有财产，都尽量均输。与宗族、乡亲们相处，彬彬有礼。尤其值得称道的，是他对父母的至诚至孝，特别是对母亲，"曲尽爱敬"，问寒问暖，关心备至。1468 年，父亲去世。1472年，母亲亦去世。治丧期间，彭教跪拜痛哭，哀恸不已，形销骨立，直至不用手杖就不能站起来，乡人无不动容。他严格遵守朱子制定的礼仪，坚决拒绝请和尚道士来做法事。父亲停柩待殡的时候，邻居家突发火灾，火趁风势，大火一路延烧。他赶紧把灵柩移到另一个房间里，但火势又蔓延过来。

眼见得灵柩已无处可移，他干脆伏在灵柩上，号啕大哭，意欲陪父一起赴死。就在这万分紧急的时刻，宛如神助，风向发生逆转，火竟然消停了。这场大火，烧毁全村两百多户的房子，唯独停柩之室却奇迹般地安然无事。乡人们都说，是彭教的至孝感动天，感动地，感动了神灵。

彭教心系桑梓，关心乡亲们的疾苦。但凡有哪家贫困，他都周济。有一年春天，出现"倒春寒"，发生严重的霜灾，致使家乡的小麦全面歉收，面临饥荒。他写信劝地方官开仓赈济，为此救活无数人。家乡山里有一条小河，经常暴发山洪，村民无法过渡。他把自己的家产全部捐出来，买来渡船，请来渡工，购置土地以田租作为维持基金，又在小河沿岸种植柳树，解决了一个大问题，乡亲们无不感谢。

彭教本来从小就有远大抱负，他自己曾多次说过："有朝一日，朝廷派我去哪个州府，我保证不出几年，就会让百姓安居乐业。"这不由让人想起孔子的学生子路的理想："由也为之，比及三年，可使有勇，且知方也。"也许因为孤芳自赏的性格，彭教中状元后，在翰林院为官，磨砺多年，却仕途进步缓慢，总是郁郁不得志。

有一次，彭教为状元张昇回乡省亲赠诗云："何用有才如董贾，不愁无命到公卿。"语气中不乏调侃，却不意竟成为自己的谶语。或许因唯一的年仅十九岁的儿子先他四年离世而哀伤成疾，或许积劳成疾，于1480年七月初九病死在任上，年仅四十二岁。李东阳、谢一夔、罗璟等为他撰写行状、墓志铭、墓表。彭教著有《东泷遗稿》《泷江集》等，存目于《四库全书》。

【人物介绍】

彭教（1438—1480），字敷五，号东泷，吉水县文昌乡泷头人。明天顺八年（1464）殿试第一，授翰林修撰，预修《英宗实录》，书成升侍讲。掌壬辰会试、天顺乡试，侍经筵。

（吉水县科协　孙仲）

罗　循：仁孝之德传家远

　　吉水赣江以西同水河畔有一个美丽的小村庄叫黄橙溪，那里因罗洪先而闻名于世。当人们普遍将目光聚焦于罗洪先时，我却透过罗洪先的光环去探寻他的父亲罗循——一个仁者的生命足迹，以及罗家代代相传的仁孝家风。

　　黄橙溪村罗氏是由庐陵县爝下村迁至吉水的。爝下古称印冈，宋元时称秀川，后因修双山水库变更为吉水辖地。黄橙溪村虽是一个小村庄，但秀川罗氏却是文风醇厚的世家大族。五代至宋，人才辈出，几乎每代都有人科举得名，其他荐辟、军功、封赠、吏选等也是大有人在。直到元末战乱之后，吉水黄橙溪村罗氏一支家道开始中落，文脉式微。到罗循父亲罗玉这一代，不善农事的罗家子弟开始转向外出经商。罗玉尽管自己已经弃儒经商，却没有忘记罗家乃书香门第，祖辈世代为官，业儒乃罗家正宗和本业，经商只是权宜之计，希望罗家后代能够重走举业之路，重振罗家诗书官宦世家门楣。因此，罗循从小就担负起重振罗家家业的重任。好在罗循天资聪颖，又酷爱读书，这让罗玉感到十分欣慰，从儿子身上看到振兴罗家家业的希望。

　　罗氏家族不仅是书香官宦门第，也是仁孝积德之家，其仁孝家风代代相传。罗玉常年在荆襄、陕南一带经商，走南闯北，罗循则待在老家读书。家里除罗循和母亲外，还有年迈多病的爷爷奶奶。受罗家仁孝家风的熏陶和影响，罗循读书之余，常和母亲一起照顾爷爷奶奶。看到小小年纪就为自己端饭送茶、倒水洗脚的孙子，两位老人十分高兴，罗循也得到乡邻们的赞许。

　　罗循的爷爷奶奶去世之后，因生意上的需要，罗玉举家迁至陕西白河县落籍。按照当时的规定，罗循随父亲落籍白河县后，可以在白河县占籍参加科举，这样，罗循便跟随父母在白河县读书。白河当地的原住民对于迁入的外地人，是十分排斥和反感的，尤其是对那些读书成绩远远高于当地人的南方读书人。罗循虽然可以在白河读书，却因为成绩好而遭到当地读书人的孤立和打压。白河当地有相互频繁酒食宴请的习俗，读书人大都不喜欢读书，而是经常在一起喝酒玩闹，看到罗循读书如此勤勉，不仅大加讽刺，还经常拉罗循一起饮酒玩乐。为此，罗循内心十分苦恼。父亲罗玉开导他说，我们罗家以仁爱之心待人为生活准则，一个人只要以爱待人，时间久了，自然会得到别人的理解和认可，爱是可以化解一切的。父亲的开导让罗循没有和这些人过多地计较，而是忍耐再忍耐。为了化解与这些人的矛盾和冲突，罗循有时白天不得不陪他们在外面喝酒游玩，晚上便抓紧时间读书，往往要读到鸡鸣之时才肯歇息。就这样，罗循顶住压力，发奋读书，终于以陕西乡试第三名的成绩考取举人，赢得当地人的认可和尊重。

　　一个人生活在世界上会面临许多的选择，有的以怨报德，有的以怨报怨，有的以德报怨。罗循选择的是后者。1499年，罗循赴京师参加礼部举行的会试。但在陕西会所复习应考时，他的一件外衣不见了，大家都说肯定是被人偷了。那天，同馆舍的田姓举子发现一个举子包里的一件衣服与罗循的那件衣服一模一样，便对罗循说我知道是谁偷走了你的衣服，说着便拉着罗循来到那位举子面前，将那件衣服拿出来给罗循看。那位举子看到罗循时满脸通红。但罗循看后说道，这不是我的衣服，只是和我的那件衣服有些相像，说完马上离开了。田姓举子追上来说道，罗循你傻呀，这明明是你的那件衣服，你为什么不肯要回来？罗循说，我知道这是我的衣服，可是我假如把这件事说破，这位举子的名声就坏了，今后他还怎么做人？我丢失一件衣服是小事，可那位举子的名声是大事啊。况且那位举子衣衫单薄，家里肯定很穷，拿走我的衣服也是出于无奈。一席话说得田姓举子十分感动，对罗循说道，你年纪轻轻却能如此仁心待人，日后定有福报。这件事情在举子之中传开后，大家纷纷称赞罗循的为人，尤其是知道罗循长期遭受当地一些人的欺压，却能以德报怨，更是对他十分钦敬。罗循认衣的故事不仅史料中有记载，民间也广为流传。

罗循考中进士后，先后在多地任职。每到一处，他不仅夙夜在公，颇有政声，而且爱民如子。一个小故事就能说明罗循是如何将属下子民的疾苦时刻放在心上的。一次，罗循在回家的路上遇到一对逃荒的母子饿昏在路边，便让家人将这对母子抬回家中，让妻子赶紧做饭给这对母子吃，将这对母子从死亡线上救了回来。从此，罗循规定家里平时没有客人不准上荤菜，全家一个月只能买一次肉吃，冬天家里一天只能吃两顿饭，他将省下的钱用来救济穷苦百姓。

除此之外，至今还广泛流传着一则罗循捐资下葬的故事。一次，罗循路过一所寺庙，看到寺庙内停放着七具棺木。当他得知这些棺木是因为后人因支付不起安装费而无法下葬时，内心十分沉重，便捐出自己的官俸和家中仅有的一些积蓄，将那七具停放很久的棺木入土安葬。这笔安葬费对于官俸微薄，却不肯接受其他不正当收入的罗循来说可不是一个小数目，一家人只得很长时间勒紧裤带过日子。罗循不仅以仁爱之心对待活着的人，也同样以仁爱之心对待那些逝去的先人。

罗循对治下的百姓尽显仁爱之心，却是个刚正不阿、疾恶如仇的人。平时十分痛恨那些祸国殃民的佞臣和贪官污吏，认为正是那些贪得无厌的人使得国无宁日、民不聊生，因此敢于不顾个人安危进行反抗和抵制权贵。

罗循在兵部担任武选郎中时，大宦官刘瑾靠着明武宗朱厚照的宠幸权倾朝野。刘瑾为陕西人，许多陕西籍的官员都投靠在刘瑾门下。作为落籍陕西的进士，也有人劝罗循投入刘瑾门下，被罗循严词拒绝。罗循不仅不肯投靠，还对他的专权十分痛恨。当时正遇考选武卫，有张横等20余人为爪牙，多行不法，罗循没有惧怕刘瑾的淫威，大胆罢免他们的管事之职。罗循也因此事而名震朝野，人们佩服他敢于拂逆刘瑾的胆略和勇气。

1518年，罗循任密云兵部兵备官。镇守太监张信为人骄横，又贪得无厌，大肆克扣士兵军饷，中饱私囊。因罗循不肯与张信同流合污，张信便百般刁难，处处压制，千方百计要把罗循排挤掉。罗循一怒之下，上任不到半年就弃官返回吉水。

退休回到黄橙溪村的罗循闭门谢客，谢绝一切官方应酬，除了教儿子罗洪先读书外，便是和村里的乡亲们下田务农，从不把自己当作一个退休高官看待，而且更显仁爱之心。他自己不仅下田劳动，也带着家人一起下田劳动；自己不仅粗茶淡饭，也让家人跟他一起过紧日子。但只要乡亲们谁家有困难，他总是慷慨解囊，尤其是那些有病却无钱医治的乡亲，为他们请医送药，视若自己的亲人。罗循就是这样一个宅心仁厚、看不得别人有难的人，为了帮助那些穷困的乡亲们，宁愿自己和家人过得苦一些，穷一些，却无怨无悔。

罗循不仅自己仁孝，也将这种家风传递给儿女。他常对儿子罗洪先说，仁孝是我们中华民族的传统美德，一个人不仅要爱自己、爱父母，也要爱他人，一个人人相爱的家庭才能和睦。同样，一个人人相爱的民族和国家才有希望。在罗循的熏陶和教育下，罗洪先也以仁孝作为自己的人生准则。1525 年，罗洪先考中举人，第二年准备参加会试，没想到父亲突患重病。为了照顾父亲，罗洪先毅然放弃赴京参加会试的机会，每日在父亲的病榻前端茶喂药，须臾不离半步。母亲病重去世前，罗洪先衣不解带日夜侍奉在母亲病床前，亲自为母亲煎药喂药，端屎倒尿。当妻子要求替罗洪先做这些时，罗洪先不肯，说："让自己亲手侍奉母亲心安。"

沧海桑田、时序更替。如今，罗家的后代几经迁徙，早已风流云散，黄橙溪村也已被岁月的风雨冲刷得无迹可寻，但罗循的仁爱之举、罗家仁孝家风代代相传的故事却在当地和周边许多地区仍口口相传，经久不衰。

【人物介绍】

罗循（1464—1533），字遵道，号双泉。弘治十二年（1499）进士。先在刑部、工部、兵部任职，后任镇江、淮安知府，徐州兵备副使、山东按察副使等，所至之处皆有政声。

（吉水县农业农村局　郭文峰）

曾同亨：至今邑里擅嘉名

　　明朝时期，曾同亨以其卓越的才华和高尚的品德成为工部尚书，赢得人们的广泛赞誉。在他年少时，便已经显露出非凡的才智与深厚的文化底蕴，更可贵的是，他的心灵深处根植着父亲曾存仁传承下来的仁孝品德。

　　少年曾同亨天资聪颖，记忆力超群，无论是何种典籍，只需一瞥，便能牢记于心，且能流畅诵读，这份才情使得他在同龄人中脱颖而出。他对于知识的渴望如同海绵吸水，不断地汲取着各种养分，充实着自己的内心世界。

　　曾同亨十四岁那年，曾存仁决定召集家族众人，共同修建世恩堂，以纪念先祖的恩德，并彰显家族的荣耀。在世恩堂即将完工的前夕，需要拟撰一篇上梁文，以祈求家族兴旺、子孙昌盛。曾存仁深知儿子的才华，于是他将一些资料交给曾同亨，温和地说："你来试试，看能否完成这篇上梁文？"曾同亨接过资料，没有丝毫的犹豫和退缩。他静静地坐在书桌前，沉思片刻后，便立笔挥就。他的笔触流畅而有力，每一个字都仿佛在跳动着生命的韵律。他遣词造句非常工整，典故信手拈来，使得整篇上梁文既充满文化底蕴，又表达了对家族的深深祝福。当曾同亨将完成的上梁文呈给父亲时，曾存仁的脸上露出满意的笑容。他仔细地阅读着儿子的作品，眼中闪烁着欣赏的光芒。他高兴地说道："好！好！将来光大这座祠堂的人，恐怕就在这个孩子身上。"这句话不仅是对曾同亨才华的肯定，更是对他仁孝品质的期许。

　　1559年，二十七岁的曾同亨考中进士，迎来他人生中的高光时刻。如何施展自己的抱负，如何奉献自己的才华，如何履行自己的职责，这是摆在曾同亨面前的实际问题，又是对他人生的考验。初入仕途，曾同亨这位吏部的文选主事，仿佛一块未经雕琢的璞玉，深藏不露，却光华四溢。在那个官吏们热衷于收受礼物、谋求晋升的时代，他如同清流一般，拒绝了别人送上门的礼品，用那温和却坚定的声音，对那些前来送礼、希望仕途能够进步的官员说道："只要有报国之心，朝廷早晚会起用你们。"那话语，犹如细雨润心，让人们感受到他的公正无私与深沉的爱国情怀。

曾同亨的仁孝之心，不仅仅体现在他对礼物的拒绝上。依照惯例，对丞、簿以下官员的考核，通常只需听取小官吏们的裁量即可，但曾同亨却亲自办理，一丝不苟，确保对每个官员进行公正、客观的考核，不使他们的业绩被埋没，也不使他们虚夸的水分被认可。他的这种敬业，正是基于他的仁爱之心，他在自己岗位上所施行的可谓仁政，仿佛春风化雨，滋润着人们的心田。

后来，他被朝廷选任为文选司郎中，担当起为国家、为朝廷选拔人才的职责。此时，他更是慧眼识才，大力举荐一批批才德兼备之士。他仿佛是一位独具慧眼的伯乐，在茫茫人海中寻找着那些被埋没的千里马。他的仁德仁行，不仅深得皇帝的赏识，更赢得百姓们的敬佩与感激。

曾同亨的仁孝之心，源于他内心深处的真挚情感。他深知，作为一名官吏，肩负着国家的重任和人民的期望，一举一动都关乎朝廷的声望，关乎国家的安危，关乎百姓的冷暖。因此，他始终保持着一颗仁爱之心，对待工作尽心尽力，对待人民体贴入微。

1573 年，在御史刘台的力荐下，曾同亨升至大理寺少卿的职位。皇帝对曾同亨极为信任，赋予他右副都御史的重任，更赐尚方宝剑，命他巡抚贵州这片民风彪悍、治理困难的地方。曾同亨到任后，心系百姓，常思如何为民解忧。

有一天，他换上便服，混入人群，欲亲自体验民情。恰逢庙会热闹非凡，各色人等熙熙攘攘，他行走在人流中，目光如炬，细察百姓生活。忽然，一阵悲怆的哭声传入耳中，曾同亨循声望去，只见一个人满面泪痕地跪在街边，样子非常凄苦。他心中一动，上前询问，发现那个人是哑巴，旁边的人告诉他，这个哑巴叫罗哑子。罗哑子虽口不能言，但手势激动，指向一旁悬挂的白绫，似乎有莫大的冤屈。曾同亨心中疑惑，听了旁边人的介绍后，先安抚罗哑子，之后暗中调查，竟发现一桩惊天大案：原来，有一个太监冒充钦差，强行娶罗哑子之女罗乔兰为妻。罗乔兰坚贞不从，悬梁自尽，香消玉殒。罗哑子告状无门，天大的冤情无处申诉，而府尹竟与太监沆瀣一气，借"钦差"之名，千方百计压制百姓，大肆搜刮民脂民膏，名为"花烛银"，实则中饱私囊。

曾同亨怒不可遏，深知此案牵涉甚广，必须谨慎行事。于是，他暗中收集证据，逐一核实，务求万无一失。待证据确凿后，他当堂开审，将太监与府尹的罪行一一揭露。他声如洪钟，义正词严，道："钦差乃朝廷之使，岂容尔等宵小冒充？罗乔兰之死，实乃尔等逼死。今日，本官定要为民除害，还百姓一个公道！"说罢，他当众判决：判处太监死刑，当众问斩；府尹上报刑部，由朝廷对其绳之以法。曾同亨同时下令，将府尹与太监私自所收"花烛银"全部退还百姓，以安民心。百姓欢呼雀跃，对曾同亨感激不尽，纷纷称赞他为民除害，是真正的仁孝之官。

后来，曾同亨破格擢升为工部尚书。上任之初，便遇到一桩棘手的差事——验收一批来自远方的军事器械。他仔细检视，发现这些器械虽造型精致，却难以达到实战所需的标准。这些器械若是上了战场，岂不是要贻误战机，危害将士们的性命？于是，曾同亨果断地奏请皇上，以半价签收这批器械，并将节省下来的经费用于更加实用的装备。他还请求减少一半的织造额，以减轻百姓的负担。皇上考虑到他的提议出自公心，便欣然应允。

曾同亨管理财务、监督建造，总是极力节约经费。对于那些不正当的开支，他从不姑息。无论是皇亲国戚还是太后王妃，只要是想从工部支取不合理的费用，他都会毫不犹豫地拒绝。他的正直和无私，赢得朝野上下的尊敬和赞誉。当他得知汝安王妃兴建王府规模宏大，耗资巨万，便亲自前往工地查看，只见工匠们忙碌地穿梭于砖石之间，一片繁忙景象。细细一算，工匠人数竟增至一万五千八百人之多！这哪里是建造王府，简直是劳民伤财！曾同亨立刻下令压缩建筑规模，精减工匠人数。然而，中官们却依仗汝王的权势，暗中阻挠，工匠人数不减反增。曾同亨愤怒不已，上奏皇帝，阐明利害关系。他在朝堂上慷慨陈词，历数王府建造之弊，声情并茂地讲述工匠们的艰辛劳作和百姓们的沉重负担，在场官员们无不动容。皇上被他的言辞打动，采纳了他的建议，一道圣旨下来，王府建造规模得以压缩，工匠人数也大大减少，此举为朝廷节省一大笔银两，赢得百姓们的赞誉和感激。

在曾同亨的仁政治理下，工部上下风气为之一振。他用实际行动诠释了一位官员应有的责任和担当，成为后世官员们学习的楷模。他的一生，仿佛是一幅画卷，每一笔都浸透着仁德的墨香，都映照着仁孝家风的辉光。

他在官场摸爬滚打数十载，无论升迁还是贬谪，他都宠辱不惊。擢升时，不骄不躁，以仁德行政；谪居时，不怨不艾，以孝心事亲。遭到权臣张居正的污蔑和打压时，他没有愤怒反击，也没有低声下气，而是默默承受，选择隐忍。他明白，仁者无敌，有时候，隐忍比雄辩更有力量。于是，他称病回乡，远离那个充满争斗和阴谋的朝堂。

1581 年，京城考核纠察官时，他被勒令休息，依旧没有怨天尤人，"忍一时风平浪静，退一步海阔天空"。他用这种智慧面对官场的波谲云诡，用这种心态去应对人生的起起落落。于他而言，仁孝是一种力量。他用一生诠释了仁孝的真谛：无论何时何地，面对挑战和困境，都要保持一颗平和、善良、仁爱、孝顺的心。借用他为"吉水古八景"中"字水拖澜"题诗云："留得字形堪指点，至今邑里擅嘉名。"其官德、仁孝、勤廉等，在家乡吉水均有厚重一笔。

【人物介绍】

曾同亨（1533—1607），字于野，号桂庭，后更号见台，吉水县盘谷镇上曾家村人。嘉靖三十八年（1559）中进士，历任刑部、礼部、吏部文选主事、吏部文选郎中、大理少卿、右副都御史、太常卿、工部尚书、南京吏部尚书等职。赠少保，谥号恭端。著作有《历官奏疏》、《泉湖山房稿》三十卷，另编有《工部条例》十卷。

（吉水县八都小学　陈橹）

152

刘应秋：忠孝传家继世长

明初内阁首辅杨士奇就吉水仕人之多感叹说："四方出仕者之众，莫盛江西。江西为县六十有九，莫盛吉水。"如此盛况一直延续到明代中后期。枫江镇陇洲老屋村的刘应秋、刘同升父子，二人先后中探花和状元，"父子鼎甲"传为科场佳话。他俩还以仁孝立身，以勤勉立业，一生正义凛然，续写了吉水人文之盛。

刘应秋出身书香之家，祖父叫刘方兴，嘉靖年间中举人，曾任广西平乐府推官、安康知州，与状元罗洪先为莫逆之交，是吉安府阳明心学讲会的主力之一。父亲叫刘子韶，与其弟刘子武均是罗洪先的弟子，"同游罗洪先门，均食饩邑庠"，兄弟刘应春、刘应夏、刘应冬均为罗洪先的私淑弟子。曾同亨曾赞誉他家说："盖父子孙三世相授，不出门庭，而宛然有洛下鹅湖之风。"

相传，刘应秋小时候患有眼疾，但他身残志坚，自幼勤奋好学，努力钻研儒家经典。1582年，他在江西乡试中一举夺魁，成为解元。第二年，三十六岁的刘应秋在全国大比中，夺得殿试第三名，点为探花。民间还有这样一个传说，说他殿试中得第三名后，按照礼仪，皇帝在礼部设宴款待各位中试者，娘娘要为新科进士插上金花，并举行游园活动。那天，皇帝和皇后都来了，文武百官依次分列宫殿两侧，中试者则在殿外候宣。待刘应秋上殿叩见皇帝后，皇后正待要为刘应秋插金花，竟然吓了一跳。她心中想，点为探花者应是长得英俊潇洒、风流倜傥，今年的探花怎么只有一只眼睛。见刘应秋这副容貌，内心很不高兴，便不给他插金花，并随口说："独眼龙怎能点探花？"刘应秋听后，心中凉了一大截，却随口吟出下句："半边月可以照天下。"皇帝听后，脸含微笑，连忙称赞道："对得好，对得好！不能以貌取人，给他插上金花吧！"其他文武百官也频频点头称许。皇后见此，走过去给刘应秋插上金花。宴罢，皇帝携百官同游御花园。皇帝拉着刘应秋的手说："你刚才那句对得好，有才气，有志气。""半边月可以照天下"，这句话正合着"士当先天下之忧而忧，后天下之乐而乐"之意，表明刘应秋有心怀天下的宏大志向。

刘应秋中得探花后，授予编修官，不久后迁为中允，充当日讲官，后又调南京国子监任司业。那时，首辅申时行弄权，神宗皇帝又经常不上朝理事。心系社稷、忧国爱民的刘应秋，对朝廷政事弊端、宦官专权、边患灾荒等，总是心急如焚，为此屡屡进谏，要求铲除贪官污吏，并提出自己的意见和主张，由此遭到权臣们的忌恨。刘夫人常劝他别操这份闲心，刘应秋却说："国家是百姓的，为百姓说话，为国家建言，何为闲心？"这种博爱之心正是儒家仁孝的直接反映。

话说1590年，北蒙大肆入侵大明，边境不少城池连连失守，明王朝一度岌岌可危。但是，首辅申时行采取欺骗的手段，常常谎报军情，中饱私囊，蒙骗皇帝和众大臣。神宗皇帝仍常陪着皇后嫔妃游园、狩猎，怠误朝政。这时的刘应秋更加忧心忡忡，焦急万分。该怎样才能揭穿申时行的骗局，并让皇上知道事情的真相呢？经过几天的苦思冥想，他暗中收集前线的告急战报，私下争取几位督抚、枢臣的支持，共同写下证词，准备拼死向皇帝力谏。

那年冬季某日，待神宗上朝后，刘应秋冒死跪奏："皇上，国家边患危急，敌寇已侵入腹地，离京城已不远了。然而有的人不顾国家安危和百姓疾苦，只想着自己怎样敛聚钱财，中饱私囊。请皇上重整朝纲，清除奸贼，击退敌寇，兴我国邦。不然，国将休矣！"万历皇帝听后并不相信，笑着说："刘爱卿休得胡言，哪有此事呀？"这时刘应秋赶紧拿出证据说，申时行"不能抒诚谋国，专事蒙蔽。贼大举入犯，既掠洮、岷，直迫临、巩"了。这时首辅申时行微微一笑，假装镇定地说："禀皇上，没有这事，敌寇已被击溃。刘大人是蛊惑人心，乱我国家，理应治罪。""申大人，你

清风吉水

不承认，我这里有证有据，请皇上明察！"刘应秋坦然从容，不慌不忙将申时行扣下的战报呈上，同时也有几位大臣支持刘应秋的跪奏。这时，皇上大惊失色，申时行在铁的事实面前低下头。几天后，神宗皇帝罢免申时行的首辅之职，向前线发出精兵去救急。

朋友有难，刘应秋总是乐施援手，仁爱之心毫无保留。他与戏曲家、文学家汤显祖是同年进士，后又因同朝为官，自然结为好友。汤显祖还将小女儿詹秀许配给刘应秋的儿子刘同升。1591年，汤显祖因上奏《论辅臣科臣疏》批评朝政，明神宗则下旨将汤显祖贬为雷州徐闻典史。汤显祖得罪皇帝后，自然有不少人急着撇清与他的关系，但刘应秋毫不避讳，仍然常写信关心汤显祖在徐闻的起居生活。汤显祖因是戴罪之身，按礼制不能安排居住于县衙内的官邸，刘应秋则通过自己的关系，让徐闻知县熊敏在衙门附近租得一处住所给汤显祖，并安慰他不必过于忧心。那年过完春节后，朝廷的政治形势发生了变化，与汤显祖犯有类似错误的官员陆续复职，刘应秋惦念着汤显祖仍在徐闻流放，不惧流言，多方走动，为其伸张正义。不久，汤显祖接到吏部通知，获准离开徐闻，回老家临川候命，待时再复原职。汤显祖在徐闻曾自筹资金建立贵生书院，待书院落成后，刘应秋又应邀撰作《贵生书院记》，足见他的高贵品德和仁爱思想。

刘应秋对于平民百姓也是充满仁爱。据《白话明史·刘应秋传》载，名将李如松家塾师诸龙光，浙江余姚人。受恩养李家很久，但后来可能因为向李家提出过多升官等要求，被渐渐疏远。碧蹄馆之战后，军中议和的流言慢慢传播，但当时李如松并没有准备私下议和。龙光听闻此事，便泄私怨，诬告如松私许日本与天朝和亲。万历皇帝听闻后，立刻派人前去调查，发现并无此事，大怒，准备大暑天立枷日晒。刘应秋却认为罪不及死，称一狂妄之人上书，何必置他于死地呢？于是万历皇帝定为"先命立枷，后遣戍"。仁爱家风，代代相传，儿子刘同升受他的影响，也是仁爱之人。汤显祖的小女儿詹秀早夭，未能成婚，但刘同升始终以岳父的身份来对待，对汤显祖十分敬重。汤显祖的"玉茗堂"落成时，刘同升不仅以女婿身份登门祝贺，还题有一副楹联："门满三千徒四海，斗山玉茗；家传六七作万年，堂构金汤。"

1598 年，有人撰写《忧危竑议》，在京城散布。御史赵之翰认为大学士张位是主谋，刘应秋等人是参与者。皇帝也怀疑张位"怨望有他志"，下诏将其削官为民。因刘应秋素负才气，平时常讥评时事，也招致不少忌妒。该案皇帝虽未怪罪刘应秋，但将他调出京城，于是刘应秋以病辞官，回到陇洲老屋村。

吉水金滩燕坊村民间还有一个故事，反映刘应秋对穷苦百姓怀有一颗仁爱之心。辞官回乡的路途中，他顺道去金滩阁上村探亲，看见一个衣衫破旧的伢子正在捉鱼，便上前看热闹。伢子捉的全是黄鳝、泥鳅、鲇鱼。伢子说："先生，我有一联乞对，可得答应。"刘应秋好奇，又体恤穷苦人家孩子，便应允下来。伢子指了指鱼篓说："鳝长鳅短鲇口阔，一篓无鳞。"刘应秋觉得此联奇特，正在思索，刚好一老者挑来两个筐，一筐是田螺、蚌壳，一筐是螃蟹。他触景生情，若有所思地答道："螺圆蚌扁蟹头方，两筐尽壳。"伢子见刘应秋对得自然贴切，十分敬佩，请他到家里做客。平时省吃俭用的刘应秋见伢子家中贫苦，拿出随身钱物，送给伢子父亲，见伢子有才气，又收为弟子，课以教学，且不收分文费用。后来这个伢子中得举人，他就是燕坊村的鄢邦梯。

刘应秋针砭时弊，忧国忧民，始终怀有仁爱之心。他一生节约勤俭，虽为重臣，却过着平民生活。即便是到了生命的最后一刻，还交代家人不要去劳师动众，只需简单安葬。刘应秋的仁孝，是家国意义上的仁孝，以天下为己任的仁孝，值得后世传扬。

【人物介绍】

刘应秋（1547—1620），字士和，吉水县枫江镇老屋村人，明状元刘同升之父。万历十年（1582）中江西乡试第一名，为解元，第二年中探花。授翰林院编修，迁南京国子监司业、国子监祭酒等。谥号文节。著有《尚书旨》《刘大司文集》。

（吉水县融媒体中心　许祖平）

朱中楣：楣稳德懿拱家安

女子本弱，为母则刚。这话用在朱中楣身上，似乎更为适合。朱中楣，这位生活在明朝末年清朝初年的奇女子，用自己如横梁般稳固的身姿，拱卫着处在风雨飘摇、时代动荡之中的小家，并使丈夫与儿子成为国家的栋梁、朝廷的砥柱。

这位天之骄女，出生于 1622 年，出生在明朝宗室之家，是瑞昌王后裔。她父亲朱议汶曾任辅国中尉，辅国即指辅助国家或朝廷，中尉是中宫校尉的简称，级别不高，但地位显赫，属于皇帝近臣，拥有"近水楼台先得月""天子脚下七品官"的地位优势。因此，朱中楣这位皇家小女子自然有着显赫的身份与地位。在传统观念的常态思维里，这样的皇家之女，定如弱柳扶风，自是娇柔无比，有皇权做基础的家庭背景肯定是她坚强无比的后盾，哪里需要她来为家国天下操心费神？当然，在这样的家庭里，她所受到的教育肯定很规范、很全面，以儒家思想治国的明朝皇室，肯定让家族子弟坚守仁孝本分，仁以爱民，孝以尊宗，这样不仅能保证皇家的秩序与规范，而且能够引领社会与百姓的行为风向。

然而，她虽出身高贵，却又生逢乱世，自幼年到青年的黄金年华里，正是明朝政权动荡飘摇之际。作为皇室，她的家庭自然不可避免地受到时代风雨的裹挟与袭击，因此落魄便成为历史的必然。仅几年时间，她就先后遭受亡国之痛和丧父之悲。或许是动荡的时局改变了她，或许是娘家的变故改变了她，或许是丈夫的爱怜改变了她，又或许是儿子的出生改变了她，这段婚姻在日久的生活中渐渐转变成爱情的抚慰与亲情的滋润。于是，在这场转变之中，她就成为这个处在改朝换代之际、随时可能覆亡的小家的固栋之梁。楣者，横梁也；中楣，即堂中横梁，一个娇弱女子成为家的主持者，而支撑这个家的精神力量，乃是她心中的仁孝。

丈夫长期在外任职，朱中楣便留守家中，以仁待人，以孝事亲。虽然别时依依不舍、分时牵挂不已，她却在家中勤俭以待，免却丈夫的后顾之忧。直到丈夫官位升迁，她才得以携子随夫而行。但官场险恶，不可避免给她的小家带来巨大冲击。丈夫遭受牢狱之灾，甚至几度性命不保。此时的朱中楣表现出一个柔弱女子内心的刚强与非凡的见识，这或许是她作为皇室贵胄从小所受的仁孝教育与训练的结果。正是这种刚强与见识，让她表现得镇定自若，方寸不乱，就像房屋的横梁以过硬的坚韧护住房屋那样，以非凡的勇气和坚定护住幼子，守着丈夫，稳固家庭。

儿子五岁那年，李元鼎向朝廷推荐人才出了问题，让一个背负"马贼"名声的人被朝廷授任官职，因此被人告发而落职，刑部决议"弃市（杀头）"。家人惊慌失措，朱中楣却镇定自若，将儿子寄养在孤萧寺，自己出门为丈夫奔走。丈夫脱罪后，一家人来到津门避祸，寄居在时任军职的兄长李犹龙家里。"屋漏偏逢连夜雨，船迟又遇打头风"，李犹龙不久也因事被捕，李元鼎再受牵连下狱，家人和亲属再次惊恐万分，慌乱不已。此时，朱中楣依然表现得异常坚强，面对前路未卜的命运，指着儿子李振裕对奶娘说："你这个人忠诚可靠，我信得过，可以把家里大事托付给你。现在情况非常危急，如果事遭不测，我只有以死明志。这个孩子还小，你把他带回老家，交给罗氏夫人，让她视如己出，抚养成人。"这种向死而生的意志，即使男子恐怕也难如此决绝，真正地置之死地而后生。抱着这份死志，她又出门为丈夫的性命奔走呼吁，所幸李元鼎不久后即得以昭雪，一家人侨居于江苏宝应县氾社湖。不久，李元鼎又官复原职，后来还升为兵部左侍郎，成为顺治皇帝的重臣。

1652年，李元鼎又因总兵任珍的"不法"事件受到牵连而下狱，甚至有性命之忧。这次的罪名可不小，行贿受贿，刑部论罪要处以绞刑，何况任珍还同时背着淫乱且杀人的罪名。这种话头对于女性来说，无疑打击到了极点，但朱中楣相信丈夫的清白和无辜，尽管心如刀绞，血泪横襟，但她依然夜里焚香祷告上天，白天伏案撰写状纸，要为丈夫鸣冤叫屈。她泪流满面地对十岁的儿子说："你父亲如果真有什么不能隐瞒的事情，我就是拼得一死，也要上朝去给皇帝叩头，替你父亲鸣冤。"她指着家院内的水井说："如果皇帝的心意难以收回，这里就是我的葬身之所。你以后要好好读书，不要辜负长辈对你的期望，我在这个世界上的事情也就全部了结了，能够放心去地下陪你父亲。"这样的话语，对十岁孩子的打击是巨大的，但磨砺也是实在的，而其中体现的更是朱中楣这位柔弱女子内心的刚硬和不屈。正因为她的胆识与见地，促使她亲自叩见皇帝，诉说丈夫的冤屈。皇帝见她一介女子如此刚强，一番仁孝言语的诉说，不由被打动，加上丈夫友人从旁协助，最终使丈夫化险为夷，皇帝下旨免死，改为"杖徙折赎"。于是，即将分崩离析的家得以重聚，一家人再次迁到江苏宝应县氀社湖借居，过上了平静安宁的生活。

其实，对于朱中楣来说，打击最大的不是丈夫的几度危机，以及这些危机给她带来的险恶与恐惧，而是丈夫政治上"昔为官，今又为官"的"贰臣"之举。试想，她身为明朝皇家贵胄，对故国旧乡自然怀有深深的眷恋和浓浓的不舍，这是她仁孝之心的源头，亡国之痛自然是心头永远挥之不去的阴影与噩梦，"巢寻旧宇悲前代，粒哺新雏慰晚饥""山川如旧冠裳改，城北城南起暮笳"。她自然希望丈夫能够理解自己，体会自己的心情，能够以故国皇家女婿的身份，与自己共进同退，一起承受故国灭亡后的精神痛苦。但丈夫的政治选择偏偏如一把尖刀，深深刺痛她的内心，甚至在伤口上再撒几把盐，而她偏偏要恪守"出嫁从夫"传统观念，不能对丈夫的行为表达任何不满，这是她仁孝之心在夫妻关系中的体现。她不仅不能拖后腿，还要脸带微笑地表示支持，承担他"出事"后所带来的沉重压力，承受这种从肉体到精神上都无法释解的无上压力。"梨花香遍雪为祸（沙宛在），欲向空门净六尘（王引元）。处处普门频示见（屠湘灵），此生愿脱女儿身（屠七襄）"，这首从明朝《香奁集》中集句而成的《寒夜礼大悲》诗作，就深刻而充分地反映她内心翻涌不断的这种情绪。

丈夫在官场接连遭受打击后，似乎明白了人生道理，似乎体会到这个娇弱小妻为自己承担了多么沉重的压力，遭受了多少常人难以承受的打击，他深深地明白：如果不是这个娇弱小妻以柔弱之躯支撑起家，并且为他四处奔走求援，恐怕这个家早就分崩离析了。或许，他明白自己亏欠她太多，愧对她的仁孝德行，于是决心远离官场，退隐山林，再次侨居于江苏宝应氾社湖。四年后，江西老家战事已息，遂举家回到南昌定居。

这样的生活，恐怕才是朱中楣此时最希望的，于是她尽心尽力地相夫教子，怀仁尽孝，做一个贤妻良母，每日里不是关心丈夫的生活起居，就是教导儿子读书求进。她对儿子的教育极为严苛，根据李振裕为母亲所作的《行述》所载，她在家里都是让儿子跪着听自己讲课，儿子听懂了，问题回答对了，她才宽心高兴，否则就会生气、责罚，没有一点溺爱，李振裕后来回忆这些时，也说他母亲对他"不以爱弛教"，丝毫也没有因为爱他而放松对他的教育。正是因为她的严苛管教，使得李振裕从小就受到艰苦的磨炼，养成勤奋刻苦、忠厚仁孝、待人恭谨、处事老成的品格，由此而让他成为康熙时期受到特别倚重的股肱之臣，先后担任工刑户礼四部尚书，这在中国古代官场史上恐怕是独一无二的。

朱中楣的刚强与仁孝，不仅成就了丈夫的身份与脸面，也成就了儿子的功业与辉煌，更成就了她自己的品德与声望。确如她的名字一般，横梁固屋，撑起栋宇。中楣，原来这般地具有意义！

【人物介绍】

朱中楣（1622—1672），江西南昌人，字懿则，号远山，明朝皇室后裔，辅国中尉朱议汶次女，明末光禄寺卿、清初兵部左侍郎李元鼎之妻，清工刑户礼四部尚书李振裕之母，著名女诗人、词人，有《随草诗余》《镜阁新声》《随草续编》《亦园嗣响》等作品传世。

（吉水县委宣传部　周小鹏）

丹心照汗青

庐陵大地，自古忠孝传家。出忠入孝，怀仁蹈义，这是庐陵文化的思想精髓。忠，如大地，底定根基；忠，如泰山，昂起头颅；忠，是信仰，刻进灵魂。义，是甘霖，洒向四方；义，是星辰，映亮夜空；义，是秉性，融进血脉。

"人生自古谁无死，留取丹心照汗青"，文天祥的丹心节义、家国情怀，已成为庐陵文化的精神丰碑，融入一代又一代吉水仁人志士的心田，促使他们用才学、用智慧、用鲜血、用生命，在历史的天空，谱写忠义报国的华章！

曾　据：披肝沥胆写赤诚

西汉的没落，从刘骜的时代开始。

汉元帝去世后，他的儿子刘骜沿着老祖宗传下来的世袭制，一步到位，称汉成帝。他尊母亲王政君为皇太后，让大舅王凤做大司马、大将军，分封王家十人为侯、五人为大司马，这就造成外戚专权的政治局面，为西汉灭亡埋下了祸根。

公元1年，封建世袭制又把九岁的刘衎推上了皇帝宝座，称汉平帝，但政权一直由太皇太后和外戚把持。

公元7年，汉平帝突然接到扬州刺史部豫章郡奏疏，说江右（今江西）吉阳（今吉水），山寇出没频繁，立寨为王，抢掠百姓财物，对抗官府，大有犯上作乱之势。平帝忙与太皇太后王政君以及文武大臣商量对策，君臣一致认为，必须迅速出兵清剿山寇，平定吉阳之乱。

这时，有老臣启奏：吉阳地远境偏、山高路险，众多山寇长期立寨为王，历朝地方官府派兵征剿，总是剿而不灭，常常死灰复燃。今次我朝派兵征剿，所派将领不但要英勇善战，更要效忠朝廷，否则不但不能清寇，反而与山寇结党谋反，危及我朝。老臣举荐鲁国关内侯曾据，由他带兵前往吉阳一带，清剿山寇。

曾据是宗圣曾参的第十五世孙，世代受曾参忠君事国思想的教育与影响，以"修身齐家治国平天下"为奋斗理想，以"吾日三省吾身""慎独慎微"为修养准则，成为西汉末年的一代贤士，深受当时名公巨士的赞赏与敬仰。

接到汉平帝"出兵吉阳，清剿山寇"一纸诏书，曾据没有二话，立即整顿行装，带领两千汉军，浩浩荡荡向豫章郡吉阳地出发。经半个月的日夜兼程，到达吉阳。

安营扎寨之后，曾据顾不上路途疲劳，立即部署用兵方案。次日清晨，他兵发石官寨，一声令下，一举攻下石官寨，活捉山寨潘王，并缴获大量财物，整个行动无一兵一卒伤亡。初战告捷之后，接着顺利攻下宏家寨、狗脑寨、马安寨。

最后，只剩下最大的一个山寨——东山黎王寨。黎王寨有山寇两千余人，人人武艺高强，加之有东岭山高路险的有利地形，大有一夫当关之势。

曾据考虑，攻打黎王寨若用攻打其他四个小山寨的方法，必遭重大伤亡。于是，酝酿出一个新的用兵方案：围寨与扰心双管齐下。一方面，他根据现有的兵力，组织强大阵容，围阻黎王寨的各个关卡，断绝山寨与外界联系和食物供应；另一方面，让当地乡绅派人向山寨土匪散布消息，说有更多的汉军调来围攻。

这一着果然见效。到第五天，黎王眼见山寨已被死死围困，寨中早已人心惶惶，他以为大势已去，偷偷躲进东山的一个山洞。山寨的众土匪得知黎王已逃，一致要求副寨主率队向汉兵投降，以求一条生路。

几天后，黎王寨大开山门，迎接汉军。曾据领着两千将士走进山寨，黎王寨就这样顺利攻破。在处理山寨土匪时，曾据秉持儒家仁义，都给予出路。山寨一千余人要求参加汉军，其余的都发给盘缠回原籍与家人团聚。几天后，汉军在一个山洞里将黎王擒获，征剿活动至此大获全胜。为纪念汉军擒获黎王，当地百姓将擒获黎王的山洞称为黎洞，黎王寨所在地改称为黎洞坑，这就是如今吉水县文峰镇黎洞村。

六月的长安，晴空万里，曾据班师回朝。汉平帝、太皇太后在朝廷外迎接曾据归来。校场上，出征归来的汉军，风尘仆仆地列队而立。曾据带着几位随从将领，来到皇帝和太皇太后跟前，上前奏禀："曾据蒙皇上、太皇太后恩典，领军两千人南下吉阳，清剿山寇，其五座山寨全部攻克，本军无一人伤亡。获胜之日，还收编山寨壮士一千人入营。"

平帝惊喜不已，满脸笑容对曾据说："爱卿，我给你两千兵甲，清寇告捷，你却给我带回三千将士，奇迹啊！难怪先皇常说你们曾家历代忠良，历代忠良啊！"

然而，公元9年，中国社会发生了一场翻天覆地的大变故：大汉王朝，从汉高祖到孺子婴，传位十四帝，历时两百一十年，却在王莽奸诈叵测的笑声中宣告结束，朝廷被改称为"新"，这就是王莽的新朝，史称"王莽篡汉"。

曾据遵循宗圣"爱国忠君，驱邪匡正"的祖训，严厉谴责王莽大逆不道，耻与为伍，于是愤而辞官回家。

王莽为使自己篡汉行为显得正统、合法，便广纳贤才，好为自己正名。他极力拉拢曾据，因为曾据不但忠于皇上，而且他是曾子后裔，若能入朝为官，既为新朝效力，还给王莽脸上增光添彩。于是，王莽一再下诏，召曾据赴朝。

曾据接诏后，毅然对来使说："我堂堂先皇命官，先贤后裔，甘为大汉人，不是新莽臣，岂能与王莽同流合污？"但是他也深深知道，如此抗逆王莽旨意，唯恐株连九族。于是，连夜与族人商量，远离武城，以免遭受灭族之灾。

据传，公元10年十一月某天夜里，曾据率家族三千余人，悄悄起程迁徙，沿着当年兵发吉阳的路线，向吉阳进发。如《曾国藩传》中也载："关内侯曾据不仕新朝，举族渡江，族人三千，皆读书为士。"

一晃几年过去，曾据领着族人在吉阳开荒种地，繁衍生息。他们向当地人学习水稻栽培技术，同时把老家鲁国（今山东）种小麦的经验传授给当地百姓，又把从家乡带来的枣树苗在文峰（时称吉阳乡）一带栽培。后来流传的"三湖橘子赣州桃，峡江麻李吉水枣"这一谚语，其中"吉水枣"就是这么来的。曾据族人与当地老百姓和睦相处，结亲联姻，过着安乐平静的生活。

王莽苦心经营的新朝，终于没有笑到最后，在赤眉、绿林等农民起义军奋起反抗的声浪中宣告灭亡。

公元25年八月五日，刘秀称帝，是为光武帝，史称东汉。刘秀早知曾据誓不事莽、携族南迁，称帝后便下诏吉阳，召曾据火速来朝。曾据接旨后，立即奉诏赶赴洛阳参见。

曾据拜谢皇恩，诚恳地说："启禀皇上，按理下官应留在朝廷辅佐陛下，但下官与族人南迁吉阳多年，早已习惯江南水土，族人与当地百姓和睦相处，结亲联姻，已把吉阳当作了自己新的家乡，望皇上恩准下官留居吉阳。下官留居吉阳，定当力保吉阳一方平安，为陛下开拓江南鞠躬尽瘁。"

光武帝听后，觉得很有道理，江南离朝廷路途遥远，有这样一位忠君爱国的良将留守江南，也很放心。于是，刘秀封曾据为吉阳郡王，封他的原配夫人陈氏、继配夫人刘大家（光武帝刘秀的妹妹）为吉阳郡主，另赐曾据金锭三百两，令其留守吉阳，为朝廷拱卫江南。

十年来，望着这三百两金锭，曾据冥思苦想，该如何处置。此时，他感觉自己时日无多，必须尽快处置这笔资财。几经反复考量，最后决定：用这三百两金锭在吉阳大地开办十六所曾子私学，让所有愿读书的人免费读书，以报答吉阳父老当年接纳曾氏族人的深情厚谊。从此，吉阳大地涌起不绝于耳的读书声。"曾家黄金三百两，只买吉水读书声"，这句千年民谣，至今仍在吉水民间广泛流传。

不久之后，曾据去世。一代忠臣与贤士，将前半生献给了西汉，后半生献给了东汉。他忠贞于刘汉王朝的不朽事迹，千古流芳。

1608年七月某天，明朝心学大师，当时罢官居家，后官拜左都御史的邹元标，在一次外出游学回到吉水后，专程前往县城西门街的吉阳祠祭拜曾据，在曾据像前赋诗一首：

公之忠义，克配彼苍。

封关内侯，位显名扬。

不仕新室，携家南迁。

择地庐陵，吉阳居焉。

贤嗣有二，兄阐弟旸。

绳绳子孙，支分派衍。

山左山右，一脉相传。

祖荫其后，庆泽绵延。

诗中用简洁的语言赞扬了曾据不事王莽、忠于汉室的大义壮举，可以说是对曾据生平最好的评价。

【人物介绍】

曾据（公元前43年—公元35年），字恒仁，曾子第十五代裔孙。西汉末官封关内侯，曾征讨江南山贼土匪。因不事新莽，举族南迁。东汉初爵封吉阳郡王。公元35年于吉阳老屋（现吉水县城）病故，享年七十八岁。

（吉水县自然资源局　曾义久）

欧阳修：一代文宗循忠义

欧阳修出生于 1007 年，父亲欧阳观时年五十六岁，担任绵州（今四川绵阳）军事推官，可谓老来得子，格外疼爱。欧阳观做官清廉仁义，常常在深夜起来翻看案卷，防止出现误判。三年后，欧阳观在泰州判官任上积劳成疾病逝，没有留下遗产。

幼年丧父的欧阳修与母亲郑氏无以为生，只好到随州投靠叔叔欧阳晔。母亲经常将父亲勤学敬业、忠于职守、清廉仁义的事迹讲给欧阳修听，告诫他不能因贫穷而失去志气，要遵从父亲遗训，忠诚王事，坚守气节：遇事不能苟且，做官不避患难。

1030 年，欧阳修考中进士，由此登科入仕，授官将仕郎、西京留守推官，并迎娶恩师年将及笄的爱女胥氏为妻，可谓双喜进门！四年后，欧阳修被朝廷任命为馆阁校勘，与梅尧臣等朋友依依惜别后，来到国都开封。

到朝廷任职后，欧阳修觉得自己尽忠朝廷、辅佐君王、报效国家的大好时机到了，是自己发挥聪明才智、施展人生抱负的时候，因此准备为国为民大干一场。然而，由于宋仁宗过于宽厚，开封知府范仲淹因上奏弹劾把持朝政的吕夷简，反被排挤。对此，忧国忧民的欧阳修无比激愤，不顾打击与迫害，写下了振聋发聩的《与高司谏书》，严厉谴责谏官高若讷的不谏之罪与落井下石，直斥他置君恩于不顾，视国事于罔闻，不知人世间还有羞耻一事。高若讷得此谏书恼羞成怒，带信入朝觐见，泪流满面地向皇帝哭诉他所遭到的羞辱。皇帝偏听则暗，忠君爱国、敢于仗义执言的欧阳修随后被贬出朝廷，不得不去夷陵（今湖北宜昌）做个小县令。

夷陵县小而偏僻，经济落后、政治腐败，欧阳修并没有因为被贬而懈怠于政务，每天勤勤恳恳、任劳任怨。在处理完政事之暇，他将前任办理的案卷拿出来翻阅，结果发现其中颠倒黑白、违法之事比比皆是，"见其枉直乖错，不可胜数。以无为有，以枉为直；违法徇情，灭亲害义，无所不有"，不禁仰天长叹，"这么偏远的小县尚且如此，全国就可想而知了"，于是暗暗发誓：从今往后绝不再让政务出现半点差池。

为了兑现这个无声的承诺，他日夜操劳，每事躬亲，终于在"争讼甚多""官书无簿籍"又"吏曹不识文字"的穷困小县里，建立了一套严密有效的廉正奉公规章制度。欧阳修勤于政事，正身律己，使夷陵焕然一新，官吏廉洁正直，百姓安居乐业。"庐陵事业起夷陵"，值此，欧阳修才真正有机会、有条件践行自己为国为民的理想抱负。

1040年，西夏举兵入侵，为抗外敌，范仲淹和欧阳修被朝廷官复原职。不久，范仲淹升任参知政事，向宋仁宗奏请起用欧阳修出任谏官，使他再次有直接辅佐君王、为国为民谏言的机会。

担任谏官的欧阳修在朝堂上仗义执言、不畏权贵，提出一系列发展生产、减轻苛捐杂税等革新建议，揭发许多违法渎职、贪污受贿的贪官污吏，奏请宋仁宗罢庸任贤、量才录用，建立考察官吏的红黑制度。宋仁宗予以采纳，从长期不被重视而又正直清廉的官吏中，破格精选了各路按察使。这些官员不负众望，到任之后勤勉敬业，秉公办事，深受百姓的爱戴。相反，各地昏庸官吏惊恐万状，生怕欧阳修弹劾他，因此想方设法打击报复欧阳修。宰相吕夷简因病辞官期间，秘密上书诬陷朝臣，弄得人心惶惶。欧阳修十分气愤，在朝堂中历数吕的罪状，揭露他的阴谋，体现出一个言官不惜得罪权贵的勇气与担当。

当时，契丹族经常骚扰北宋边境，不断烧杀抢掠，百姓纷纷逃亡。以范仲淹为首的主战派，与以章得象为首的投降派进行激烈的斗争。欧阳修赞成武力捍卫国土，严斥投降卖国行为。但宋仁宗与契丹达成了屈辱投降的和约，范仲淹等主战派被相继免职，赶出朝廷。欧阳修身为谏官，气愤不已，写下义正词严的《朋党论》，条理清晰地阐述君子之交与小人之交的不同，"君子恪守的是道义，所奉行的是忠信，所爱惜的是名誉节操，将这些道德用于修身则志同道合而相互得益；将这些品质致力于效忠国家，则会相互扶持、携手同心”。他赞美范仲淹的功绩，揭露奸臣们的诬陷，力劝宋仁宗进贤退恶，多多提携真君子的朋党，这样天下就可以达到大治。但是，他的爱国行为被皇帝无视，被奸臣权贵们严厉打击，再次被贬出朝廷，发配去滁州做太守。在滁州，欧阳修励精图治，事事为国家朝廷着想，件件从百姓平民出发，为自己赢得良好声誉，为朝廷争取了民众拥戴。

1057 年，朝廷命欧阳修以翰林学士身份主持科举考试。欧阳修认为科举是为国家选贤举能的关键，贤才出则国家兴，为此向皇帝建议改革文体，选拔贤能。宋仁宗采纳他“文道并重”的建议，选拔大批新秀，壮大了革新力量。张载、程颢、程颐、吕大钧等旷世鸿儒，包拯、韩琦、文彦博、司马光等治世能臣，都曾得到欧阳修的指点与推荐。苏洵、苏轼、苏辙、王安石、曾巩等五位文坛巨匠，都以布衣之身被他相中、提携。

主考评卷时，欧阳修发现一份语言通达、说理透彻的答卷，与当时的浮华文风迥然不同，当批为第一。这篇答卷非常像自己门生曾巩的风格，以为就是他的作品，为避嫌，就给了个第二名。结果，拆开密封线后才发现，作者名叫苏轼，在当时几乎没有名气。欧阳修爱惜人才，认定该生将来必是国之栋梁，便积极向朝廷推荐：“我读苏轼的文章，不知不觉出了一身大汗，真是痛快淋漓！我老人家也该退让，好让这个年轻人能够出人头地！”

欧阳修的科举改革受到广大寒门士子的欢迎，也遭到保守势力的腐蚀拉拢与强烈反对。一天，朝廷一奸臣的公子提着厚礼来见欧阳修，请求他笔下留情，欧阳修当场拒绝：“叫我徇私舞弊，妄想！”说完，将礼物掷出门去。这个公子讨了个没趣，灰溜溜地走了。事后，欧阳修夫人杨氏胆怯地说：“他老子是朝廷命官，又官居一品，得罪不起呀！”欧阳修愤慨地说：“怕什么，大不了丢乌纱帽，做不了官，就回江西老家去。”丈夫的刚正气节使杨氏感动，她望着丈夫，既赞许又担心。

1061 年，欧阳修升任参知政事（即副宰相），有了为国效力的更高平台。他与宰相韩琦同心辅政，关心民生，公平处事，因此朝政清明，社会安定，史称“嘉祐之治”，开创了北宋的一段盛世。

欧阳修职务更高了，在朝廷仗义执言，不畏权贵，为民请命，据理力争，因此遭到奸臣贪官们更加疯狂的忌恨，千方百计恶意中伤，四处散播他生活行为不轨的谣言，从精神上打击他。幸好朝廷查明此事，还他清白。

1069年，六十二岁的欧阳修以兵部尚书身份任青州知州，兼京东东路安抚使。到职后，他奉行"宽简而不扰"的施政方针，为国家凝聚民心，为百姓落实公平。据旧志记载：他到青州才三五日，事已"十减五六"；一两月后，"官府如僧舍"；两年之后，青州出现"年时丰稔，盗讼稀少"的局面。他在《青州书事》诗中描述，"清明风日家家柳""年丰千里无夜警"。他"宽简而不扰"的为政方针，确实给青州人民带来不少的好处，"以纵为宽，以略为简，则弛废，而民受其弊；吾所谓宽者，不事苛急；简者，不为繁碎耳"。"宽简"政策深得州民的爱戴。

1072年七月，在颍州家中，欧阳修留下一万卷藏书、一千卷集古录、一张琴、一局棋和一壶酒，带着他未能更多地为国尽力、为君尽忠的遗憾溘然长逝，终年六十五岁。死后，神宗赐予他太子太师哀荣，谥号文忠。

欧阳修从寒门孤儿到一代名臣，从文坛领袖到千古伯乐，毕生清正廉洁、正直坦率、刚直不阿，以君为重，以国为上，以民为尊，尽了一个士子所能尽的毕生努力。他无愧于"文忠"，与他的文章诗词一样，光照汗青，垂范千古。

【人物介绍】

欧阳修（1007—1072），字永叔，号醉翁、六一居士，永丰县沙溪人（1054年设立永丰县前，属吉水县籍）。北宋政治家、思想家、文学家，且在政治上负有盛名，常以"庐陵欧阳修"自居。官至枢密副使、参知政事，谥号文忠，庐陵"五忠一节"之首，誉为"一代文宗"。

（井冈山大学　龚奎林）

杨邦乂：铁血丹心铸忠魂

　　1085年，一个不起眼的时间，司马光编撰完成《资治通鉴》，而在同一时空下，吉州军吉水县杨家庄一个叫杨邦乂的小生命诞生了。谁也没有想到，这个不起眼的江右小男孩，长大后却能够舍生取义，在衣服上血书"宁作赵氏鬼，不为他邦臣"，让金人恐惧，被金兀术"剖腹取心"而死。

　　是什么样的力量让其直面生死，又是什么样的精神让其铁肩道义？这就是庐陵节义的滋养与温润。江南烟雨蒙蒙，杨邦乂的墓在吉水黄桥云际寺旁，与南京雨花台的"杨邦乂剖心处"遥相呼应。青山有幸埋忠骨，山河无恙慰英魂。他虽然官职不高，但忠义气节却令后人敬仰，《宋史》专门列有《杨邦乂传》，这是对尊者的褒奖。

　　杨邦乂从小就接受忠义的教育。他是遗腹子，还没有出生，父亲杨同就已去世，母亲陈氏含辛茹苦拉扯他长大，告诫他要为国为民。可阳光并未垂青这位孤儿，尚未成年，慈爱的母亲就劳累病逝，无父无母的兄弟三人相依为命。所幸"兄弟齐心，其利断金"，两个哥哥供他读书。也许年少知道家庭的贫困，也许年少立志要成就一番事业，无论在私塾还是书院，杨邦乂都勤奋好学，操守严谨。在郡城读书时，有同学想毁坏他的操守，假意说请他去朋友家玩，将他骗进一家酒馆，喝了几杯酒后，安排艺妓出来。杨邦乂大吃一惊，连忙逃走，将当时穿的衣服都烧掉，痛哭流涕责备自己。这是一位清者的独立处世之道，引领着走向节义的高峰。

　　1115年，杨邦乂考中进士，先后担任婺源县尉，蕲州、庐州、建康三郡教授，因治理、教化有功，1127年升任建康府（今南京）溧阳县知县。当时正值金兵入侵，徽、钦二帝被俘，而建康府兵又开始叛乱。叛军周德作乱，杀害官民。杨邦乂找到县监中等待行刑的死囚赵明，告诉他可以将功赎罪："你按律当斩，但是你熟悉乡里的豪杰，如能聚集你的同党替县里百姓诛杀乱军，不但宽宥你的罪行，还可上报功劳赐封官爵。"赵明见有活命的希望，请求立即行动，喝下杨邦乂的壮行酒之后，迅速聚拢自己的同党，经过激烈战斗，第二天就讨平叛兵，受到嘉奖。

面对人民流离失所、社会动荡不安的艰难形势，经历过贫困的杨邦乂感同身受，平叛后即行整顿治安，训练民兵，加强民防，以至"在任三年，盗不入境"。他在治内"除苛政，重教化，均征徭"，免除苛捐杂税，兴修水利，劝导开荒，发展生产，使得溧阳县物阜民丰、民生安乐，深受老百姓爱戴。老百姓担心他调离，想方设法留他在溧阳。杨邦乂终因平定叛乱和治理有功，被朝廷升任建康府通判。

1129 年九月，金兵进攻南宋，分东西两路进军，直逼南京，企图一举灭宋。各路宋军奋起抵抗，但都因实力悬殊而败北。金军轻骑直驱扬州瓜洲渡，扬州失陷。宋高宗赵构从南京逃跑到扬州，接着马不停蹄地前往杭州，留下右仆射、建康留守杜充为御营使，命令韩世忠、王燮等将领听从杜充调遣。朝廷内部，主战派和主和派争执不下，畏金军如猛虎的宋高宗打算退守长江，以谋求和议，偏安江南。十月，南宋江防尚未巩固，金军便在主帅兀术（本名完颜宗弼）率领下，继续挥师南下，攻陷寿春、庐州。大军压境，形势非常危急，但杜充却"闭门不出，隔岸观火"，仅以六万兵力守卫长江南岸。时任统制岳飞、通判杨邦乂向杜充建言，认为敌人准备横渡长江，需要认真备战，并痛请出兵，但杜充一味敷衍。

兀术率军强行渡江，情况十分危急。杜充不得不急派都统制陈淬、统制岳飞等将士出击迎战，命王燮所部救援，同时让杨邦乂协调粮草。十一月，陈淬、岳飞等人与金兵决战于马家渡，双方交战多次，硝烟滚滚，不分胜负。关键时刻，王燮竟然不去救援，率军先逃，致使陈淬诸将被金兵擒获，岳飞在杨邦乂的后勤支援下率军苦战，却独力难支。令人气愤的是，性情残暴、有勇无谋的主帅杜充不顾他人生死，率领嫡系几千人逃跑，最后投降金军。

长江无险可据，兀朮渡江后立即围攻建康。户部尚书李棁、沿江都置使陈邦光胆小怕死，决定放弃建康，派人去十里亭向金军送投降书，率领下属官员跪拜迎接金兀朮入城。毫无兵权的通判杨邦乂拒绝向金军投降，决定毁家纾难，带领部分兵士和义士奋起抗敌，因寡不敌众被俘。

兀朮为了瓦解宋人的抗金意志，派说客招降杨邦乂。面对金人许诺的高官厚禄，杨邦乂严词拒绝，破口大骂，咬破手指在衣襟上写下"宁做赵氏鬼，不为他邦臣"十个血字，以明忠君爱国之志。第二天，兀朮设宴，许诺在杨邦乂原来官职的基础上加升两级。杨邦乂一口拒绝，并用头撞柱子底下的石碇，不顾鲜血直流，大声吼叫："活在世上连死都不怕的人，还会被别的什么利益所诱惑吗？快快把我杀掉！"

兀朮仍不死心，第三天在为李棁、陈邦光等降将举行的招待宴会上，命人将杨邦乂带来。在歌舞升平、觥筹交错中，杨邦乂横眉昂首而立，誓死不降，大义凛然的气概使李、陈等人汗颜，头都不敢抬。杨邦乂对李棁等人变节投敌非常痛恨，厉声痛斥："我与你们奉天子命令守城，你们不抵抗，居然派人出城迎接敌军，屈节投降。今天，你们又同敌人在一起饮酒取乐，还有什么脸面见我？"李棁等人面露羞色，无言以对。

随后，陈邦光等人以杨邦乂子女年幼、妻子多病等理由婉言劝降。杨邦乂说："如果家事与国事不能两全，当以国事为先。我固然珍惜亲情，但宁死也要守住气节。"这时，有个姓刘的金军团练走过来，将写有"死""活"二字的纸展示给杨邦乂："你无须多说。想活，就在这纸上写个'活'字；想死，就在这纸上写个'死'字。"杨邦乂坦然接过纸笔，奋笔写下"死"字。在场的人大惊失色，面面相觑。

第四天，兀朮亲自劝降。杨邦乂遥望南方，破口大骂："如果你们真的图谋中原，老天爷可能让你们长久吗？一定会将你碎尸万段，你哪里能够侮辱得了我！"兀朮没料到会遭痛骂，恼羞成怒："你好大胆子，究竟长了一颗什么心？"杨邦乂傲然而称："我有一颗忠于宋王朝的铁心！"兀朮大喊："那我就把它挖出来，看看它硬不硬！"当即下令刽子手割其舌头，剖开胸膛，剜去心脏。杨邦乂被残忍杀害，享年四十四岁。室外，滂沱大雨倾盆而下，电闪雷鸣摧枯拉朽，而杨邦乂犹如一尊山岳，感动天地！

杨邦乂铁骨铮铮、以身殉国的事迹传到南宋朝廷，屈膝畏敌的朝纲为之一震。第二年，岳飞大破金军，光复建康，奉命建杨邦乂墓、杨邦乂剖心处。1132年，宋高宗赵构颁赐《赠杨邦乂直秘阁朝奉大夫制》诏书，称"烈士杨邦乂砥节，死有重于泰山"，赐谥号"忠襄"，下令造墓、建祠、立碑，赐建"褒忠祠"。五年后，枢密院再次进言，称杨邦乂"忠节显著"。宋高宗深表赞同："邦乂为朕死节，不可不厚褒禄，以为忠义之劝。"追封杨邦乂为徽猷阁待制，征召他儿子做官，赐其子孙三百亩田地。

1185年，杨邦乂诞辰一百周年之际，其族孙大诗人杨万里撰《宋故谥忠襄杨公行状》，详细介绍了杨邦乂的家世、成长经历、就义细节。杨邦乂的忠义感动此后的历任皇帝。1384年，明太祖朱元璋与军师刘伯温游览金陵，问及前代忠臣逸事。刘伯温说："宋臣杨邦乂死节最烈。"并详细告知杨邦乂事迹。朱元璋听后感叹："忠臣啊。"于是题赠《褒忠诗》："天地正气，古今一人。生而抗节，死不易心。折辱夷虏，扶植人伦。宜加汝封，庙食万春。"

在庐陵文章节义的影响下，杨邦乂为国捐躯、从容就义，其爱国主义精神和崇高的民族气节，一直为后人敬仰，与欧阳修、胡铨、周必大、杨万里、文天祥合称庐陵"五忠一节"。现在南京雨花台烈士陵园内，还有"杨邦乂剖心处"碑，以及与文天祥合祀的"二忠祠"，熠熠发光。

【人物介绍】

杨邦乂（1085—1129），字希稷，吉水县黄桥镇杨家庄人。抗金名臣，大诗人杨万里族叔祖。1115年中进士，历任婺源县尉，蕲州、庐州、建康三郡教授，溧阳县知县，建康通判等职。1129年抗金被俘，殉节而死，谥号忠襄，庐陵"五忠一节"之一。

（井冈山大学　龚奎林）

杨万里：爱国忧民蕴诗情

说起杨万里，人们首先会想起"小荷才露尖尖角，早有蜻蜓立上头""接天莲叶无穷碧，映日荷花别样红"等脍炙人口的诗句。媒体对他的介绍，基本上说他是著名诗人。可是，他并非"专业诗人"，主业是从政，在仕途上奔波近四十年，经历过官场各种风雨，写诗只是"业余爱好"，是表达思想感情的方式。杰出的庐陵"五忠一节"中的"一节"，就是杨万里，谥号"文节"，既有文采又有气节。他被世人所敬仰的，是爱国忧民的情怀，是坚守节操的品行，是天地凛然的正气。

杨万里的故乡吉水县黄桥镇湴塘村，背后连绵的山冈上布满松树，前临开阔的田畴，其家乡的母亲河南溪蜿蜒流淌。这个"杨万里诗画小镇"，古宅整洁，新楼美观，展示了杨万里的许多诗，诗意盎然。2016 年复建的杨氏忠节总祠，正堂上高悬着明太祖褒奖的"天地正气"匾，与"忠节"总祠名称相互辉映，正是杨氏精神的呈现，杨万里便是家族中的典范。自从称为"吉水杨"一世祖的唐末吉州刺史杨辂定居以来，杨氏家族崇文重教，忠孝传家，名士辈出。杨氏后裔特别注重品行节操，舍生取义在所不辞。如宁死不屈的抗金英雄杨邦乂、精忠报国的岳家军勇将杨再兴等。杨万里把杨氏先贤当作楷模，一生如此。

杨万里出生那年，金兵大举入侵中原，北宋灭亡。康王赵构建立南宋，偏安江南，从此开始了长期对峙的局面。南宋与金国战战和和，老百姓难得过上几天安稳日子。杨万里生长在这样的时代，关心国家前途和命运成为他一生的思想基调，爱国图强是一生的追求。

1159 年，杨万里被调往湖南永州零陵任县丞。此时，著名抗战派领袖张浚受主和派排挤一直谪居于永州，满腔忧愤。杨万里仰慕这位爱国名将，三次请求谒见未果。他再三写信求见，最后由张浚之子张栻引见才成。张浚被杨万里的爱国情怀所感动，一番交流下来，非常认可这个年轻官员，鼓励他要站在爱国立场，保持清直节操，勉励他"正心诚意"。杨万里以此为座右铭，把书房名为"诚斋"，作为自己的号，以明心志。庐陵爱国名臣胡铨力主抗金，敢言"杀秦桧谢天下"，被流放二十多年不屈服，杨万里十分崇敬他的气节。胡铨由谪所放还，从衡州到永州看望张浚，杨万里闻讯前往张浚家里，叩见两位年近六十的先辈，拜之为师，所谈"无一念不相忧以国家之虑也"。杨万里"一日而并得二师"，感到万分荣幸。两位忠节名臣对他爱国思想的影响十分深刻。

杨万里在湖南零陵做了三年县丞，把忠君爱国的情怀转变为爱民助民的行动，为当地百姓办成不少好事，与群众建立了密切关系。他离任时，很多人要置酒饯行。他不愿给大家添麻烦，就在半夜里驾着一叶小舟，悄悄离开，"已坐诗癯病更羸，诸公刚欲饯湘湄。夜浮一叶逃盟去，已被沙鸥圣得知"。

1166年，杨万里为父守丧，但依然关心国事。当时，孝宗北伐失败，收复失地的信心不足；国内灾情不断，吏治腐败，人民反抗。内忧外患，关心国运的有识之士都在寻找对策。杨万里上奏《千虑策》三十篇，分为君道、国势、人才、论相、论将、选法、刑法、冗官、民政等十一个部分，纵论古今，分析透彻，深刻总结靖康之难以来的历史教训，直率地批评朝廷的腐败无能，提出一整套强国富民、驱敌安邦的对策，震惊朝野。可是，朝廷不见实际行动，杨万里大失所望。他仍然屡次上书，谏阻损害百姓利益的政令，抗议朝廷对抗金功臣的不平待遇。身在家中，心忧天下。

杨万里服丧期满后，调任江西奉新县知县。上任时正值奉新大旱，牢中却关满交不起租税的百姓，官署钱库相当空虚。他经过暗访知道是官吏中间盘剥所致，并非百姓故意不交。他深刻理解"民为贵，君为轻，社稷次之"的道理，明白"水能载舟，亦能覆舟"的意义，懂得"得民心者得天下"的规律，因此把一腔爱国之情转化为忧民之心，尽自己最大努力为朝廷分忧，为国家尽忠，为百姓解难。为此，他下令全部放还牢中囚犯，禁止逮捕、鞭打百姓，然后通知农户，放宽税额、期限，让他们有时间、有精力去恢复生产。此举受到百姓感激，粮食收割时，百姓欠税不出一月全部缴清。

后来，他还做过常州知州，同样以满腔真情对待百姓，百姓从他身上感受到朝廷的温暖。1179 年，任满回家时，百姓舍不得他离开，都赶来相送，堵塞了街道，让他难以移动脚步，"拦街父老不教行，出得东门已一更"。

1185 年五月，京城发生一场地震，朝廷认为这是不祥之兆，急诏杨万里。杨万里奉诏上书，深刻评论十件时政，劝谏孝宗"姑置不急之务，精专备敌之策"，坚决反对一些人放弃两淮、退保长江的误国建议，主张选用人才，积极备战。这次上书，集中反映了他爱国心之深切和对误国者的痛恨。

1189 年十一月，杨万里受命去做一件令他内心十分痛苦、万分反感且局面无比尴尬的事，叫"接伴金国贺正旦使"，就是迎接和陪同金国派来祝贺宋朝春节（正月初一）的外交使臣。宋金签订《隆兴和议》之后，每年向金国进贡银二十万两、绢二十万匹。金宋两国皇帝以叔侄相称，遇到重大节日或庆典，互派使节庆贺。金国使节来访，宋朝要派老成持重官员到淮河边界迎送，避免引起外交摩擦和军事对抗。皇命不可违，杨万里不得不接受这么一个屈辱的苦差，率团前往淮河南岸的楚州迎送，忍受金使的傲慢和刁难。其间，他眼见淮河北岸原本属于宋朝的大好江山成了别国领土，心情与河山一样破碎，为此写下不少诗篇，表达内心的激愤和痛苦，"船离洪泽岸头沙，人到淮河意不佳。何必桑干方是远，中流以北即天涯"。淮河以北，就是可望而不可即的天涯！这是《初入淮河四绝句》中的一首，诗人极度沉痛之情以平淡的语言表达出来，揪人心扉。

1192 年，他任江东转运副使，正逢朝廷下令在江南诸郡行使铁钱会子。当时江南不流通铁钱，会子无法兑现，又不准用来纳税，凭空加重了人民负担，这样的钱币有什么用处呢？杨万里深知此举弊端重重，使朝廷失去民心，于是不顾个人得失，毅然上书谏阻，却因此得罪宰相，被贬职赣州。于是，他愤然自请离职，回乡度过晚年。

即便如此，但爱国忧民依然是杨万里割舍不断的精神依托。罢官在家，他照旧关心国家的安危和百姓的疾苦，这期间的许多诗歌作品充分体现这种精神依托。"幽屏原无恨，清愁不自任。两窗两横卷，一读一沾襟。只有三更月，知予万古心。病来谢怀杓，吟罢重长吟。"这首《夜读诗卷》写作于自己即将告别人世之际，是以感伤悲凉的咏叹调，将难以排解的郁闷心结做出最深沉的表达。此类诗与他年轻时所写的"稻云不雨不多黄，荞麦空花早着霜。已分忍饥度残岁，更堪岁里闰添长"的《悯农》诗，与中壮年时所写的"去秋今夏旱相继，淮江未净郴江沸。饿夫相语死不愁，今年官免和籴不"的《旱后，郴"寇"又作》诗遥相呼应，表明作者毕生都在为朝廷偏安南隅、官场昏庸黑暗以及百姓艰难生活等表达深切同情和无情批评。作为一个具有平民思想的官员，他始终与国家、人民同呼吸、共命运。

1206年端午节后，一个从郡城回来的族侄与他闲谈，无意中说到韩侂胄擅自发动对金国的"北伐"并导致战争失败，国家形势更加危急，而韩却向朝廷隐瞒战败的结果。杨万里不禁失声痛哭，大骂韩侂胄"专权无上，枉自邀功，动兵残民，危及社稷"，随即病倒，三天后去世。逝世前，他留下遗书，"吾头颅如许，报国无路，唯有孤愤"！带着"但悲不见九州同"的千古遗憾与失落，在不甘、无奈、愤怒、悲痛与哀伤中离去，留给世间的是永恒不变的爱国之情。

此情，气贯斗牛！

【人物介绍】

杨万里（1127—1206），字廷秀，号诚斋，吉水县黄桥镇湴塘村人。1154年中进士，历官常州知州、提点广东刑狱、吏部郎中、秘书监及江东转运副使等，终至宝谟阁学士，封庐陵郡开国侯，谥号文节。因开创"诚斋体"被誉为南宋诗坛盟主，南宋"中兴四大家"之一。相传一生作诗两万首，存诗四千二百多首。著有《诚斋集》一百三十三卷。

（吉州区委宣传部　李梦星）

曾三聘：一片忠心报家国

　　1194 年初冬某天，湖北郢州郡守住处外面，突然锣鼓喧天、金钲齐鸣、响彻云霄。刚从京城贬到郢州做郡守的曾三聘，听到这金鼓之声，为之一震，这是只有在战场上才能听到的号声，难道金军打过来了？急忙追问手下人，到底发生了什么事情？打探人匆匆跑过来说：是附近村社的百姓，正在祠庙里举行祭祀大洪山神活动。

　　曾三聘听后，气不打一处来：这是战场上用来助军威、发号令的金钲和战鼓，哪能在州城随便乱用呢？于是下令逮捕组织者，按罪过大小给予惩罚，并下令焚烧神像、捣毁庙宇。许多道士看新任郡守如此强硬，纷纷逃离。

　　经过这次事件，曾三聘得到警醒，立即加强州城以及外围的防备。驻守郢州的边防禁军，在曾三聘的激励与感染下，大义凛然，誓死防范金兵的进攻。为了进一步激励他们保家卫国的斗志，曾三聘向朝廷建议：旌表制度应当对边防禁军有所侧重，分清主次，激发他们的爱国情怀；在边关实施井田府兵制，可以长期抵抗金兵的入侵。曾三聘新官上任的三把火，确实改变了郢州政治生态，加强了边境防御，巩固了南宋的国防，充分体现出他的一腔爱国情怀。

　　曾三聘的爱国之情、忠贞之心，早在幼年时期就播下种子。他出生在"半壁金花春宴罢，满床牙笏早朝归"的南宋吉水八都兰溪村，"诗礼之厚，人文之盛，无人比肩"。祖父曾光庭特别注重教育，培养后代子孙，他常说"蓄田千亩，不如藏书一束"，曾邀请朱熹、周必大、杨万里、谢艮斋来家乡做客和讲学。这些先贤的学问品行、节操忠义，对曾三聘影响特别大。曾三聘是曾敏行次子，七岁时"日诵千言"，二十三岁就考中进士。

步入仕途的曾三聘，有了施展抱负的机会，有了表达对朝廷、国家和百姓满腔忠贞的平台。首任职务是赣州户曹。这是肥缺，掌管一州府的户籍、婚姻、农桑、杂徭、赋税征收、财产登记等事务，职权范围比当代市级民政局长还要大，但他始终坚持清廉自守，秉公尽职。一郡大小事情，经过他细心观察、缜密分析，解决得合情合理，百姓称赞他处理事情公平、公正。

有一次，父亲曾敏行来赣州游览崆峒山，顺便去郡城看望儿子，只见曾三聘公务繁忙，整天没有时间休息，心痛地说："你这样操心公务，即使学习，也不可能有太大的作为。而案牍之事，又让你不堪重负，我真替你担心。"曾三聘却表示，食君之禄，忠君之事，这是他必须认真做好的事情。他父亲劝他："你还是辞官回家思过吧，这样可以激励自己，发愤图强。"曾三聘表示任期未满，还是干满任期再说。

任职期满，曾三聘述职之后，回到家乡，潜心学习二十年，随后名闻天下。宰相虞允文非常欣赏他的才华，一次长谈之后对他刮目相看，派他任隆兴（今南昌市）府学教授，后又推荐他入朝为官，任军器监主簿。

在军器监主簿任上，曾三聘再次表现出他的才智、能力与忠心。当时，正值宋金两国对垒，边境常常爆发战事，需要大批军需物资和器械，划车弩是其中之一，皇帝下旨要造这种器械。旧的划车弩需要六个人拉弓，而箭只能射二百六十步远，攻守功能都较差。曾三聘接到圣旨，深切体会到皇帝对军器改进、保卫边境的迫切心情，带领团队日夜攻关，对划车弩进行改进，经过反复对比试验，新的划车弩终于研制成功，及时提供给边境部队使用。新划车弩的制工费用不及旧弩十分之三，而且只需一个人拉弓，就能把箭射出三百六十步远，优势非常明显，全面提升了宋军的作战能力。

在朝为官，曾三聘始终洁身自好，尽心国事，力求用绵薄之力为国分忧，为朝廷分忧。他所处的时代，正是南宋朝廷皇帝禅位频繁之际，从高宗到宁宗，四代三禅，祖太皇、父太皇、子太皇，一皇不如一皇。而在这场涉及国家前途命运的风波中，曾三聘不可避免地被裹挟，作为朝中职位不高的官员，他凭着忠贞奉命行事，夙夜唯勤，尽到了自己应尽的职责。

封建帝王时代，一个国家最重要的事情，除了战争就是立储问题，而

清风吉水

立储涉及国家政权的传承与交接。然而，对于帝王家庭来说，偏偏被视为"家事"，凸显的是帝王与文官集团的争斗，处理不好，顾命大臣就会脑袋搬家，祸及子孙。而帝王选继承人，通常会陷入爱屋及乌、此子类己的泥沼。对于帝王的错误选择，文官们均以立嫡立长的祖制回击，这往往又形成皇权与臣职的矛盾和对立，甚至导致抗衡与摩擦。

南宋开国之后的三代帝王，是以内禅的方式交接皇位。1162年，宋高宗禅位给养子赵昚，是为孝宗；1189年，孝宗禅位给三子赵惇，是为光宗；1194年，光宗在太皇太后（即宪圣太后）垂帘主持下，禅位给儿子赵扩，是为宁宗。高宗禅位后，又活了二十五年，直到1187年，他的皇后（宪圣太后）活得更久，直到1197年；孝宗禅位后，又活了七年，直到1194年。三次内禅，体现了皇帝的软弱、皇权的衰落，尤其是光宗内禅（又称绍熙内禅），更是考验朝臣忠心的重要时刻。皇位内禅，意味着皇权受制，现皇与太上皇必然在权力把控上产生矛盾，朝臣们面临着左右为难的局势。而曾三聘在朝廷任职时，正是孝宗禅位、光宗在位，两位皇帝权力碰撞、朝臣左右为难的时期。曾三聘以人微言轻的地位，秉持忠贞为国的理念，甘愿冒杀身之祸的危险，勇于进谏直言，先后四次向朝廷力陈爱国忠君、心忧家国前途命运的主张和意见。

第一次进谏是因为孝宗、光宗父子之间不可避免地因为权力把控而产生矛盾，生性懦弱、患有间歇性精神病的光宗不肯行孝。朝中大臣为"避嫌远罪"不敢多说一句话。曾三聘挺身而出，毅然上疏进谏，请求光宗每月四朝重华宫。怎奈他身微言轻，进谏未被采纳。

第二次进谏是光宗有一次想陪杨皇后去皇家花园玉津阁游玩。曾三聘担心光宗和国家的安危，进谏阻止：现在人心惶惶，大乱将至，大小之臣，惊恐万分。万一敌人的间谍探知，向我们发起突然袭击，我们如何抵御呢？一番言语，全是为国着想，为君分忧。

第三次进谏是1194年新年刚过，孝宗染病，光宗不愿去重华宫探视，群臣激愤，彭龟年叩血苦谏，光宗仍无动于衷。曾三聘毅然上疏：现在社会上各种小道消息、流言蜚语广为传播，说皇上连父亲生病、生日都不去探望，无德无孝。这些谣言舆论，对朝政很不利，况且局势一天比一天恶化。我担心有狂妄之徒、奸诈小人，蛊惑人心，借忠义愤激之情行奸诈之事，煽动民众情绪，到时候发生大乱，我们将后悔莫及。这里不仅有对光宗孝道的劝教，更有对国政的担心、对国家前途的忧虑。

第四次进谏是孝宗去世后，光宗不出面主持大丧，又不视朝，相当于国家无主。为此，朝臣们陷于焦急与混乱状态。此时，曾三聘冒着生命危险向宰相进谏："今日事势，莫若建储。"他的意见得到大多数朝臣的赞同。宰相留正劝光宗立太子，结果光宗给他留了"历事岁久，念与退闲"八个字。留正以为光宗责怪他逼宫，吓得假装跌倒，辞官回家。兼知枢密院事赵汝愚主张让光宗禅位，听说了那八个字，便通过工部尚书赵彦逾、内亲韩侂胄做通了宪圣太后的工作，完成了光宗禅位、国家政权顺利交接的大事。禅位前夜，曾三聘接受赵汝愚的指令，连夜起草禅位诏书，顺利完成这场内禅，迅速平息了政治风波。

曾三聘官品不高，却勇于担当，为了家国天下敢冒风险，忠义气节如长虹贯日，朝中大臣都知道他忠贞。他进谏时，曾有人警告：你越俎代庖，超越了职权范围。曾三聘没被这些警告吓倒，仍坚持本心，为国为民为朝廷尽着自己应尽的职责与忠诚。但是，他一心为国为民，却遭到小人的嫉妒和仇恨，中书舍人黄艾、监察御史张岩、枢密院驱使官蔡琏先后弹劾他。此后，曾三聘绝意于仕途，以此方式保留了自己最后的忠贞。

【人物介绍】

曾三聘（1144—1210），字无逸，1166 年考取进士。历任赣州户曹、军器监主簿、秘书郎兼考功郎、鄞州知州、郴州知州、广西提刑、湖北提刑。1239 年特赠三官、直龙阁，谥号忠节。有《存存集》三十卷、《存存斋记》三卷、《拟志林》十卷、《药问》五卷、《因话录》十卷、《闭户录》三卷。

（吉水县八都中学　李宗江）

胡梦昱：凛凛孤忠死亦生

　　胡梦昱，南宋时吉水县中鹄乡新嘉里功德源（即今黄桥镇功德坑村）人。1217 年考中进士，做过主簿，后考中大法科，在峡州司法任上升为大理寺评事。他一踏上仕途，就忠诚谋国，深具忧患意识，不顾地位低下，积极上疏，规劝皇帝和宰相要有远谋卓识，表现出对朝廷、对君王、对国家与百姓的一腔赤子之忧。

　　1217 年，宋宁宗下诏伐金，并对金国农民起义军实行招安。第二年正月，势力较大的李全义军归附南宋。朝廷自以为计策奏效，沉浸在一片喜悦之中，并准备重用李全。胡梦昱觉得事出蹊跷，立即上书，提醒此事"情态叵测，祸所伏也"，建议务必要预先提防，善于操控，否则后果严重。可惜人微言轻，他的上书没有引起注意。不久后，李全果然对朝廷阳奉阴违，反反复复，要挟朝廷不断给他封官加爵，直到 1230 年更是公开与宋廷为敌，彻底背叛。

　　1223 年，淮东制置使贾涉病故，朝廷任命许国继任。胡梦昱听到消息后，心急如焚，赶紧上书，直言用人不当，许国的德行威望不足以镇住边境各种势力。可惜的是，奏疏还没送到朝廷，许国已走马上任。1225 年，有勇无谋的许国在心怀祸胎的李全逼迫下自杀身亡。这两次上书，都充分体现胡梦昱"精识服人"，具有先见之明、识人之准，更体现他对朝廷、对国家的一腔忠贞。

　　胡梦昱为官有忠劲节操，淡泊面对个人名利。1222 年正月，宋宁宗接受"皇帝恭膺天命之宝"玉玺。玉玺本是靖康之变时被金国掠走的，蒙古在作战中得到，为笼络南宋，便把玉玺归还给南宋。南宋朝廷虚妄地认为这是祥瑞之兆，满朝文武奔走相告。皇帝也高兴得"大布恩泽"，厚赏文武官员。

唯有胡梦昱不愿受赏，他对满朝文武的虚骄满怀忧虑，认为国家处于多事之秋，加官晋爵并不合适，作为臣子理应居安思危，知耻后勇，忠勤为国，怎么能无功受禄呢？在那时，胡梦昱恐怕是唯一能保持清醒的官员，"世人皆浊而我独清"，对比之下，这份清廉忠节，可谓皓月光辉！

1224年，宋宁宗驾崩。权相史弥远胁迫杨皇后，矫诏废除皇子赵竑，封为济王，并责令出居湖州。擅自立成国公赵昀为新帝，是为理宗。次年正月，湖州人潘壬、潘丙兄弟密谋政变，拥立济王为帝。被迫黄袍加身的赵竑，一面暗中派人前往京城告知事变，一面率领州兵平息了叛乱。史弥远派人以治病为由来到济王府，逼迫赵竑自缢，因湖州别名雪川，故史称"雪川之变"。不久又褫夺赵竑的王爵，先降为巴陵郡公，再降为巴陵县公。

从废立皇子到"雪川之变"，再到对赵竑后事的不公平处理，引发朝政极大的震动，许多士大夫长期积累的不满瞬间爆发，纷纷上书，指责朝廷处理失当，为赵竑大鸣不平。

胡梦昱临危受命，协助大理寺少卿徐暐处理济王案。真相大白后，他愤而上奏《请立济邸后疏》，指出济王称帝事件，是被凶党所迫，绝不是他本人意图，是一桩地道的冤案，理宗有义务予以纠正；从伦理纲常来看，大宋立国的根本在于"祖宗友爱之义"，现在这样做，是"戕天理、弃人伦"，对立国根本损伤太多！当务之急要拨乱反正，大力"追赠褒崇"济王，遣使祭祀，安抚其家属，立其后嗣，让死者无憾，生者生活有着落。这番奏言，不仅出于为济王平冤昭雪，更在于为朝廷和帝王维护形象，是作者忠勇为国、明辨是非、一腔忠贞竭力维护朝廷纲常的具体反映。

他还不畏强权，将奏疏副本送给史弥远，附上一封书信，矛头直指这位权欲熏天的大丞相，直斥他"残忍刻薄"；严厉警告说，公论在天下，日久自明，冤案没有久而不伸的，此案日后必有反复，压制冤案只怕会成为国家的不祥之兆。他更明确地表示，自己如果缄默不言，就是"上负君相""下负所学"，所以不能不"披露肝胆"，如果因此得罪，即便"斧钺鼎镬"在前，也"甘之如饴，无怨无悔"！

胡梦昱的奏疏和书信，浩然正气充盈天地，奋不顾身的忠国精神荡气回肠，正如明代解缙所说的"抗人所不敢抗，言人所不敢言"。史弥远见阴谋被戳穿，恼羞成怒，立即指使爪牙梁成大、李知孝交相陷害，给胡梦昱扣上"党附叛逆"的罪名，销毁他中进士以来所写的全部文字，将他从原籍中除名，押送广西象州羁管。在胡梦昱前往象州途中，还密令广西帅臣钱宏祖杀害他，心肠歹毒残忍至极。好在有好友通判陈公汶紧随左右，才使史弥远的阴谋没有得逞。

史弥远及其党羽丧心病狂迫害胡梦昱，本想杀一儆百，制造寒蝉效应，不料更加激起忠直之士的同情与声援。参知政事袁韶拒绝在执行公文上签字。徐瑄证明胡梦昱不是沽名钓誉，所说的句句是事实。退休在家的宝文阁学士傅伯成愤怒上疏，为言事获罪者担忧，正告说：假若胡梦昱到岭南，"万一死于瘴痢"，皇上和大臣免不了杀害进谏者的责任，史册定会记载这耻辱一笔的！朝中理学名臣魏了翁等还不畏牵连，竞相为其钱别壮行。

如此情形，让大家自然想到胡梦昱的庐陵同乡前辈胡铨。胡铨在《上高宗封事》中激烈反对议和，请求斩下秦桧等奸贼的首级，为此他被贬到海南岛。胡铨被贬出行时，朝中正直之士纷纷写诗壮别。差不多一百年后，这一幕在胡梦昱身上重演，送行忠友不约而同把他比作胡铨。乡人杨长孺诗赞"李庭男子真奇绝，便是吾乡小澹奄"；刘梦才评论"绍兴宝庆百年余，古往今来说二胡"；罗耕写道"更问澹庵老居士，儋州还似象州无"；李元实则说"雕嘴明知林甫毒，鲠言要与澹庵班"；翁定更讲"应诏书闻便远行，庐陵不独诧邦衡"；宋自适夸他"凛凛庐陵一澹翁，飞扬复起振高风"……这些旗帜鲜明的诗句，凛然表达了对庐陵忠义的敬仰！

到达象州后，胡梦昱在孤独中砥砺，始终保持忠鲠之气、忠亮之节。"非求美誉传千古，不欲浮生愧两间"，直道而行；天地之间，不愧忠心，光明磊落。他超越生死，坚守人生价值。"元来忧国不怕死，非为捐身要出奇。"本心若此，无论庙堂江湖，又何须忧谗畏讥？直抒胸臆的诗句表白的是他矢志不渝的忠怀。

奸党的迫害还在继续，不久便以"罪大罚轻"为由，将胡梦昱再贬钦州。"飒飒秋风飞起，瘴岭黄尘扑地"。这位铁汉在逆风中站起，却再也无法顺风前行，1226年九月二十一日在象州贬所"凉馆"与世长辞。一年时间不到，傅伯成的担忧竟成现实！

忠臣出于孝友之门，胡氏的忠厚家风给予胡梦昱正道前行的力量。胡梦昱两岁而孤，八岁祖父去世，由母亲一手拉扯大，可谓"艰苦万状"。母亲经常用父亲的事迹和"立身忠孝门，传家清白规"的家训教导他，勉励他与兄弟努力读书，不给父亲丢脸。他们践行母教，与高尚君子交，刻苦向学，自立自强。母亲去世后，更是牢记"家法"，友爱相处，共振门户。

胡梦昱到京城做官，兄长胡梦白与弟弟胡利用到京城同住。由于俸禄微薄，弟弟勤俭持家，良苦用力，以维持基本生计。胡梦昱贬谪象州，胡梦白带家小回老家，卖文为生。胡利用则徒步随二哥到贬所，不久撒手人寰。几个月后，胡梦昱去世。1232年，胡梦昱奉旨归葬。胡梦白到象州迎灵归乡，途中病死。胡梦昱最终安葬于天玉山。一门孝友忠义，悲情令人落泪。

1234年，胡梦昱得到平反，"贯日之忠"迎来迟到的正义。而济王冤案，直到1275年才最终昭雪，四年后南宋灭亡。为缅怀忠烈，象州建有梦昱学祠，吉州将其神位请进九贤祠，与欧阳修、杨邦义、胡铨、杨万里、周必大、欧阳珣、欧阳守道、文天祥等乡贤并列，史称"庐陵九贤"。

胡梦昱继子胡知柔将其遗文事迹编成《象台始末》一书，四库全书"特著之录，以示表彰之义"。"凛凛孤忠死亦生"，胡梦昱不朽忠节流芳青史，永远激励人们做忠义刚直贤明之士。

【人物介绍】

胡梦昱（1185—1226），字季昭，又字季汲，号竹林愚隐，南宋吉水中鹄乡新嘉里功德源人。历任南安主簿、都昌主簿、峡州司法参军、大理评事等。因上书言事得罪权相史弥远，贬谪至象州，死于贬所。后获平反，谥号刚简。著有《象台始末》《竹林愚隐集》等。

（浙江农林大学　彭庭松）

陈　诚：一片忠诚使西域

　　说起横跨欧亚大陆的"丝绸之路"和"通西域"大业，人们首先想到的，是西汉的张骞和东汉的班超。这两个"猛男"有勇有谋，经历雨雪风霜，面对千难万险，依然百折不挠，不辱使命。还有唐代的玄奘，即小说《西游记》里的唐僧，也曾踏足漫漫西域，敢问路在何方，书写人生传奇。

　　明初，是古代中外交通史上最后一个辉煌期。海上有郑和七下西洋，千帆竞发、百舸争流；陆路有陈诚五使西域，马蹄声声、驼铃阵阵，史学家称"他的功劳并不比郑和小"。哈萨克斯坦等中亚各国如今还存有陈诚当年出使的遗迹。苏联历史学家弗拉基米尔·佐夫评价他："以真诚的态度和不放弃的精神，给帕米尔高原周边各民族带来了和平与安宁，他是十五世纪最杰出的和平使者。"

　　陈诚自小天资聪慧、才学过人。1394 年考取进士后步入仕途，被授予行人司行人之职，从此开启长达二十九年的爱国使臣生涯。

　　1396 年，陈诚奉旨首次出使西域——撒里畏兀尔（今柴达木盆地西北地区）。有人建议他"尽一切努力进行移民"，但他坚决拒绝，认为只有发展当地的农业生产，才是游牧部落安居乐业的前提和基础，过分移民反而会增加游牧部落的猜疑与不满，给民族关系的缓和、边疆百姓生活的安宁带来不利。于是，他请求朝廷派出熟悉农业生产的官员，全力推广中原地区先进的农业生产技术。1418 年，陈诚给帖木儿国带去北魏贾思勰的《齐民要术》和郦道元的《水经注》译本，主动联系帖木儿主管农业的官员，解释书中的农业灌溉技术等难点。在他的提议下，国王沙哈鲁还在宫院中开设一个农业生产"试验场"。此后，中国先进的农业生产技术开始在中亚地区广泛传播，为当地百姓带来金色的希望，有效地促进了明朝与边疆民族关系的融合。

陈诚出使西域，夙兴夜寐、殚精竭虑完成两本书《西域行程记》和《西域番国志》的撰写。出发之前，大学士胡广嘱咐他：要多观察沿途的山川地理、物产风俗等，以帮助朝廷更加全面深入地了解西域。于是，陈诚将沿途所见所闻记录下来，完成《西域行程记》一书；又按照国别分类，写成《西域番国志》一书，成为明清时期官修史志以及后世了解西域历史、风土人情的重要资料。两本书，见证了陈诚对大明王朝的忠贞，反映了他对西域民族的诚心。

《西域行程记》主要记述陈诚第二次出使西域的经过，即从肃州卫（今甘肃酒泉）出发，行程万余里，最后抵达哈烈。书中还逐日记录天气情况、行经里程、行进方向、住宿地点及地名地貌等。这就是如今妥妥的"旅行攻略"啊，这一方面，陈诚跟游圣徐霞客有得一比。

《西域番国志》侧重关注西域诸国的风土人情、地形地貌、政治制度，多结合具体事例进行解释。记述顺序与《西域行程记》相反，大致呈现自西向东的顺序。陈诚对哈烈国的记述最为详尽，例如他特别提及撒马尔罕城的文字书写情况："经文皆用羊皮包裹，文字书以泥金。"

这两本书一经写成，陈诚就敬献给皇帝，让皇帝与朝中大臣对西域情况有比较清晰的了解，并因此而制定出符合西域实际的边疆政策，对于西北边疆的巩固起到了基础性的作用。

陈诚出使西域的使命，就是为了安抚边疆各国与少数民族，稳定国家的边防。因此，他"宣天朝之威，布仁德之心"，带着诚心前往西域各国，开启了明初边疆的政通人和、长治久安。

陈诚在撒里畏兀儿出使期间，得知这里的一些弱小部落时常受到蒙古流寇的骚扰，便携带五十八颗铜印前往安抚，以耐心换取真心，以诚心带来归心。短短几个月，他就建立了"安定卫""曲先卫""阿端卫"三个重要军事基地。这些基地，对于明朝政权在当地行使有效管理提供了坚强有力的保障，又有利于推动与西域各国在经济文化等领域的交流合作。

1414年十月，帖木儿国王沙哈鲁在赫拉特（今阿富汗赫拉特城）举行

清

风

吉

水

盛大仪式欢迎陈诚一行。会见中，陈诚以大国使者的风采赢得国王沙哈鲁的尊重。当然，也有不和谐的插曲。一直主张抗击明朝的"仇华派"代表阿哈黑将军，祖上曾是元朝的重要大臣，当场发难，指责明朝驱逐蒙元，一直与蒙古人为敌。陈诚针锋相对，慷慨陈词，指出"国之运祚，在德不在威"，逐一列举前元各族官员在明朝受到优待的事实，并让使团官员萨都木当场"现身说法"。陈诚向帖木儿国君臣明确表示了明朝的友好态度：明朝与帖木儿的良好沟通，是"以德护民之举"，如果继续争论下去，只会带来灾难，"祸连贵国苍生"。"仇华派"最终彻底失势，沙哈鲁在内宫为陈诚一行举行家宴，并让他的"接班人"乌格拜见陈诚，表示愿与明朝世代友好。在帖木儿期间，陈诚还走访了当地著名的宗族和商会，拜会各国驻帖木儿使节，消除他们对明朝的误解，树立明朝良好的国家形象。"海内存知己，天涯若比邻。"一句话，把朋友搞得多多的，把敌人搞得少少的。

陈诚出使西域，始终坚持友好往来、维护国格的原则，出使时携带大量礼品，作为国与国之间交往的见证。他代表大明朝廷给沿途各国的王臣送去瓷器、丝绸、茶叶等，这些保留中国历史体温与文化符号的物品，既是美的馈赠，又是爱的阳光，何尝不是和平友善的春风雨露呢？

他向朱棣建议开放与西域的贸易，认为这样既"减轻过境之苦"，又能"与时俱进，百年受益"。朱棣于是在哈密、凉州和甘肃建立"互助市场"，允许西域商队在此交易。

朱棣在写给沙哈鲁的书信中，表达了同西域各国真诚交往的愿景："从西域前往中国的人，均受保护礼遇；来往的商人不受阻碍，两国臣民，共享太平。"

这一政策的"连锁反应"是帖木儿帝国重新开通伊朗西部古驿道，这条驿道因战争而废弃，并延伸至土耳其甚至埃及。至此，自元末废弃的丝绸之路再现商旅繁荣。中国的丝绸出口到西亚和东非，中东乃至欧洲的商品和文化经典逐渐输入中国。值得一提的是，中国著名的数学成就"求解高次方程的方法"在元末失传，后被阿拉伯数学家归还。

此后，明朝国策虽然有所改变，但这条贸易路线从未中断，直到明末崇祯年间，陕西西安和甘肃凉州仍是西域商旅纷至沓来的"国际大都市"。

陈诚的出使活动险象环生、苦不堪言。"路出榆关几十程，诏书今到土番城""一片青烟一片红，炎炎气焰欲烧空""杯泉杓水求不得，且向道旁少休息""马带征鞍卧软沙，人拥毡裘坐终夕"，但他甘忍其苦，"姓名不勒阴山石，愿积微勋照丹青"。

他的贡献，不仅拓展了与西域的友好关系，还大大增强了中国在世界的威望，为当前我们的"一带一路"建设奠定了历史渊源，积累了宝贵经验。据《明实录》记载：永乐朝廷的二十二年时间，西域国家向明朝进贡一百二十七次，且前来朝贡的国家和地区有逐渐扩大之势。

"大漠孤烟直，长河落日圆。"陈诚五出阳关，带队义无反顾地走向荒漠、雪山、戈壁、丛林，他的身体如同水晶，带着金属般訇然作响的光芒，在西域舞出外交风度，舞出大国气势！他艰苦跋涉数万里，使得丝绸之路重获生机，对明初西北边境的安定、丝路贸易的繁荣，以及中国对外文化交流具有十分重要的意义。可以说，他与张骞、班超相互辉映，再现出丝绸古道"商旅相望于途、使节络绎不绝"的盛况。

六十三岁时，陈诚辞官回到老家闲居三十载，超然世外。出使中接触过无数西域的奇珍异宝，西域各国君王要送给他的礼物无数，但他只带回一棵柰树，移种在家乡，留给子孙。如今，吉水阜田上陈家那棵高大挺拔的柰树，仍向世人诠释着陈诚为国赤胆忠心、于家清廉高洁的风骨精神。

【人物介绍】

陈诚（1365—1458），字子鲁，号竹山，吉水县阜田镇陈家村人，明朝杰出外交家。明洪武甲戌科进士，历任吏部行人司行人、主事、员外郎，官至广东布政司右参政。一生五使西域，沟通了中国与西域各国的友好往来。著有《西域行程记》《西域番国志》《竹山文集》《与安南辩明丘温地界书》等。

（吉安市委政研室　曾绯龙）

解缙：风行鉴湖春雨归

"每到秋时总忆家，鉴湖秋水浸明霞。"这是在外为官时的解缙写给外甥信中提到的家乡美景——吉水鉴湖。

1369 年，解缙出生在吉水县城鉴湖西岸的一个儒学世家，父亲解开是吉安府名儒，母亲高妙莹是有名的才女。天资聪颖的解缙，在父母的悉心教育培养下，成长为令他们都惊叹的国之栋梁。1387 年，解缙与兄解纶、妹夫黄金华一同参加江西乡试，次年又同时中榜为进士，再次创造吉水解氏"一门三进士，兄弟同登榜"的科举盛况。在求学过程中，解缙从父母、老师那里不仅学得满腹知识与学问，更学得出忠入孝、无愧天地的品德节操。

学成文武艺，货与帝王家。解缙高中进士后，被授予中书庶吉士的见习职位。在翰林院，他的聪明机智与学问才华得到朱元璋的赏识，很受宠爱。他虽然年仅十九岁，但对国家大事有独到见解，直言中的、快人快语、初生牛犊不怕虎的风格，也令听惯了朝中大臣们刻板官话套话的朱元璋耳目一新。

一天早朝后，朱元璋把解缙召到大庖（宫内食堂）西室一起用膳，就朝廷政务进行一番深入交谈。太祖对解缙说："朕与尔义则君臣，恩犹父子，当知无不言，你且把如今朝廷施政的相关事情，试举几件来，不加隐瞒地说给我听听。"年轻的解缙一听太祖这番话说得情深意切，于是滔滔不绝地讲一通，听得朱元璋脸带笑意，不停地点头。

回家之后，解缙依然激动不已，皇帝的信任让他感觉报国有门，于是将自己讲的这些东西连夜修书一封，次日早朝时呈报给朱元璋，这就是历史上著名的《大庖西室封事》。他从国情的现状开始，直言坦陈，就帝王读书的选择到国家律政的颁布，从扬善惩恶的必要到奖勤罚懒的推行，要求皇帝严肃朝章，减免重税，以德代刑，赏褒善政。字字直指时弊要害，句句直戳皇帝内心，可谓言之凿凿，用心良苦，无不显见解缙心存天下、以国事为重的忠心。虽然得到皇帝宠爱，让年轻的他不可避免地有些忘乎所以，言辞直率激烈甚至无所顾忌，但言语中心存国家、情系百姓的浩然大义也直溢书外。朱元璋看完后，对解缙更加赏识。

受到鼓舞的解缙爱国忠君之心爆棚，觉得自己在《大庖西室封事》中还没有讲清讲透自己心里想要讲的东西，又急不可耐地呈上一本《太平十策》，更加详细地向朱元璋陈述其治国之策，涉及治国理政的方方面面，如限制特权阶层兼并土地、推广礼乐等，鲜明大胆地反对掺杂迷信的政治信仰，提出应该为太祖治国编纂必备的儒家经典选集。这道策论堪称一份政治建言，朱元璋由此更进一步了解到解缙的才华。

但解缙毕竟太过年轻，不懂收敛与圆滑，依然毫无顾忌地建言献策，指责他人过错，甚至提出"削藩"的建议，因此触怒不少朝中大臣，也令朱元璋感觉他少年得志便猖狂，于是趁他父亲入京之际，下旨让他回家再读十年书，"大器晚成，若以尔子归，益令进，后十年来，大用未晚也"。

然而，解缙的性格注定了他才华与险恶并存、显赫与悲惨同行的人生。尽管他忠心耿耿，但世事的变化总会让他这艘小船在时代的狂风巨浪面前颠簸、飘摇。

朱元璋驾崩、朱棣"靖难之役"后，解缙又成了永乐朝的臣子。朱棣早就阅读过解缙的《大庖西室封事》《太平十策》等振聋发聩的文章，对他存有好感，也知道他忠心，因此在登基做皇帝后，再读《太平十策》时深为叹服，连称解缙为奇才，并将他升职为翰林侍读，两年后又把他选入内阁，担任首席辅政大学士。此后，解缙开始参与朝廷最高政务和决策，开启了他人生光辉灿烂的巅峰，出谋划策，提出很多有益于国家、有益于百姓，也有益于朝廷的意见和建议，真正起到了辅政、善政、仁政的效果。因此，朱棣高兴不已，忍不住对大臣们说："天下不可一日无我，我则不可一日无解缙。"朱棣嘱托解缙推荐能人，解缙也秉着爱国忠君之心，将真正有才华、有能力、有品德的人才推荐给朱棣，胡广、杨荣、杨士奇、金幼孜、胡俨等人都

清风吉水

经他推荐而进入永乐内阁。两年后，解缙被朱棣选为《永乐大典》主纂。

解缙秉忠尽忠，但不愚忠，不是不讲原则、不管对错的忠，也不是小忠，不是只忠于皇帝一人的忠，而是忠于国家、忠于人民的大忠。他立于庙堂之高而忧其民，始终认为百姓福祉才是朝廷大事。为此，他不像圆滑之辈那样，取利不取德，趋利而避害，而是不躲不避、不遮不掩，直面而上，大有"我不入地狱谁入地狱"的豪迈气概。

1405 年，朱棣召解缙入宫，就立太子之事与他商议。当时，朱棣在立太子的问题上一直摇摆不定，难于抉择："靖难之役"时，朱高炽作为世子坐镇北京，稳定大本营和后方，功不可没，而且为人仁厚；朱高煦跟随他作战，功勋卓著，而且传说他为促使次子努力作战，曾暗示过立其为储。因此，他曾征询朝臣的意见，可满朝文武都知道自古以来最凶险的战争便是皇家的"储位之争"，唯恐避之不及，"人精"姚广孝一句"立储乃皇上家事"就轻松置于事外。

但是，解缙没学那些圆滑与躲避，而是义无反顾地踏进去。在他看来，立什么人为太子，关系着国家兴败、百姓安危，岂因福祸避趋之？因此，当朱棣向他征询时，他力主立其长子朱高炽，"立子为长，古来如此。皇太子仁孝，天下人心归附，若弃长立次，必兴争端"。但朱棣本身就不是长子出身，心中有梗，依然犹豫。这时，内宫太监恰好送来一幅《彪虎图》，画着一只白额猛虎回首望着身后幼虎，情状甚为亲昵。解缙看见此图，当即吟诗"虎为百兽尊，谁敢触其怒？唯有父子情，一步一回顾"。朱棣不禁被触动内心，见此情状，解缙正好又看见不远处走过的朱瞻基，马上赞了一句"好圣孙"。朱棣一直喜欢这个皇长孙、朱高炽的儿子，认为他有自己的风范。经此一番"心斗"，才下定决心立朱高炽为储君。

立太子之事，鲜明地体现解缙对大明王朝江山社稷的一片赤诚之心。历经三朝的他，果真不知违背帝意的后果？或许，他经历朱家三朝风波，已经预见到潜在的政治风险和危机。虽然历史不能假设，但若是按朱棣本意立朱高煦为太子，明朝王室或许会更早祸起萧墙。明知自己参与立太子之事会祸及自己，解缙仍不惜冒生命之虞，极力劝阻，践行大忠大义。后来朱瞻基即位，开创"仁宣之治"便是明证。

解缙的忠义，果然招致朱高煦的忌恨和千方百计的陷害。1410年，解缙入京奏事，正遇朱棣北征未归，只好觐谒太子朱高炽而返。朱高煦乘机谗言"私觐太子""无人臣礼"，这让内心敏感的朱棣勃然大怒，诏令将解缙逮捕入狱。1415年，朱棣在特赦名单上看到解缙名字时，因为一句"缙犹在耶"，就让下属心领神会地结束了解缙的生命。一个大雪纷飞的夜里，解缙被纪纲灌醉后活埋于雪堆，年仅四十六岁。

一代忠臣，还有满腹的才华未能展露，满身的能力未能践行，满腔的抱负未能施展，不得不令人扼腕而叹。明状元任亨泰说："他的功业当与欧阳修、文天祥一样，如果活在德祐、景炎年间，大节不下于文天祥。"《玉堂丛语·调护》中说："解缙的才能和东方朔不相上下，然而论远见卓识，东方朔远不及他。"朱瞻基即位后，拿出解缙当年评点朝臣优缺点的奏疏给杨士奇看，并说："别人说解缙是个狂妄的人，看他这些言论，都是中肯的见地，他不狂妄啊。"邹元标评价解缙："义节千秋壮，文章百代尊。"

然而，这位一生忠于朝廷、忠于社稷、以民生国事为己任的直士，尽管忠肝义胆，却因绝不曲意逢迎、低估帝王政治的险恶而魂断仕途宦海。如今，他的铜像矗立在吉水县城鉴湖的湖心岛上，往来游人不时在他的像前伫立、祭奠。

风行鉴湖春雨归。这是忠臣解缙的气场，微风泛起的微波里洋溢着他的才气、忠义和胸襟，他的名字光耀千秋，永垂青史。

【人物介绍】

解缙（1369—1415），字大绅，一字缙绅，号春雨、喜易，吉水县城鉴湖畔人。1387年参加江西乡试中解元，第二年中进士。历事洪武、建文、永乐三朝，永乐初入值文渊阁，为内阁首辅，授右春坊大学士。总裁《太祖实录》，主纂《永乐大典》。1645年九月，南明赠礼部侍郎，谥号文毅。

（泰和县纪委　刘晓雪）

王　艮：“艮”骨冰心暗香传

他本该是状元，却成为榜眼；他本为小臣，却成就大义；他本可顺命，却从容尽节。他与刘俨、彭教成就吉水人文盛况中“五里三状元”之佳话。解缙认为汉之贾谊、唐之刘蕡都不如他。

大多数人第一次知道王艮这个人，应该是从当年明月所著《明朝那些事儿》开始，里面讲了个故事：

在靖难之役，朱棣兵临南京城下，建文帝就要失败了。当夜，明朝的三位吉水老乡，大才子解缙、状元胡广、王艮聚在一起，谈论天下大势。解缙陈说大义，要与朱棣不共戴天，胡广也愤激慷慨，表示要以身殉国。而唯独王艮不说话，只是默默流泪。沉默不语的王艮回家后，对自己的妻子说：“我是领朝廷俸禄的大臣，如今国家到这个地步，只能以身殉国。”然后，他从容自杀了。

王艮本该是最有理由痛恨建文帝的人。因为，本来他才是当年真正的状元。但在殿试时，建文帝认为王艮长得不好看，把状元点给了胡广，王艮从状元变为榜眼。君王以貌取人，王艮却未以势取君。

解缙是《永乐大典》的总纂，但不要以为，王艮和胡广就比解缙差。胡广是 1400 年的状元，王艮是榜眼，而解缙是 1388 年的进士，成绩在全国前几十名，就科考成绩而言，王艮和胡广比解缙强太多了。

当年明月以极其冷静克制的笔法，写尽了王艮的忠贞。有不少地方文史资料也表达了对这位老乡最崇高的敬意。“他在生死之际，从容镇定，安然如泰山，没有一点怕死的样子。死时是与母亲诀别，对母亲拱着双手断气的。这表明他的一生非常圆满，足以证明他的底蕴非常深厚，他的智慧是常人所达不到的。贾谊和刘蕡之类的人物，也难以和他相比吧？"

至此，王艮对建文帝的恩情已报，他最后的沉默震耳欲聋。《明朝那些事儿》对建文一朝忠贞孤臣的塑造也已结束，所有的细节都堪称完美。从生到死，王艮不愧为状元公。《带源王氏族谱》将他列入《正气传》榜首，王艮作为"忠臣"的代表，事迹放在最显眼的开头位置。带源村更是为他修建一座忠节牌坊，以供子孙后代瞻仰。而庐陵府感其忠节，将他请进庐陵忠节祠，且是忠节祠中唯一一位谥号"忠节"的庐陵人。王艮不愧进庐陵忠节祠，不愧受万民香火敬仰。我甚至认为，因为王艮这类人的存在，庐陵文章节义之邦更牢固了内核。

1424年，在《先君止斋公死节事录》中，王艮次子王率章深情回忆了父亲在明建文朝末年，面对燕王朱棣篡位的动荡所展现出的坚定忠诚。王艮作为建文帝的臣子，深知国之将倾，却坚决不愿背弃旧主，更是在得知京城即将被攻破的消息后，最终选择甚为悲壮的道路——以身殉君。书中详细描述了王艮在临终前的场景，他与家人诀别，教导儿子们要铭记忠孝大义，强调"食人之禄，死人之事"，这份对君主的忠诚和对道义的坚持，让王艮的形象显得尤为高大。

王率章在《事录》中也勾勒出父亲在家庭生活中的形象。王艮尽管一生酷爱学问，但对家人的关爱并未减少。《事录》中提到，他不仅亲自教育子女，还特别重视培养他们的道德情操与学问修养，希望他们能继承家风，成为有用之才。王率章作为年幼丧父的孩子，对父亲的记忆或许模糊，但那份失去父亲的痛楚和对父亲伟大精神的崇敬，透过文字得以传承。

他是臣子，是父亲，是儿子，是丈夫，更是一个凡人。

他的童年是艰辛的，吃了太多的苦，他本应随大流，归顺于明成祖，可他想起了儿时，想起了母亲的教诲。

少年丧父，与母亲和三个弟弟相依为命，母亲教育他要读书，要忠君爱国。那一刻，母亲的教诲刻进了他的内心深处。他也坚信，自己只要好好读书，就一定能够改变命运，为此他甚至连生死都已经历并看破。

有一回，他重病卧床，后事都已对母亲交代清楚："我如果病死了，幸好还有弟弟三人可以照顾母亲，不要为我悲伤，这是我的命数。"

相传，在一个夏日午后，年轻的王艮如常前往山中砍柴，正值酷暑，阳光炽烈，山林间静谧异常。突然，不远处传来微弱的呼救声，循声而去，只见一位孕妇瘫坐在地，面色苍白，脚踝处肿胀发黑，显然是被毒蛇咬伤，若不及时救治，后果不堪设想，那可是一身二命！王艮见状，毫不犹豫地放下柴捆，迅速从草丛中寻找治蛇毒的草药，小心地为孕妇处理伤口。由于他的悉心救治，孕妇的状况逐渐稳定，随后他又把孕妇背到最近的村子里，寻求进一步的治疗。此事很快在当地传开，人们纷纷称赞王艮的勇敢与仁慈，孕妇及其家人更是感激不尽，视王艮为再生父母。

王艮的善良注定了他的未来必定不凡。他勘破生死，科举拔得头筹，因"貌寝"从状元易位成榜眼，一切对他都是那么不公。

据《明史》载，王艮参加策对时，已被定为第一名，但建文帝嫌其貌丑，又看到胡广策对中有"亲藩陆梁，人心摇动"之语，暗指燕王朱棣兴兵篡位，甚合其心意，便将仪表堂堂的第二名胡广钦点为状元。为了不给人留下口舌，建文帝便有意刁难王艮，命两人以《月桂》为题，在宫殿上即席赋诗。仅一盏茶的工夫，两人将诗呈上。胡广抢先吟道："作尽九州三岛赋，吟成四海五湖诗。月中丹桂连根拔，不许旁人折半枝。"王艮吟道："骑鲸直上九天台，亲见嫦娥把桂栽。恰遇广寒宫未锁，被臣和月撮将来。"建文帝阅后，深感王艮的才华略高一筹，只好另赐旨意说："广才不如艮，艮貌不如广，今科赐尔双状元游街，并官修撰，下科不得以此为例。"于是，胡广和王艮两人一同骑马游金街，以示宠誉。

1724年进士、山西临县知县严遂成在其诗集《明史杂咏》四卷中，为纪念王艮的孤忠大节，撰有《王修撰艮》诗：

> 三人同榜五同居，白首同归识竟虚。
> 流涕无言偏伏鸼，隔墙何处忽呼猪。
> 后时不及修降表，前事谁能禁谤书。
> 到得狱门怀死友，须眉相见尚如初。

至此，王艮的一生竟与文天祥所留绝笔诗"孔曰成仁，孟曰取义，惟其义尽，所以仁至。读圣贤书，所学何事？而今而后，庶几无愧"悄然呼应。

从文天祥《正气歌》再到《带源王氏族谱》中的《正气传》，忠勇节义的精神在一代代庐陵人中传承不息，成为庐陵人血脉里的绝响。

建文一朝，因为有王艮的殉节，得以保留最后的名节，假如建文帝在另一个世界与他相遇，或许当羞愧不已。

王艮的一生虽然短暂，但他身上所体现的忠贞、学识、气节和才华，使其在中国历史上占有一席之地，成为后人学习的楷模。《先君止斋公死节事录》不仅是一部家族史，更是明代忠臣文化的一个缩影。它展示了在皇权斗争背后，那些坚守信念、以死明志的士人形象，以及这种精神对后世的影响。王艮的事迹，尤其是他忠于职守、舍生取义的行为，激励着无数后人，成为忠臣孝子的典范。

王艮用一生写就了一位庐陵人在动荡时代中如何坚守信念，直至生命最后一刻的壮丽篇章。尽管他的选择在今天看来或许有值得讨论之处，但不可否认，王艮的忠诚与牺牲精神，在当时的社会背景下，无疑是对传统儒家价值观的最直接诠释，也是对后世深远影响的文化遗产之一。

冬天，王艮故乡的梅花开了，一如他一身"艮"骨冰心，为有暗香传。

【人物介绍】

王艮（1368—1402），字敬止，号止斋，吉水县水南镇带源村人。明建文二年（1400）进士，中榜眼，官授翰林院修撰。明福王弘光帝时，追谥为文节。清朝时，又追谥为忠节。他文章锦绣，诗词字画古雅精妙，被称为"孝悌楷模"。

（青原区文广旅局　郭伟）

毛伯温：尽忠报国终无悔

> 大将南征胆气豪，腰横秋水雁翎刀。
>
> 风吹鼍鼓山河动，电闪旌旗日月高。
>
> 天上麒麟原有种，穴中蝼蚁岂能逃。
>
> 太平待诏归来日，朕与先生解战袍。

这是明嘉靖皇帝为激励毛伯温出征安南，树立必胜信心而写的壮行诗《钦命伯温征交趾临行》。全诗明白晓畅、铿锵有力、气势非凡，充分表明毛伯温的忠义品格得到朱厚熜的高度信任和褒奖。毛伯温一生忠贞爱国、忧国忧民，为官刚正不阿，为人义薄云天，受到后世敬仰、传颂。

毛伯温的忠义，少年时代就根植于心。弘治初年，少年毛伯温游学至广东惠州。一日晚间，因盘缠用尽，又遇下雨，有些落魄，他敲开一户人家的院门，院主人是博罗县主簿丁震。丁震家人热情接待了毛伯温，打来热水让其洗浴，端上饭食解其饥饿。一番交谈后，丁震对谈吐不凡、初露峥嵘的毛伯温"一见深器"，留在府中，教导并供其读书三年。丁震一家的恩情，毛伯温以为"大义"，没齿难忘，一直怀着"滴水之恩当涌泉相报"之心。后来，毛伯温来到惠州任大司马，在广东"按院"与丁震相遇，他高兴不已，对丁震极尽谦恭，礼遇有加。

毛伯温离开广东后，专门给丁家赠送了匾额。再后，为报答丁家的恩情，又个人出资在丁家村建造一座宏伟壮观的"鸦鹊巢"。数百年来，这"鸦鹊巢"一直是丁氏一族最重要的议事中心和活动场所。毛伯温知恩图报的感人故事，也被丁家人用来教导、鞭策后人，教育后人要以毛伯温为榜样，胸怀家国、知恩图报；他们把毛伯温的恩德品行写进族谱，让子孙后代永远铭记。五百年后的 2009 年，相距千里的两姓后裔延续了世代友好，共同传承毛伯温的忠义品格。

1508 年，毛伯温考中进士。次年，二十八岁的毛伯温走马上任绍兴府推官。在人生的首个岗位上，"位卑未敢忘忧国"的他立下忠于国家、一切以江山社稷为重、要做包青天那样好官的志向。凡他经手的案件，从不听一面之词，从不接受任何一方的礼物和请托，从不受任何人的干扰或强权的压迫，一切以维护国家利益、以弘扬公平正义为重，秉公而断。绍兴府百姓很快都知道，有个推官每次审理案件必定详细慎重，重事实不刑讯逼供，讲法理不讲情面，一定会让原、被告双方都有机会申辩，并最终让双方都信服。因此，有冤屈的人都直接向他求诉，毛伯温在全郡赢得"毛青天"的美誉，还传出了"推官明如镜"的民谣。相传城西有户人家姓冯，户主是个屠夫。冯家有一女儿长得十分标致，十里闻名，常遭到市井无赖和纨绔子弟言语调戏。冯屠夫性格刚烈，也曾对多个地痞无赖扬言，再敢打他女儿的歪主意，就剁了他喂狗。忽一日，隔壁街道财主的儿子死在自家院子里头。财主广泛动用关系，咬定他儿子就是冯屠夫所害，要他偿命。案子几经周转，最后到了毛伯温手上。他没有轻信财主，也不屈服压力，经过仔细调查、暗访、取证，又请双方当堂对证、申辩，确定财主儿子的死是自己误食了老鼠药所致，当堂宣判冯屠夫无罪释放。1511 年，当时的文人高君莹感动于毛伯温的高尚品德，专门写了一卷《青天传》，以颂扬毛伯温忠义、清廉的品德，激励后人。

1515 年，毛伯温转任河南监察御史。一次巡按福建时，发现左布政使是通过行贿手段才提拔为大理寺卿的。眼里揉不下沙子的他了解事实真相后，勃然大怒，发誓一定要把这些欺骗朝廷、危害国家的蛀虫、贪官拉下马来，即使自己被排挤丢官甚至被迫害，也在所不惜。于是，他多次上书弹劾那个左布政使，任何人说情甚至威胁利诱都不管用，那个左布政使最终被罢官。

毛伯温不仅自己忠贞爱国，一身正气，对其他一切以国家利益为重的人也十分钦佩，引为知己、榜样。

毛伯温任湖广道监察御史时，在湖南郴州汝城主持修建了一座十分有名的牌坊——绣衣坊。这是他胸怀家国，愿天下清明、国家昌盛心迹的一种寄托。绣衣坊是我国现存最早的专门旌表监察官员的牌坊，有"湖南第一坊"之称，旌表的人物是当朝御史范辂。

范辂 1474 年出生，和毛伯温一样有着忠贞不渝的品行，一身正气，铮铮风骨，敢于对一切歪风邪气说不。范辂幼年天资聪颖，从小受周敦颐爱莲守拙、勤政廉政思想的熏陶，1511 年考取进士，踏进仕途，到行人司上班第一天就以"此心若有纤豪伪，口舌漂零不得还"明志。此后历任御史、按察司副使、陕西布政司参政、江西赣州岭北道，江西、浙江、福建提刑按察使、福建左布政使，后任宁夏巡抚，1536 年在任上去世。范辂一生与宁王朱宸濠、镇守太监毕真等权臣、贪官作坚决斗争，坚定地维护国家利益和朝廷正常秩序，从不妥协，令朱宸濠等人非常嫉恨。毛伯温非常敬佩范辂的为人，因此特意发起为范辂修了这座绣衣坊，向世人彰显范辂的忠义品格。

正是因为毛伯温有着始终如一的忠贞品德和刚毅果敢、不畏强权的血性，他的仕途一波三折。1521 年，明世宗即位后发生的一件事，预示着毛伯温刚正性格必然导致其仕途坎坷。当时，宦官张锐、张忠等触犯刑律被判死刑，他们的同伙暗中密谋，紧急运作，想拖延行刑时间。近墨者黑，想为奸臣说情者必定不是好人。毛伯温得知情况后，立即上书一道，奏请朝廷将这些说情者一并处死，这才震慑了他们，维护了国家法律的权威和朝廷的尊严。毛伯温也因此得罪一帮人。一年后，毛伯温升为大理寺丞，后又升为右金都御史，巡抚宁夏。不久后，因张锐、张忠案埋下的隐患终于暴发，宦官同党们从一宗旧案里挑出毛病，指控毛伯温误判，毛伯温被罢官归乡。后来毛伯温又几次被起用，都因奸臣当道，阻断了他报效国家、尽忠朝廷的门路，使他心存芥蒂，因此坚决不去上任，以示自己始终坚持正确的政治主张，把忠于国家放在第一位，干净、彻底与当权宦官和奸佞小人们划清界限，并做坚决斗争。

最能体现毛伯温忠贞爱国品格的，是他奉旨征讨安南（今属越南），这是他尽忠蹈义的高光时刻。1539年七月，安南莫登庸再度侵犯明朝国土，并占领钦州、四峒等地区，引起朝廷文武百官极大义愤。朝内征讨与招抚之争反复多次，时任兵部尚书的毛伯温坚决主张征讨，犯我山河疆土者，虽远必诛。为江山社稷着想，皇帝终于下定决心，命毛伯温统兵南征。挂帅出征时，世宗皇帝亲斟御酒钱行，并书赠给他一首诗，题为《钦命伯温征交趾临行》，即本文开头所引的那首诗。

毛伯温受命讨伐安南，用时一年多。其间，他严格守住国家利益为上的原则，坚持寸土不让的底线，牢记"不战而屈人之兵"的先训，发挥聪明才智，与安南的当权派斗智斗勇：一方面发起舆论战，调动百姓的力量为己所用，一方面调兵遣将、排兵布阵，对莫登庸等施压，内外兼攻，最后采取"揖让"之策，经过艰苦谈判，不费一刀一箭，不折一兵一卒，使安南臣服、边疆安定，充分显示出他卓越的军事及政治才能，在我国古代军事史上写下光辉一页。

毛伯温凯旋后，嘉靖皇帝果然给予他牵马"解战袍"的特别礼遇，加封他"光禄大夫，勋柱国锡"，加封其妻子谢氏为一品夫人，对其祖父祖母、父亲母亲都给予特别赏赐。这些封赐与褒奖，是皇帝对毛伯温战功与忠心的最高肯定，也是毛伯温忠心为国、尽心从政的直接见证。

1544年冬春之际，蒙古顺义王俺答连续进犯边界，都被明军击退。当年秋，顺天巡抚朱方上奏，说秋防搞得差不多了，为节省银子粮草，各地援边军马可以撤回。总督西北军务的毛伯温误以为俺答收敛了觊觎之心，又考虑到此举能够为朝廷节省经费银两，便同意撤军，宣府、大同以及在居庸、紫荆、倒马三关据守的援军全部撤退。可刚一撤军，俺答立即卷土重来，一路攻破多个县邑，致使京师危急。毛伯温等人吃惊不已，匆忙调兵赴畿辅驰援，才缓解京城危急。这次判断失误，让嘉靖皇帝怒气冲天，一道旨意，让上奏及同意撤军的相关人等一并获罪，毛伯温被削职为民，押至午门前，杖击八十，发配戍边。

毛伯温认为自己罪罚应该，内心痛悔不已，戍边一年，躬身勤勉，以赎罪责。第二年被赐还，不久"疽发于背"而逝。明穆宗即位后，恢复了毛伯温官职，追谥"襄懋"。这是对毛伯温一生忠于朝廷、以江山社稷为重的充分肯定和最高奖赏。

【人物介绍】

毛伯温（1482—1545），字汝厉，号东塘，原籍吉水县八都镇圳上毛家村，后迁双村镇石城，1529年又迁居县城西。明正德三年（1508）进士，授绍兴府推官。嘉靖中累官刑部尚书，改兵部尚书，总督宣府、大同、山西军务。南征安南后，加太子太保。有《毛襄懋集》《平南录》《东塘诗集》及《毛襄懋奏议》等著述传世。

（吉安市融媒体中心　李夏署）

邹元标：忠正耿直护朝纲

"割不尽的韭菜苑，打不死的邹元标"，说的是明朝晚期吉水名士邹元标差点被内阁首辅张居正打死的事。

1577年九月，张居正的父亲病逝。按明朝礼制，父母去世，儿子必须守孝三年，当官的也应辞官回家守孝，称为"丁忧"。如果朝廷不允许离开工作岗位，就叫作"夺情"。据此，张居正本该回家丁忧，但太后和万历小皇帝要他"夺情"，并特许他穿孝服上朝，行走于文渊阁，张居正只好奉旨留在朝廷。

这下就像捅了马蜂窝，朝臣们认为，张居正"夺情"违反朝纲，迷恋官位，不愿尽孝，纷纷上疏指责，反对他"夺情"。朝臣们的反应，搞得张居正很是难堪、恼火，也搞得年幼的万历皇帝难堪、恼火。为了压制朝臣们的意见，张居正对上疏的朝臣进行严厉打击，许多人遭受杖刑，身体受到严重摧残。

当时，邹元标刚刚考取进士，到刑部观政才五个月，也积极反对"夺情"。第三次上疏时，翰林院编修吴中行、翰林院检讨赵用贤、员外郎艾穆、刑部主事沈思孝四个人，因上疏反对张居正"夺情"，刚刚受到廷杖，浑身血肉模糊，正被人从朝堂上拖出来。见此场面，邹元标仍未退缩，毅然把奏疏交给宫内之官，骗他说"这是告假奏疏"。张居正打开一看，奏疏题为《亟斥辅臣回籍守制以正纲常》，全是对他的谴责，说他"才虽可为，学术则偏；志虽欲为，自用太甚"，而且"进贤未广""断刑太滥""言路未通""民隐未周""用刻深之吏，沮豪杰之材"，大骂张居正有才无德，父母活着时不照顾，父母死后不奔丧，所谓"夺情"就是违背孝道，"形同禽兽"。

张居正大怒，将邹元标廷杖八十，随后流放贵州都匀卫。明朝杖刑是酷刑之一，许多人挨不过五十板就会被打残，有的甚至被当场打死。但邹元标挨了八十板居然没死，只是被打断一条腿。人们敬佩他的精神，同情他的遭遇，于是"打不死的邹元标"这句谚语便流传开了。

邹元标为什么被廷杖八十而没有死？民间有分析：当时负责施刑的锦衣卫敬佩邹元标的忠正之气，故意将板子高高举起，落下时却朝前三分，板子落在地上"啪啪"响，却不沾到人的身体。当时朝中很多大臣，甚至包括小皇帝朱翊钧都对张居正专权很有意见，面对锦衣卫暗护邹元标，也装作没看见，才让邹元标保住一条命。

或许这是事实，但我更认为，这句谚语含有广大百姓的一种精神寄托，他们希望忠臣、好官能够有好命、好报，敬佩那些敢为百姓说话、敢与奸臣做斗争的忠臣、清官。所以邹元标遭受杖刑打不死，不仅是肉体打不死，更是精神打不死，是忠于国家、忠于百姓、忠于朝廷的行为打不死。

邹元标从小聪颖好学，特别推崇王阳明心学。1568年，十七岁时考中举人。中举之后，他跟着老师胡直去全国各地游学，专心研究"致良知"的真谛，立志以"良知"立身，为国为民施展一身抱负。1577年，他考取进士，步入仕途，开始了他以"良知"效忠朝廷、效忠百姓的鲠臣之旅，反对张居正"夺情"便是他施展人生抱负、践行"良知"的首次政治尝试。

邹元标在都匀卫待了将近六年，与贫苦的少数民族共处，饱受清苦磨难，但也让他参悟到了"良知"的真谛。

1582年，张居正去世，神宗将邹元标召回京城，授官吏科给事中。按理说，邹元标这次重返权力中心，虽然级别不高，却是皇帝近臣，应该收敛锋芒，夹着尾巴做人以寻求出人头地的机会。可他却一如挨打遭贬前，刚正不阿，鲠骨如刺。刚刚被重新起用，他就上疏陈述"培圣德、亲臣工、肃宪纪、崇儒行、饬抚臣"五件大事。这五件事，无一不是他忠于朝廷、忠于国家的具体反映。

他平生最恨的就是贪官污吏，认为贪官侵蚀国家财产，供自己享乐，欺压百姓，巧取豪夺，搞得民怨鼎沸，危害远比外部的敌人大。不久，当他了解到礼部尚书徐学谟、南京户部尚书张士佩两个高官贪腐后，毅然弹劾他们，使他们遭到罢免。此举赢得朝野上下一片称赞。

邹元标的忠贞，不是对君王的愚忠，而是对国家、天下的大忠。为此，他对皇帝也提出批评。1583年，慈宁宫发生火灾，他当即上疏，要求神宗皇帝崇尚节俭，严格自律，特别要节制色欲，不要沉迷于声色犬马之中，"果无欲耶？寡欲耶？语云'欲人勿闻，莫若勿为'"。神宗皇帝看到这个奏疏，非常生气："我自幼在宫里就被太后严格看管，动弹不得；朝堂上又得听张居正的，自己做不了主。好不容易熬到张居正死了，太后搬回慈宁宫居住，放宽对我的管教。我正当壮年，精力旺盛，吃点喝点玩点怎么啦？难道我的私生活也需要你邹元标来管吗？"一气之下，把邹元标贬去南京刑部任照磨。这个照磨，正八品，掌管磨勘和审计工作，级别很低，几乎一撸到底。

邹元标在南京过了三年，认为皇帝不肯听取正确意见，一意孤行，心里不禁有气，于是称病回家。多年之后，朝廷起用他任刑部郎中，还在赌气的他不去赴任。不久，他母亲去世，便在家丁忧。此后，朝廷不再起用他，他便定居于老家，在民间讲学长达三十年。这期间，跟他学习、交游的人一天比一天多，他的名气也越来越大。朝廷不起用他，他的一腔抱负无处施展，只有通过讲学培养人才的方式来为国尽忠，为民解忧。三十年里，他先后到岳麓书院、白鹿洞书院、阳明书院、白鹭洲书院等地讲学，协助吉水知县徐学聚重建仁文书院，还参与创办无锡东林书院，为国为民培养了大量有才学的栋梁之材。

1621年四月，明熹宗朱由校登基后，已经七十岁的邹元标受召重新入朝，任都察院左都御史，这是他第三次到朝廷任职。三十年沧海桑田，时光虽磨去他的棱角，却没有磨去他的本心，他内心的忠诚更加坚贞，也更加理智。此时的他，考虑问题不再一根筋，不再钻牛角尖，而是站在家国天下的整体、全局看待事物、处理问题。青年时期的冲动、不顾一切，切换成为老年时期的沉稳、把握一切。

面对朝内党派纷争的现状，邹元标十分担忧，向明熹宗进谏："现在国家这个样子，都是二十年来大臣纷争造成的。过去不知选拔人才、礼让贤能，天天嫉贤妒能，压制人才，讨论事情又不能心平气和，反而分立门户、各立派系。今天最要紧的，是朝中大臣要彼此和睦。大臣们和睦了，天地之间的关系自然就和顺。"这些谏言，得到熹宗的认可。

最能体现邹元标大忠的事情，就是为把自己打断一条腿的张居正平反。张居正是被神宗皇帝下旨抄家没籍的，而且被朝中绝大多数大臣忌恨，上疏给他平反是要冒极大危险的。按理，最忌恨张居正的应该是邹元标，但三十年的民间生活，让邹元标深深理解到张居正当初改革对于国家、百姓的重要意义，认识到自己年轻时观点的偏激，于是他坚持本心，秉着对国家、朝廷和百姓的忠诚，上疏奏请熹宗皇帝恢复张居正的名誉，追封谥号。奏疏一上，朝野震动很大，政敌骂他"沽名钓誉，小人行径"，同僚王德完当面质问他："当年骂张居正你骂得最凶，现在捧张居正也是你捧得最厉害，你这不是首鼠两端，叫人难以捉摸吗？"

面对质问，邹元标说："假如朝臣再党同伐异，对国家来说就是不忠，对家庭而言就是不孝，为什么总是在窝里斗个没完呢？皇帝即位已经很久，但前朝被废黜、死亡的大臣还没有得到赠封和照顾。"于是，再次上疏阐述大义，言辞更为恳切。他的忠诚最后感动明熹宗，下旨恢复张居正的官职，并给予祭葬，同时下旨抚恤一大批前朝遭到打压的大臣，为明朝王室争取民心、稳定政权起到积极作用。

【人物介绍】

邹元标（1551—1624），字尔瞻，号南皋，吉水县城小东门邹家村人。1577年中进士，入刑部观察政务，累授吏科给事中、南京刑部照磨、南京刑部郎中、大理寺卿、刑部右侍郎、吏部左侍郎、左都御史，明代"东林三君"之一。谥号"忠介"。

（青原区富田小学　钱其昭）

李邦华：浩气忠烈耀千秋

　　2021 年 6 月，吉水灯彩"鳌鱼灯"被国务院批准为第五批国家级非物质文化遗产保护名录。鳌鱼灯原属宫廷灯彩之一，民间罕见，却在盘谷镇谷村流传，这是怎么回事呢？

　　说来是与明朝兵部尚书李邦华有关。相传，有一次李邦华要带兵出征，决心以死抗敌报效国家，出发前放心不下家眷，便安排家眷回吉水盘谷老家，但家眷留恋京城灯彩，不愿离去。崇祯皇帝听说后，立刻赐予他一套鳌鱼彩灯，由家眷带回吉水盘谷小祠下，从此在小祠下村流传了几百年，成为传统灯彩。送走家眷后，李邦华已无家眷的羁绊，没有后顾之忧，便专心一意地率军出征，在前方为朝廷出生入死，为国家效命尽忠。

　　忠义，是一个人安身立命的根本。唯有忠义，才能感召天地，与日月同辉！何谓忠，绝大多数人都知道，那就是忠于国家。爱国即忠！李邦华在明朝政权风雨飘摇之时，以忠烈之行，诠释了何为赤胆忠心。

　　李邦华从小就有才名，常听父亲讲先祖们尽忠报国、建功立业的英勇事迹。有一回，父亲摸着祖先灵位前还燃着高香的青铜香炉说："这个香炉，是皇上为嘉奖我们李氏先祖为国尽忠，特命御用工匠制造的，勉励后人效先祖之德。"幼小的李邦华为先祖们感到骄傲，不禁说道："邦华不才，定当以先祖为法，尽忠尽孝，光耀我李氏一门！"父亲回身抚摸着李邦华的头说："华儿有此大志，为父感到非常欣慰！"此后，李邦华心里埋下"忠义"的种子，更加发奋苦读。

　　有一年春末，连续多天下雨，造成了严重的洪涝灾害，农村庄稼面临无法收获、百姓将陷入生活困顿的境地。那时，已考取秀才的李邦华正在吉水龙华寺专心求学，而在寺中执教的正是当朝名儒邹元标。面对将给农人造成极大困难的洪涝灾害，李邦华时常陷入深思。见他这样，邹元标便问他"心中有何思索"，李邦华回答说："我正忧虑成千上万的家庭嗷嗷待哺，现在正值庄稼成熟的季节，却遭遇如此连绵阴雨，他们如何得以维生呢？"邹元标听后，心中不禁为李邦华心怀民生感到欣慰："你这种忧虑体现了仁者将万物视为一体的情怀，如果你能将这份心怀扩展并充实到你的学问之中，还有什么达不到的境界呢？"由此引导李邦华将对现实问题的关切，转向未来救济世人、拯救民生的远大志向。在邹元标的鼓励、熏陶和训导下，李邦华既熟知儒家先贤尽忠赴义的典范，又历经理学近于宗教修炼般的淬炼，逐渐塑造了胸怀坦荡、肝胆照人、心系家国的品格。

1604年，李邦华考取进士，从此走上仕途，开启为国效命、为民请命、为君献命的起伏人生。

担任御史后，李邦华就上书提建议，因为这是言官为国尽忠、为君王效命的基本方法。他第一次上书就讲了十条关于效法祖宗用人办法的意见，针对以往从朝廷到地方任用官员中存在的各种弊端，提出清除十个"不应当"的建议，对于改进当时朝廷的用人制度是有相当大帮助的，是他关于朝廷政治制度改革的一种有益见解与主张。可惜的是，这篇奏疏交上后，明神宗未予答复。

1613年，福王朱常洵就藩，到自己封地去的时间已经确定下来，明神宗却忽然传下圣旨，要求给福王的庄田务必达到四万顷，这就意味着福王就藩的时间又要拖后。朝臣们吃惊地互相看着，但没人敢抗言争论。只有李邦华鲠言抗争，连夜写奏折上书，指出这个要求万万不可，必然会导致福王改变去封地就藩的时间，恐怕会对以后藩王就藩制度造成极大破坏。朝臣们根据他的奏折相继起来论辩，已经确定的福王到藩地去就任的时间这才不再改变。

作为言官，李邦华面对帝权、王权并不退缩，只要有益于国家、朝廷与百姓，他就敢于坚持自己的观点，不畏权贵，即使皇帝不予理睬也不放弃，表现他对国家的忠诚和勇敢，也表现他对国家和民众的责任感。他提出的一系列改革建议，反映了他对国家治理的思考和努力，旨在改善明朝的政治和社会状况，是为了国家的稳定、政权的稳固和民众的福祉。

1622 年，李邦华升职为光禄寺少卿，不久又担任右佥都御史，接替毕自严去巡抚天津。当时天津各个地方的军务都存在很多弊端，他看在眼里，急在心上，立刻着手整顿。首先加强官员能力和品德方面的考核，注重官员的政绩和廉洁，对不称职的官员进行严肃处理；同时加强对财政收支的监管，严厉打击贪污腐败行为，对涉嫌贪污的官员进行调查和惩处；注重对军队的训练和管理，提高军队的战斗力和纪律性；特别关注天津百姓的生活状况，致力于改善民生，积极推动一些基础设施建设和社会福利措施，以提高百姓的生活质量。这一系列举措，改善了天津军府的面貌，让天津的军队成为各个镇的表率。

1628 年四月，李邦华遭贬后被重新起用，任工部右侍郎，总督河道。不久改任兵部右侍郎，协理军政。1629 年被任命为兵部尚书。

面对兵政混乱的情况，李邦华首先向皇帝建议，强调改变操练方法、慎重选择将吏、改造战车、精制火药、集中武器、责成防官、节约金钱、酌情兑马、演习大炮等九件事。明朝当时整个军政，士兵冒名顶替、训练不精、装备不足、虚冒等都是常见的问题。加以清查后，收回了占役士兵名额一万人，清出虚冒一千人，为当时日益紧张的国库节约了大量经费。

1642 年冬，李邦华再次遭贬后再次被起用，掌管南京都察院事务，不久任左都御史。此时，都城受到农民起义军的攻打，李邦华经崇祯皇帝许可后，拖着病体，率领自己招募的勤王援兵前往入卫。第二年三月来到九江，发现左良玉的部下军纪败坏，四处抢掠，引起社会混乱；几十万打了败仗的士兵声称没有拿到军饷，要到南京去搬运国库的银子，大大小小的船只往东行进，遮蔽整个江面。南京留都的文武大吏你瞪我我瞪你，不知如何是好，百姓一个晚上几次搬迁。

李邦华对左良玉的如此行为感到不满和失望，叹气说："中原一带安静的国土只剩下东南地区这个角落。我身为大臣，怎么忍心看到内部决裂，在局外袖手旁观，离开这个地方呢？"于是起草一篇檄文送给左良玉，责备他不以国家为重，而拥兵自重，拒绝朝廷的调遣和命令，甚至在朝廷面临危机时，不及时救援，这是抗旨欺君；希望左良玉能为国家所用，奋力抵御"贼寇"。为了安抚左良玉及其部队，李邦华用特殊权限将九江的库银拨出十五万两给他当军饷，又亲自到他的部队中开诚布公地进行慰劳。左良玉和他的部下深为感动，发誓要杀贼报国。崇祯皇帝得到消息后非常高兴，下旨召见李邦华并进行嘉奖、慰劳。

李邦华性格最为决绝，命运也极其悲壮。1644年二月，李自成攻下山西。不多天，李自成起义军兵临北京，内城失守。眼见李自成攻入，身为兵部尚书的李邦华进不去皇宫，无法面见崇祯皇帝，便感到报效国家已没有希望了。不久，得知崇祯皇帝在煤山上吊自杀，他感觉自己报国尽忠的希望彻底破灭，于是来到文天祥祠，对着文天祥的牌位，下跪磕头说："我李邦华因国难而死，请跟随先生到地下去为国尽忠吧！"当即写下绝命衣带铭："堂堂丈夫兮圣贤为徒，忠孝大节兮誓死靡渝，临危受命兮吾无愧吾。"然后用一缕白绫悬梁，"投缳而尽"，用生命谱写了一曲殉君尽忠的绝命长歌！

浩气忠烈耀千秋，坚贞不屈中华魂。李邦华于国难之际，用生命书写忠义，为后世留下不朽篇章。他忠肝义胆，铁骨铮铮，不惧牺牲，大义凛然，浩气长存。他的忠诚、勇敢和智慧，他的高尚气节与家国情怀，早已融入中华民族生生不息的精神谱系，爱国节操、忠诚品格光照千秋！

【人物介绍】

李邦华（1574—1644），字孟暗，号懋明，吉水县盘谷镇谷村人。1604年中进士，历任泾县县令、山东道御史、浙江巡按、山东参议、光禄寺少卿、右佥都御史、兵部右侍郎、工部右侍郎、兵部右侍郎、兵部尚书、南京兵部尚书、左都御史。南明追赠太保、吏部尚书，谥号"忠文"，清谥"忠肃"。著有《李忠肃先生集》六卷。

（吉水县委宣传部　许春花）

丹心照汗青

刘同升：一寸阶前报主心

1646 年一月，赣州大雪。

一个雪天，白雪皑皑的大校场上，当瘦骨嶙峋的吉水状元刘同升出现在将士面前，与杨廷麟疾声领誓时，将士们群情激愤，举起武器，大声呼喊："抗清相救，如左右手。"誓师祭天声震赣州，贡江水为之咆哮，现场一片沸腾，将士们的忠勇之心似要喷薄而出。

当晚，刘同升饮食难进，呕血数升，病疾加剧，自知无救，于是口述遗嘱：自己死后切莫用贵重厚板做棺木，节省资金用于抗清大业。他又颤颤巍巍自题"崇祯旧吏之枢"墓铭六字，嘱托杨廷麟葬仪一切从简，有棺即可，不必厚棺，但墓铭必须刻上这六个字，这是他对明朝帝王与家国赤胆忠心的直接体现，或许他在以这种方式兑现其状元及第时的诺言，以这样的方式告诉后人他是明朝政权的忠臣。

1637 年，刘同升参加殿试，对策慷慨激昂，鞭笞权臣，被主持殿试的考官排为第五名。崇祯皇帝阅卷时，为试卷中的言辞和主张所感动，钦点第一名，成为状元。刘同升状元及第后，心怀感激，感觉隆恩浩荡，此生定当衷心回报。赴过琼林宴之后，顺天府尹用伞盖礼仪送他回客邸。刘同升骑在马上，回想这一切，不由感慨激昂，于是赋联抒怀："千行马上思亲泪，一寸阶前报主心。"上句表示孝意，在远行千里赴任之际，骑在马上思念亲人，不禁流下热泪，决心牢牢铭记父母亲人的教诲，不负众望；下句表示忠心，感谢圣恩，愿以微薄之力，为国主效忠，为江山社稷效忠。

第二年，杨嗣昌"夺情"入阁事件发生，朝廷官员对杨嗣昌独揽大权的做法敢怒不敢言。唯有刘同升不畏杨嗣昌的权势，认为他的"夺情"擅权是对皇帝的挤压，对国家的祸害，因此以我不入地狱谁入地狱的气概，与同榜探花赵士春一起上疏弹劾杨嗣昌。但是，这次上疏如石沉大海，皇帝和杨嗣昌都未做出反应。朝廷官员知道他俩上疏弹劾杨嗣昌，但都心怀忌惮，不敢跟着发声。对此，刘同升再次上疏进谏，在仅有三百余字的奏疏中，引经据典，对杨嗣昌大加鞭挞，指责杨嗣昌"扶同罔功，掩败为胜。岁糜金缯，养患边圉"，希望崇祯皇帝罢免他。但由于用词过于刚直，甚至无所顾忌，有的语言伤及皇家脸面，"曩自陛下切责议和，而嗣昌不可以为臣"，刚愎自用、心眼狭小的崇祯皇帝不禁大怒，将他贬为福建按察使司知事，打发他去偏远山区。刘同升遭此打击，并未丧气，"丈夫志济世，不独为身名"，京城好友争相送别之际，他题下这样的诗句表明心志，忠心不改，虽然去往山区，依然报效国家与朝廷。

然而，刘同升考取状元、立志报效帝王与朝廷的时候，正是朱明王朝摇摇欲坠的日子。由于朱明王朝的黑暗统治，导致全国性的农民大起义。1644年三月，李自成率军攻入北京，崇祯皇帝在煤山上吊自杀，明王朝在历史上宣告灭亡。两个月后，福王朱由崧在南京称帝，年号弘光，念想到刘同升一腔忠心，便以原职召他回朝廷。但是，弘光朝廷被奸臣马士英把持，马士英深知刘同升刚毅忠孝，担心他入朝任职会对自己造成威胁，因此千方百计阻拦。刘同升得知弘光朝廷被把持在马士英等奸臣手上，也不去南京赴职，"莫为骄君饵，莫入权臣室""莫以虚名自榜标""敢云直节学先臣"，坚决不与奸臣同伍，耻与他们同列。

1645年五月，清军南下，南京沦陷，福王被俘。此时，刘同升与老同事、翰林院编修杨廷麟等人正在南昌相聚，惊闻这个消息，仰天捶胸，痛不欲生。刘同升悲愤不已，呕血不止，差点死去。面对"山河破碎风飘絮"的时局，他不得不强打精神，率江南十三郡的绅士为福王举行遥祭，写下《哀至诗》数百首。这些充满爱国激情的诗篇，悲怆至极，感动当时许多人。

没过不久，刘同升意识到以血泪著诗词阻止不了清兵南下的势头，拯救国家的办法是投笔从戎。其实，刘同升不仅文学才华出众，而且精通武略，懂得军事。但此时他的身体已经出现很大问题，"羸弱"不堪，可他顾不得这些，"誓欲捐躯报国恩"。当时，东南沿海福建及江西南部地区尚未被清兵所侵扰蹂躏，唐王朱聿键在福州即帝位，闰六月改元隆武，这是弘光王朝后的第二个南明政权，赣州地区属隆武王朝直辖。刘同升与杨廷麟商议安顿家小后，一同返回赣南寻找救国良机，他们在赣州创立"忠诚社"，宣誓起兵，高举反清大旗，不久便召集到两万余勤王义兵；同时，他们向周边省份官军发出勤王檄文，征调湘、粤、黔、滇、闽等部官军共同据守赣州。八月，刘同升等率兵五千人奔袭清军，与清军在遂川血战，大败他们，声势大振，并以摧枯拉朽之势，杀得清军丢盔弃甲，重新收复吉安、临江二府，曾经一度兵临南昌府。唐王闻知消息，高兴不已，加封刘同升为詹事府詹事兼兵部左侍郎，以示褒奖。这场胜利，一度鼓舞了江南民众的抗清信心，激起了民众保卫家国的热血。

但是，局部的胜利难以挽救南明王朝覆灭的命运。清军虽然遭受暂时的失败，但其挟势而来，兵精将勇，加上明朝降将的辅助，很快就发起反扑，刘同升等退守赣南。"寒泉落木疑丘壑，瘦马深衣自往还"，面对如此艰难的时局，他依然联络各地抗清官员和义士，聚兵筹饷，组织赣南民众积极抵抗。

1645年十月，刘同升被隆武王朝授为南赣巡抚，勉励他奋勇抗清，力挽狂澜。这时，刘同升"劳疾在身，衰弱不支"。他自知自己时日无多，也明白时事难为。也许，他想起了南宋先贤文天祥，因为此时的局势与当年文天祥抗元时的局势几乎一样，"去留俱是愁沙塞"。但他明知不可为而为之，一个国家衰亡之际，总是要有忠臣来践行忠节大义的，"圣人起中国，驱胡四海澄"。因此，他坚持随军而行，"莫道请来无一事，孤臣闲坐正忧边"，在军帐中每日与士大夫们宣讲忠孝大节，谆谆激励绅耆民众奋起抵抗，誓不投降。听了他这些宣讲的人，无不肃然起敬，潸然泪下。没过多久，已病入膏肓的刘同升在军帐中去世，带着未能收复祖国河山的无穷遗憾，也带着"王师北定中原日，家祭无忘告乃翁"的深切期待。

疾风知劲草，板荡识诚臣。在山河变易、朝代鼎革之际，刘同升用生命践行了"一寸阶前报主心"的忠贞誓愿，践行了忠孝节义的拳拳之心，践行了"成天下之事在乎志，胜天下之任在乎气"的为官理想，真正做到"庶几无愧科名"，体现出忠贞节义的铮铮风骨。他积极组织赣南民众团结一心护城抗清的忠烈事迹，在官府和百姓之间广为传颂，被后人称为"忠孝状元"，誉为"东林中祥麟威凤"。因此，南明隆武王朝追赠他为东阁大学士，谥号"文忠"。

刘同升的忠义气贯长虹，激励了当时的忠贞之士，也激励着后人。他的五个儿子，都继承他的遗志，积极投身于抗清复明的武装斗争：长子刘伯钦因为誓不剃发，被清朝官吏关押在南昌狱中，惨遭拷打仍英勇不屈，释放后不久去世；四子刘季镶在南明桂王的永历王朝时，任总督江楚兵务，在抗清复明的战场上壮烈牺牲。刘季镶的妻子是李元鼎的女儿，因岳父归降清廷，被婆家赶出了家门。

刘同升是明末有名的爱国诗人，诗文内容充实，感情强烈。在他三百多首咏史诗中，大部分都是歌颂苏武、颜真卿、文天祥、陆秀夫这些具有民族气节的历史人物。可以说，刘同升代表的不只是他自己，而是广大的庐陵英杰；他奋起抗争，所为的不只是衰亡的明朝王廷，而是整个中华民族。正因为如此，在当时的历史时期里，他能秉持民族大义，义无反顾，舍生忘死。他与文天祥一样，在山河易代之际，用行动和生命为"文章节义之邦"做了很好的注解，其行为可圈可点，其精神可表可嘉。

【人物介绍】

刘同升（1587—1646），字晋卿，又字孝则，吉水县枫江镇老屋村人。明崇祯十年（1637）状元。历任翰林院修撰、福建按察使司知事、詹事府詹事兼兵部左侍郎、南赣巡抚，赠东阁大学士，谥号"文忠"。一生著述甚多，有《锦鳞诗集》《哀至诗》等。

（泰和县纪委　刘晓雪）

后　记

　　《清风吉水》一书，是编者对吉水先贤们的一次致敬。吉水是文化底蕴深厚的人文圣地，素有"文章节义之邦，人文渊源之地"的美誉，曾出现过"一门三进士，隔河两宰相，五里三状元，十里九布政，九子十知州"，以及"翰林多吉水，朝士半江西""兄弟双鼎甲，百步两尚书"等人文盛况。由于历史、时代和人为的因袭，蕴藏在这块土地上的"文化富矿"，曾经破土而出、独领风骚的名人学士们，却一直被湮没在岁月的尘埃里，并未让后人好好正视过；殊不知，先辈们在故土上，给我们传承下多少高世之德，留下多少玉洁松贞，树立了多少典范楷模，历史在这里曾有多少卧虎藏龙！纵观吉水先贤事迹，无不散发着蕴含忠孝勤俭特质的幽香，为庐陵文化添上了浓墨重彩的一笔。故乡一代代英贤，造就了今日吉水这一丰厚的人文历史，而文化的兴衰则取决于我们后人的态度。我们得铭记先辈的历史功勋，见贤思齐，见不贤而内自省，使之祖德绵长，垂裕后昆，奕叶流芳。

　　为了更好地说明吉水地理建制的变化情况，现简述如下：吉水古称石阳县，建县时间始于东汉永元八年（96），至今已有1900多年历史。隋大业年末（约615—617），始以"吉水"之名设县，当时划出庐陵县水东之顺化、文昌、折桂、中鹄、仁寿、兴平、明德、永丰、龙云、云盖和迁恩等11乡设县。两宋时，吉水以县建置未变，管辖区域却有所变化。1092年以吉水县纯化乡与庐陵县同水乡互换，致使文天祥祖籍是吉水的说法存在争议。1054年，又划出吉水县云盖、龙云、兴平、永丰和明德5乡，始设永丰县，47岁的欧阳修由吉水县籍变更为永丰县籍。1151年，吉水县迁莺乡划归永丰县管辖，亦为部分名士的籍贯带来变化。20世纪80年代初，吉水县临江乡划归县级吉安市管辖，并改名为天玉镇，2000年设立青原区后又划归青原区，致使明初状元、内阁首府胡广变更为青原籍。2000年设立青原区时还将吉水富滩镇划入该区。正因如此，致使不少名士的籍贯有争议。

加强新时代廉洁文化建设，是党中央做出的重大战略部署，是纪检监察机关义不容辞的政治责任。为充分发挥廉洁文化培根铸魂、成风化人的浸润作用，把开展党纪学习教育同落实新时代廉洁文化建设紧密结合起来，县纪委监委决定组织编撰出版《清风吉水》一书，提振党员干部干事创业的精气神，扩大勤廉文化教育覆盖面，营造全县上下崇廉尚勤新风尚。

综合考虑先贤的人物事迹、后世影响，确定框架和故事结构，明确紧扣"历史性、客观性、可读性"三个原则，紧扣"公职人员廉洁从政的范本、广大人民群众口耳相传的典故、中小学生的启蒙教材"目标定位，以人物故事为主线开展创作，本书由序言、正文、后记三个部分构成，正文分为四个篇章，即"清廉、勤谨、仁孝、忠义"四部分，每个篇章以古代诗句来命名，具体是"廉能彻九重""夙夜而惟勤""孝思遵宝训""丹心照汗青"。共收录文章五十篇、约二十二万字。关于先贤人物属地问题，本书不是学术研究故不做学术性探讨，只要是出生在吉水、学习生活在吉水、为官工作在吉水，在勤廉方面为后世立规矩、树标杆，留下佳话影响后辈的先贤人物均纳入创作范围。

书籍编撰，看似简单，实则繁杂。组织召开五次编委会，经过多次研究讨论，规范文风文体、篇章结构、内容格式。组织集中采风活动，查阅大量资料史册，深入民间调研。历时数月，最终成书。书籍的成功出版，离不开每一位参与者的关心关爱和辛苦付出，县委书记肖梓才同志对《清风吉水》的编撰出版高度重视和大力支持，几次过问编撰进度。鲁迅文学奖获得者江子先生十分关注书籍的出版，费神通读了长篇书稿，为之写了序言，关爱故乡故土之情跃然纸上。吉安市庐陵文化研究会曾绯龙会长和吉水县委宣传部杨巴金副部长热心指导支持和举荐，本书创作编撰工作得到市、县一众优秀作家以及高校学者的鼎力相助，共有三十四位作者脚踏实地、认真钻研，形成了一批通俗易懂的历史性散文。曾绯龙、李梦星、杨巴金、周小鹏四位同志尽职尽责，逐篇过审、逐句修改、逐字推敲，有力保障了文稿质量，在此一并表示由衷感谢！

　　承前是为了更好地启后，发掘优秀文化，则是为了更好地继承优秀文化。《清风吉水》是吉水有史以来第一本集中记述本土先贤勤廉的书籍，是对庐陵文化的又一次探索挖掘。透过一个个鲜活的故事感受吉水先贤的忠诚担当，深感传承和发展优秀庐陵文化、加强廉洁文化建设是我们庐陵后人的职责使命。在这片土地，"廉、勤、孝、忠"的品格特性始终一脉相传、恒久不变。但愿以此抛砖引玉。由于时间仓促、内容涉及面广、编者水平有限，书内难免有挂一漏万之处，诚请广大读者朋友批评指正。

编　者

2024 年 10 月 8 日

清风吉水